LES
CAMPAGNES D'UN PAYSAGISTE

TEXTE ET CROQUIS

PAR

FRÉDÉRIC HENRIET

Précédées d'une Lettre sur le Paysage

PAR

Le Mis PH. DE CHENNEVIÈRES,

Membre de l'Institut.

PARIS

LIBRAIRIE RENOUARD — H. LAURENS, ÉDITEUR,

Rue de Tournon, 6.

1891

LES

CAMPAGNES D'UN PAYSAGISTE

Il a été tiré de cet ouvrage :

900 exemplaires sur Jésus in-8° blanc. . . 10 fr.
100   do   —   — teinté . . 15 fr.

*Ces derniers exemplaires sont numérotés à la main
et revêtus des signatures de l'Auteur et de l'Imprimeur.*

Imprimerie A. Cortilliot et Cie, à Laon.

LES
CAMPAGNES D'UN PAYSAGISTE

TEXTE ET CROQUIS

PAR

FRÉDÉRIC HENRIET

Précédées d'une Lettre sur le Paysage

PAR

Le Mis Ph. De CHENNEVIÈRES,

Membre de l'Institut.

PARIS

Librairie Renouard — H. Laurens, éditeur,

Rue de Tournon, 6.

1891

A M. PH DE CHENNEVIÈRES

Monsieur et cher Ami,

Je désire dédier à un ami ces pages intimes écrites surtout pour mes amis, et votre nom m'est venu tout d'abord au cœur et à la plume ; car c'est à vous que je dois mes premières initiations aux choses de l'art, dans ces Salons des artistes vivants, où je fus autrefois votre modeste collaborateur, et plus tard, au Louvre, où j'appréciai de plus en plus l'homme aimable, l'écrivain original et fin, le connaisseur délicat.

Depuis ces années, déjà bien éloignées de nous, j'ai couru librement les champs, le crayon et le pinceau à la main, sans autre souci que de m'amuser aux fleurettes du chemin ; mais je suis toujours resté fidèle aux souvenirs d'antan, et particulièrement à la bonne et sincère amitié dont je me sens tout heureux de vous renouveler ici le témoignage.

Frédéric HENRIET.

AVANT-PROPOS

LETTRE SUR LE PAYSAGE

Nous sommes, vous et moi, mon cher Henriet, deux philosophes bienveillants, ayant laissé, chemin faisant, toute amertume contre les hommes et contre les choses, les prenant sans lâcheté pour ce qu'ils valent, mais sachant jouir, sans nous bouder nous-mêmes, des souvenirs riants qui nous en sont restés. Tous deux nous avons aimé la nature du bon Dieu, et l'art qui l'interprête, et l'être privilégié qui par don supérieur, et souvent bien innocemment, se trouve le porte-flambeau de cet art.

J'ai vu, ou guères ne s'en faut, tout ce qu'ont traduit sur toile nos paysagistes anciens et modernes ; j'ai vu l'Italie, et l'Espagne et les Flandres ; et l'Egypte, et un coin de la Grèce ; j'ai vu avec des yeux de jeunesse, toutes les provinces de France et me suis complu particulièrement en celles qu'ont préféré nos artistes. J'ai caressé des yeux, dans les galeries célèbres de l'Europe, ce que l'art avait puisé dans la vision de ces pays merveilleux ; puis un temps est venu dans ma vie où j'ai connu, soit par fonction, soit par bonne rencontre, la plupart de ces paysagistes contemporains que, vous, vous avez hantés intimement, en confrère, aux heures confiantes de leur atelier. Eh bien, mon cher Henriet, vous ne me démentirez point quand je dirai : dans le paysage, ce qu'il y a de plus intéressant, c'est le paysagiste.

Je ne parle point seulement de ces dons de naïveté charmante, de cette gaieté hableuse et légère, toujours chantante et vagabonde, qu'ils semblent emprunter à l'alouette traversant les airs au-dessus de leur tête ; de cette camaraderie insouciante des vanités bourgeoises, qui ne connaît ni les inégalités de l'âge ni celles de l'aisance, qui les arrête, par bandes, comme moineaux de la même nichée, sur la même lisière de forêt, au même détour de ruisseau, qui les ramène le soir à la même auberge de village, harassés et brunis, et leur harnais au dos, répétant joyeusement les mêmes refrains, à la même heure où le paysan, leur frère, repouille dolemment sa veste pour regagner son toit de chaume.

Je parle de cet être, simple à la fois et voyant, de ce doux illuminé que Dieu a favorisé d'un œil à prunelle singulière, où se vient refléter la nature, mais la nature transformée, animée, exhalant elle-même son âme. Les nobles lignes des montagnes du Latium découpaient l'horizon depuis que le monde est monde, et le soleil inondait de ses chaudes harmonies les campagnes romaines et les rivages de la mer Toscane ; quelques habiles mêmes les avaient entrevus : Il a fallu toutefois que vinssent à Rome nos deux Français, Le Poussin et le Claude, pour les révéler à tous en leur plein caractère, et faire de la jouissance de leurs beautés mieux définies, le patrimoine de l'humanité charmée.

Qui nous a fixé dans les yeux ce ton bleu si juste servant de verdure à l'âpre nudité des plaines de Castille, si ce n'est Velasquez dans les fonds de ses tableaux? Avant que nos Aligny et nos Corot, et nos Paul Huet, et nos Cabat, et nos Théodore Rousseau, et nos Troyon, et nos Marilhat, et nos Français, et nos Diaz et nos J.-F. Millet, plus poètes que les poètes dont les hymnes éclatantes et sonores ont enthousiasmé notre jeunesse, eussent répandu parmi nous la vraie poésie de notre temps, en pénétrant assez avant dans les entrailles de la nature pour devenir eux-mêmes, selon le mot paien, les Génies des eaux et des forêts, et nous enseigner ce qui, jusqu'à eux, se dérobait à nous dans les majestés sacrées de la Grèce, de l'Italie, de l'Egypte et du désert Algérien ; ou même, plus près de nous, soit dans la planturance de nos herbages Normands, soit sous la glèbe austère des champs de Barbizon, soit dans les troncs rugueux des chênes du Bas-Bréau fouettés par des coups de lumière, soit dans la grâce élégante des saulées galantes de Bougival ; avant ceux-là qui sont d'hier et d'aujourd'hui, qu'avaient été jadis, il y a deux siècles, la plage de Schvelingen, et les mers houleuses, et les plates étendues de Hollande, et les pauvres moulins des bords brumeux de la Meuse et de l'Escaut, et les moutons broutant sous un pâle et doux soleil, avant la venue de Cuyp, de Rembrandt, de P. Potter, de Van den Velde, de Van Goyen et de Backuysen ? Et que resterait-il, dans la mémoire universelle de la mère nature, de ce pauvre « Buisson » planté sur une motte aride de Hollande, et Dieu lui-même s'en souviendrait-il encore, si un matin qu'il ventait fort, Ruysdael n'avait passé par là ? C'est pourquoi tout voyageur, tout curieux des pays étrangers devra, avant de bourrer son havresac, aller étudier au Louvre les maîtres qui ont traduit les régions diverses qu'il veut parcourir ; car les paysagistes lui feront comprendre à l'avance, par son côté profond et essentiel, la nature spéciale à travers laquelle autrement il marcherait en aveugle.

Gloire donc aux paysagistes, mon cher ami ; ils ont, je le répète, doublé, dans le monde de l'art, les jouissances quotidiennes de l'esprit humain qui jusqu'à eux se renfermait dans l'étude de notre pauvre mais souveraine espèce. Et pourtant, quand j'y songe, ce dédoublement de la nature à côté et en dehors de l'homme, est-ce un progrès ? Est-ce une décadence ? On voit aujourd'hui où il a abouti en littérature qui a suivi dans notre siècle l'inconscient mouvement panthéiste des peintres : à noyer l'homme dans l'espace, à faire de lui, par les descriptions minutieuses de son entourage, un insecte à peine perceptible dans le fouillis désordonné qui le cache et le domine. En donnant à l'arbre et à l'herbe et à l'animal une importance égale au prétendu roi du monde, les paysagistes ont-ils été les instruments du grandissement de l'homme ou de son abaissement ? — A vrai dire, au point de vue chrétien, qui, Dieu merci, nous est commun à vous et à moi, tirez vous de là comme vous pourrez, mon cher paysagiste.

De toute la création, le seul être intéressant, c'est l'homme. Que sont en regard de l'homme, le soleil et les étoiles ? Que sont les montagnes et les vallées ? Que sont les fleuves et les mers ? Que sont les fleurs des jardins et des champs ? Que sont même les animaux ? Dieu a tout créé pour l'homme, pour l'homme mâle et femelle, et il ne s'est reposé le septième jour qu'alors qu'il a pu lui dire : « Croissez et multipliez, remplissez la terre et vous l'assujettissez, et dominez sur les poissons de la mer, sur les oiseaux du ciel et sur tous les animaux qui se meuvent sur la terre ». — Et plus tard, quand l'homme a eu corrompu cette terre, Dieu lui a envoyé son propre fils unique pour réparer le mal du serpent et pour que l'humanité revécut une vie nouvelle. L'homme est donc tout dans l'univers créé, parceque lui seul comprend l'œuvre de Dieu et que puissance lui a été donnée sur toutes les créatures. Lui seul est digne d'occuper de ses biens et de ses maux tout être pensant, et c'est pourquoi jusqu'à nos derniers temps, l'homme avait suffi aux méditations de l'homme et aux représentations de sa gloire et de ses douleurs. Les peintres des temps anciens, ceux des siècles païens ou de la primitive Italie n'entouraient pas leurs figures humaines de plus larges terrains que ce qu'il en fallait pour les porter ou pour expliquer leurs actions. Le personnage primait tout dans le paysage qui l'encadrait et qui lui était soumis. Le paysage n'était rien qu'un accessoire étroit et maigre, aux arbres menus, aux horizons lointains, avec l'homme éternel agissant sur son premier plan ; et nul artiste ne s'était avisé de remplir uniquement son tableau des sombres profondeurs d'une forêt ou des espaces d'une campagne, en donnant à ces verdures une animation, j'allais dire une conscience, solitaire et spéciale, où ne s'exprimaient point par quelque figure les jeux de l'âme humaine. Et cependant le paysage qui, depuis deux siècles et demi, a pris dans l'histoire de l'art une si large place qu'il y contrebalance, par moments, l'importance de la peinture d'histoire, le paysage est né l'année même où naquit l'art de peindre ; il est né du premier terrain sur lequel le premier peintre a fixé les pieds de la première figure humaine ; mais cette figure humaine ayant à juste titre absorbé tous les soucis des grandes écoles primitives, le paysage a dû bien longtemps demeurer à l'état de serviteur secondaire, utile seulement pour mettre en valeur les personnages représentés, leur donner l'air ambiant et, aux scènes composées, leur explication naturelle. Quand on le verra conquérir peu à peu son importance réelle, ce sera dans les pays où l'observation de la nature est la préoccupation dominante des artistes et le principe même de l'école. C'est pourquoi la frondaison longtemps comprimée dans son bourgeon s'ouvre tout d'abord à Bruges et à Venise. Elle s'épanouit particulièrement dans les Flandres et c'est de Flandre que nous vient le paysage tel que nous l'employons en France à la fin du XVIe siècle et au commencement du XVIIe, dans les panneaux qui décorent les lambris de nos palais et de nos hôtels, alternant avec les compositions mythologiques des Dubois et des Dubreuil et même de Vouet et de son école : Paul Bril, à Fontainebleau, Fouquière au Louvre, Asselyn et Swanevelt à l'hôtel Lambert. Mais déjà ceux-ci, dès qu'ils se mêlent aux panneaux de Patel et de Lahyre, ne peuvent se défendre de rechercher une certaine élégance idéale dans la conception de leurs œuvres et se plient par là au goût de notre nation ; car c'est l'idéalité poétique et le charme noble, la science de la composition, la délicatesse dans les formes, la grâce dans l'effet qui, dès son origine jusqu'à nos jours, forment la marque du paysage français.

Ce n'est pas d'ailleurs dans notre France, France si bien destinée par sa nature à comprendre les deux sortes de paysages qui se retrouvent en elle : le paysage Italien reconnaissable depuis les bords du Rhône à Vienne, jusqu'aux belles lignes des montagnes de Provence, et le paysage Flamand qui prend naissance avec ses verts enclos, ses maisons rustiques, les troupeaux de ses herbages, en Normandie aussi bien qu'en Lorraine, ce n'est pas en France que se produit notre école nationale de paysage. Fortune singulière, les deux courants qu'elle poursuivra jusqu'au bout, prennent leur source à la même heure, sous le même soleil d'Italie. Il se trouve que les yeux diversement impressionnés de deux rares génies, le normand Poussin et Claude le lorrain étudient avec sincérité la même campagne romaine et la voient avec infiniment plus de justesse et de grandeur que ne l'ont vue et ne la verront jamais les italiens d'aucun temps. Chacun a pénétré avec une naïveté magistrale l'une des deux faces du paysage italien ; car si à l'heure du soleil couchant, vous tournez autour de l'une des collines de Tivoli ou d'Albano, vous rencontrerez ici, à ne pouvoir les méconnaître, les lignes sévères des terrains du Poussin, le groupement robuste de ses rochers, la combinaison savante de ses fabriques ; vous rencontrerez au revers, à ne vous y point méprendre, les harmonies limpides des espaces de Claude et ses beaux bouquets baignés par la lumière dorée. Le Poussin qui s'est inspiré des enseignements du Titien, puis du Dominiquin, se perpétuera dans la tradition française par son beau-frère le Guaspre, par Lemaire, par Francisque Milet, par Allegrain, et quand, cent ans plus tard, l'école amollie cherchera sa rénovation dans des principes plus graves, c'est aux œuvres du Poussin que David et ses élèves emprunteront les fonds de leurs compositions. Bien mieux, sous le nom de paysage historique, la

mâle austérité Poussinesque redeviendra, au commencement de notre siècle, la loi et la raison d'être de
toute une série d'œuvres et d'artistes qu'on aurait
tort d'appeler purement académiques, car en dehors
de Michallon, de Lanoue et de Curzon qui ont été
les pensionnaires de l'Académie de France à Rome,
on retrouve le culte passionné du Poussin, et la
pénétration de son esprit dans ce que notre école
dernière a compté de paysagistes les plus sérieux, je
ne parle pas seulement des systématiques tels que
Aligny, Bertin, Desgoffe, Paul Flandrin, mais des
indépendants tels que Cabat, Marilhat, Bellel, Decamps, J.-F. Millet, et si j'osais l'écrire, Courbet lui-
même sans qu'il s'en doute et surtout qu'il l'avoue.

A franchement parler, hormis le Poussin et le
Claude et peut-être Joseph Vernet, la France n'a
point produit un seul paysagiste jusqu'au renouveau
de nos Paul Huet, de nos Corot et de nos Th. Rousseau.
Certainement le paysage de Watteau, de Boucher, de
Frago, d'Hubert Robert a des parties d'art spécial
indéniables ; mais c'est plutôt chez ces maîtres charmants affaire de sentiment du peintre, instinct d'art
général, qu'émotion de nature, pénétration sincère de
l'œuvre de Dieu. Nous sommes avant tout une
école de peintres d'histoire. La forme humaine, dans
ses expressions diverses, joue chez nous le grand
rôle ; et nos paysagistes ordinaires les plus acrédités
n'y font mine que d'agréables praticiens.

Dans cet éternel tiraillement de l'école française
entre l'influence italienne et l'influence flamande, il
était inévitable que, dès l'époque même de Poussin
et de Claude, les Flamands travaillant en France,
introduisissent quelque chose du génie de leur pays
dans le goût de paysage de notre nature, et c'est

ainsi que nous voyons Fouquière, Ph. de Champaigne, Nic-Platemontagne, puis Vandermeulen y annoncer et y précéder Wateau, Ch. Delafosse, les Coypel, Chavannes, Desportes, Oudry, Boucher, Le Prince, Fragonard. Je ne cite parallèlement que pour mémoire J. Forest et J. Parrocel influencés plus directement par leurs études à Venise. Hubert Robert est un produit de l'engouement de son temps pour Panini et Servandoni. Les vrais hollandais n'auront leur tour que plus tard, et seulement dans notre siècle, d'abord avec Michel, puis avec ce groupe admirable qui fait l'honneur de notre école contemporaine et y balance l'éclat des plus grands peintres d'histoire, Th. Rousseau, J. Dupré, Diaz, Troyon, Daubigny, vrais héritiers des Cuyp, des Ruysdael, des Hobbema, des P. Potter, avec la pointe de distinction élégante que j'ai signalée partout comme particulière à la France.

Pour un peu ce serait à dire que les plus beaux paysages, les plus terribles marines, comme les plus beaux portraits, ont été peints, non par des paysagistes ou des peintres de marines ou des portraitistes de profession, mais par des peintres d'histoire. Ne voulant nommer ni le Carrache, ni le Dominiquin, ni Rembraudt, ni Rubens, je puis bien citer le « Diogène », le « Polyphême » et « Le Déluge » du Poussin, « La Méduse » de Géricault et « La Barque de don Juan » de Delacroix.

Nous voilà insensiblement, mon cher Henriet, montés bien haut et hors d'haleine, quand il ne s'agissait que d'ouvrir bonnement et sans façon à ceux qu'on interpellait jadis du nom « d'amis lecteurs », la porte du gracieux et gai monument que vous vous êtes donné pour tâche d'élever à votre art favori.

Vous qui avez énuméré et décrit l'œuvre de Chintreuil et de Daubigny, vous faites sûrement autant de
cas que moi d'une certaine littérature, la dernière née
des littératures de France, mais non pas la moins floris-
sante, la littérature de catalogues. Il n'en est pas de
plus attrayante, de plus captivante, et, selon le mot du
jour, de plus suggestive. Ses premiers classiques ne
remontent pas à plus de 150 ans, et c'est elle
aujourd'hui qui fournit à nos bibliothèques ses livres
les plus luxueux. Jadis elle nous apprenait l'histoire
des cabinets célèbres et les provenances des plus
précieux tableaux et dessins. Aujourd'hui, quand
meurt un paysagiste, elle ne nous raconte pas seulement sa vie, elle nous dit en quelle province, en
quel village, au bord de quelle rivière, ou quelle anse
maritime de Bretagne, de Normandie ou de Provence,
il est allé chercher ses inspirations. Grâce à ces
catalogues, nous savons aujourd'hui que Corot
pouvait dater ses études de la campagne de Rome, ou
des environs de Naples, ou du Tyrol aussi bien que de
Ville-d'Avray, de Marcoussy, de Mortefontaine, de
Mery, de Mariselle ou même des environs de Mortain.
Nous savons que le bonhomme Flers, le maître de
Cabat, n'a guère quitté les environs de Paris que
pour courtiser les herbages de haute Normandie
dont il fut le vrai peintre, et particulièrement le vert
pays d'Aumale aux peupliers bleuissants et ses gras
alentours. Nous savons que le romantique Paul Huet,
d'humeur plus agitée, a beaucoup couru le monde,
non seulement le Bocage, et les côtes de Normandie
tant fréquentées par Eug. Isabey, — car ma chère
province fut la grande école des paysagistes de 1830,
— mais la Picardie et l'Auvergne, et les Pyrénées et
les Alpes, et Nice, et le Comtat d'Avignon, et les

Apennins, et Rome, et partout. Diaz, après avoir payé son tribut aux beautés de l'Espagne, son pays d'origine, s'enfermait dans le Bas Breau et les Gorges d'Apremont avec ses amis Th. Rousseau et J.-F. Millet, et l'animalier Barye et Ch. Jacque.

Millet ne s'échappait que de loin en loin vers son cher village de Gréville, près de Cherbourg, et Rousseau qui, lui aussi, avait hanté jadis les rivages normands, poussa plus tard vers le Berry, les Landes et le Mont-Blanc. Quant à leur autre ami Jules Dupré, s'il avait beaucoup vagabondé autour d'Abbeville et dans l'Orne, et dans le Berry et le Limousin, et dans les Landes et jusqu'en Angleterre, c'est toujours aux environs de Montmorency et particulièrement vers l'Ile-Adam qu'il revenait de préférence. Là, il attirait volontiers ceux qu'il aimait. Là, il a travaillé avec son ardeur convaincue jusqu'au système. Là, il s'était fixé ; là, il est mort. Et ainsi, plus tard, en sera-t-il de même pour les autres : Harpignies et Hanoteau marquant leur préférence pour l'Allier et la Nièvre, Jules Breton pour le Courrières qu'il aura immortalisé, Adolphe Leleux pour la Basse-Bretagne ; ces deux derniers, à l'envers de Claude, empruntant par surcroît toute l'importance de leurs paysages à l'image profondément caractérisée des natures dont ils peignaient le terroir ; et en ce sens du paysan nourrissant, amplifiant, exprimant l'âme du paysage, J.-F. Millet a été leur maître à tous. Demandez-en son avis à votre ami Lhermitte.

Le paysagiste semble, par l'espèce même de son art, un oiseau voyageur, toujours en quête de plus beaux ciels, de plus beaux sites, d'horizons, de fabriques, de verdures, de mouvements de terrains toujours nouveaux. Cependant, comme aussi bien par sa

nature le peintre est imitateur, il imite d'instinct ses
confrères, il se plait là où se sont complus ses
pareils, et si les meilleurs, les plus renommés ont
rencontré, en un coin de forêt, à un détour de rivière,
une note nouvelle qui agrée à son propre tempéram-
ment, le voilà qui accourt et une colonie s'installe :
jadis en Normandie, puis à Barbizon, ou à Marlotte,
ou à Douarnenez, ou à Bougival, ou aux Vaux-de-
Cernay, suivant même piste comme moutons de
Panurge. Mais il faut toujours qu'un plus aventureux
ou plus indépendant, conduit par le hasard, fasse la
trouvaille d'un beau coin inconnu, alors toute la volée
s'y abattra l'année qui vient.

Comment dans ma chère forêt de Bellesme dont
les massifs superbes, majestueusement ondulants,
sont plantés pêle mêle des plus beaux chênes et des
plus beaux hêtres, drus et droits comme des peupliers,
comment dans ces futaies gigantesques, couronne-
ment des collines du Perche, et les plus nobles et les
plus élégantes et les plus pures d'essence que le
créateur ait jamais semées sur terre, comment n'ai-je
oncques rencontré que trois paysagistes de modeste
renom : Lud. Letrone qui, après avoir pris des
conseils de Th. Rousseau, s'en venait du bourg de
Ceton, voisin de Bellesme, essayer ses premiers
pinceaux dans notre forêt, avant d'aller traduire les
torrents et les châtaigniers des Pyrénées où devait
plus tard l'appeler sa santé, et que nous avons vu
finir en dessinateur d'une adresse rare au service de
la « Gazette des Beaux-Arts » ; puis Ph. Bellier de
la Chavignerie, frère d'Emile Bellier, l'auteur du
« Dictionnaire général des artistes de l'Ecole Française »
et qui s'échappait de sa ville de Chartres pour étudier
quelque coin de nos sous-bois ensoleillés ; et enfin.

notre pauvre ami Fréd. Legrip que je vois encore, un jour qu'il était allé peindre la hutte abandonnée d'un sabotier, rentrant chez nous, se traînant à peine et tout glacé de terreur, pour avoir entendu s'abattre à quelques pas de lui sous l'effet de la tempête et avec un bruit de tonnerre ou de canon qui éclate, l'un de ces chênes aux troncs monstrueux, contemporains de la Reine Blanche.

Vous avez, entre les paysagistes, recherché les plus simples, les plus humblement épris des choses de la terre, c'est-à-dire en réalité les plus naïvement poètes. Le bon père Corot vous a traité comme l'un de ses enfants ; le brave Daubigny vous a, sans cachoterie, instruit de ses pratiques sincères et animé de ses vaillances. Vous avez suivi le délicat et maladif Chintreuil dans les sentiers humides et dans les aventures longtemps contestées de son pinceau aigrelet, et sur la valeur de cet obstiné, comme de ses seides, les Desbrosses, le temps et le goût des amateurs vous ont donné raison. Vous avez hanté cette école de Vaugirard, les Bonvin et les Villain, cette école qui, à la distance de 80 ans, reprenait avec bonhomie, mais sans nullement chercher le pastiche, les traditions de Chardin, et sa peinture large et franche, et sa tranquille et solide imitation du réel dans ses figures ou ses ustensiles familiers.

Sandrart nous montre en quelques mots les paysagistes de son temps, ceux de toutes nations, les Français et les Hollandais aussi bien que les Italiens, devisant d'art dans leur promenade à travers la campagne romaine. Vous, mon ami, vous nous montrez vos camarades, cherchant un cabaret à bonne omelette et à bonne piquette pour déjeuner, coudes sur table et gais propos aux lèvres. soit dans

la banlieue de Paris, soit sur les bords de l'Oise ou
de la Marne. Ce sont là pays sans prétention à la
noblesse académique, et qui n'invitent qu'à demi aux
dialogues de Platon et de Fénélon ; les lignes d'horizon
n'y visent point à la majesté ; mais le soleil y allonge
la splendeur de ses rayons sur des plaines, sur des
moissons, sur des côteaux de vignes d'où s'exhale à
son heure une certaine sérénité religieuse et qui ont
bien aussi leur grâce et leur mystère.

Je ne veux point dire que tous les pays en ce
monde sont d'égale beauté, également favorable à la
peinture, pas plus que tous les êtres humains ne sont
de même taille. Nous l'avons pu bien reconnaître aux
expositions universelles depuis quarante ans. Il faut
semble-t-il, pour que le sentiment du grand se mani-
feste dans un paysage, que les parties qui en expriment
l'immensité n'y soient point trop disproportionnées
avec l'homme. Il faut que l'homme n'y disparaisse
point tout à fait. La Suisse, par exemple, est, à
coup sur, un beau coin de terre, fort impressionnant
pour le voyageur qui contemple ses montagnes ;
mais parce que l'homme et ses œuvres n'y peuvent
servir d'échelle à ses pics gigantesques, les plus habiles
maîtres du cru, les gens de tant de talent, les Calame,
les Diday, et même les nôtres de bien autre envergure,
les Th Rousseau et les Français n'ont jamais rien su
en tirer qui vaille. Et c'est pourquoi les Apennins et
les monts de Grèce, mieux dans le compas de notre
œil, et où l'homme se peut mieux mesurer avec la
nature, aideront plus aisément le peintre à nous
donner l'impression de la vraie grandeur.

Il est clair que les contrées ensoleillées de l'Italie et
de l'Orient, sont terres privilégiées pour les paysagistes ; que celles du Nord au contraire leur paraissent

pénibles et réfractaires, faute d'éclat et de lumière. Cependant Rubens, et ses flamands, et les Hollandais, et ces Anglais, Constable et Turner, qui ont ouvert les yeux à Paul Huet, et à nos premiers romantiques, avaient bien su, par horreur du brouillard natal, trouver sur leur palette le soleil qui manquait à leurs climats. Souvenez-vous toutefois combien nous sont apparus tristes et ennuyeux, et d'un roux monotone, depuis 1855, tous les paysages des Allemands, forêts de sapins et glaciers (je ne parle pas des Scandinaves un peu plus vifs et spirituels dans leurs impressions qu'ils tiennent presque tous de l'école de Paris).

Ne cherchez d'ailleurs, en notre siècle, de vrais paysagistes qu'en France, en France et en Angleterre, où cet art charmant se maintient encore, pour l'heure présente, à un niveau peut-être supérieur au nôtre. Car hélas ! hélas ! ils sont morts, tous nos souverains maîtres à nous, ceux de la génération, les plus étonnants paysagistes que le monde ait vus depuis le XVIIᵉ siècle. Nous les avons tous enterrés. La légion de leurs élèves leur survit innombrable et fort habile ; mais le grand souffle n'y est plus, la force, l'intensité, la vigueur, la passion, le génie. Ils remplissent nos expositions d'œuvres charmantes, et par ci par là, ils retrouvent encore un filon à exploiter, une veine demi-nouvelle. C'est ainsi que le paysage s'est donné le plaisir, en ces dernières années, de faire payer à la peinture d'histoire l'infériorité où celle-ci le maintenait autrefois. C'est lui qui un beau jour a imposé au peintre de figures ce fameux « plein air » qui aujourd'hui, de haut en bas, prétend gouverner notre école. Manet et Monet ont emprunté, à la préoccupation particulière des paysagistes, ce principe qui domine à cette heure tout l'art de peindre, et ils lui ont sacrifié à l'étourdie, et comme enfants qui ne savent à quoi ils s'en prennent, et l'expression, et l'invention, et la composition, passées, selon la mode courante, au second plan de l'art. Mais soyez tranquille, on y reviendra. Un petit côté du métier n'est point de taille à faire disparaître l'art.

Oui, notre merveilleuse époque de paysagistes s'en est allée comme tout le reste, et votre livre sera comme la vivante chronique des mœurs intimes, des usages familiers et sans contrainte de la partie de ce groupe, non la plus académique, mais peut-être la plus convaincue. Vous avez été leur témoin quotidien, vous avez partagé leur foi féconde, leur aimable sans-gêne, leur absolu désintéressement, leur candide simplicité d'habitudes. Vous avez connu avec eux le grouillement du bétail de ferme, les braves gens hospitaliers qui vous offrent d'un cœur si généreux la soupe et le coucher, et les riches flambées de l'âtre, et les rosées du matin, et la rentrée des troupeaux, et des attelages dans la chaude poussière du soir.

Ce qui me charme, par surcroit, en votre manière de courir les champs, et ce qui la distingue de la visée de vos confrères qui ne songent qu'à « piger le motif », c'est que, chez vous, le paysagiste, garde quelque chose de son intérêt pour l'histoire et les monuments, pour les personnages du temps jadis qui ont semé sur ces collines et dans ces vallées leurs châteaux et leurs églises. Certes la nature a par elle-même des beautés insondables : *Cœli enarrant gloriam Dei* ; mais selon ce que je vous disais tout à l'heure, il ne me déplait pas de voir, ci et là, transpirer l'œuvre de l'homme, les ruines mélancoliques, et sa petite création éphémère superposée à celle du Créateur. Ce n'est pas un médiocre paysage que le

Colysée du père Corot, et le bout de toile où Millet a peint la pauvre église de Greville, rongée par le vent de mer et où lui-même fut baptisé, ne me laisse pas sans émotion. A cette curiosité générale qui ne s'arrête point à fleur de terre, je vous reconnais pour un humain et je ne vous sais qu'un défaut. Vous êtes un sincère et un loyal, mon vieil ami, mais, vous vous l'êtes trop répété à vous-même : vous n'êtes point un aventureux. Vous avez trouvé un plaisir extrême à étudier votre paysage champenois, tout autour de la patrie de La Fontaine et un peu à sa manière, naïvement, par vous-même et sans visées ambitieuses. Il vous a suffi d'être goûté par certains délicats, d'avoir l'approbation de ceux en qui vous aviez mis toute votre confiance et il n'en était pas de plus honnêtes dans la confrérie. Ceux-là, en retour, vous leur avez payé leurs conseils de la meilleure monnaie, de celle qui plait le mieux aux plus illustres, vous les avez expliqués et racontés au public ; vous avez été leur historiographe selon le procédé excellent entre tous pour des hommes qui ont dû à la simplicité l'essence première de leur génie et de leur talent, historiographe à la bonne franquette, celui qui garde son sourire bon enfant avec sa légèreté de plume et sa subtilité instinctive. Je ne vous blesserai donc point en vous disant que ce qui assurera pour nous tous son prix à votre livre, aussi bien qu'à ses aînés, c'est qu'en toute occasion vous avez écrit, comme vous avez peint : d'après nature.

Ph. de CHENNEVIÈRES.

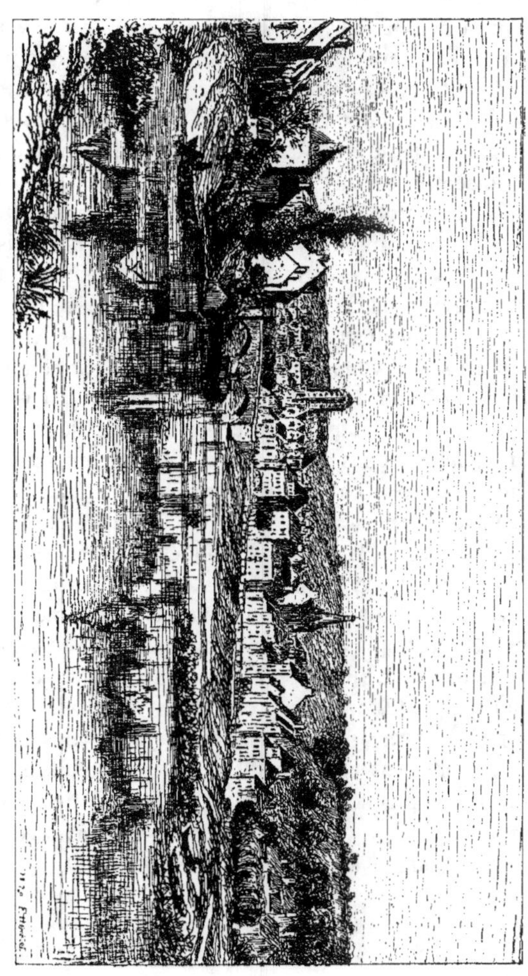

LETTRES DE L'AUBERGE

LE CHATEAU D'ARMENTIÈRES

I

Aux approches de la Saint-Sylvestre, les périodiques illustrés rééditent invariablement le même dessin allégorique où, sous la figure d'une pauvre vieille, ridée, édentée, cassée, l'Année qui finit cède la place à l'Année qui arrive, fraîche, souriante et toute fleurie. Pour caractériser la présente année il suffira de lui mettre un riflard entre les mains. Elle a été exceptionnellement et abominablement pluvieuse. C'est à ce point que les statisticiens se sont livrés à des calculs aussi transcendants qu'oiseux pour cuber les prodigieuses quantités d'eau tombées du ciel pendant que le soleil de 1882 a fait, à la cantonade, sa révolution autour du zodiaque, et affirmer scientifiquement qu'il n'avait pas tant plu depuis... bien longtemps; — ce que nous savions tous du reste. A la vérité, ils citaient l'année précise où le ciel a non moins abondamment arrosé notre planète; mais (prenez donc tant de peines; pauvres savants!) je l'ai déjà oubliée. Enfin pour te donner à ma manière une idée de cette saison diluvienne qui n'apporte aux paysagistes que bronchites, fluxions de poitrine, pleurésies, je te dirai qu'il pleuvait... comme dans le roman de Zola: « Une page d'amour », où il pleut pendant quarante pages aussi longues pour le moins que les quarante jours du déluge biblique.

Les régions atmosphériques semblaient donc profondément, irrémédiablement troublées; et tout présageait que la campagne finirait comme elle avait commencé, dans l'eau. Depuis six semaines j'épiais une éclaircie pour m'échapper, interrogeant la direction des nuages, frappant vingt fois par jour mon baromètre comme un ex-marchand désœuvré « retiré bourgeois ». Vienne une brise de bon augure, et je prends le train, je file à toute vapeur sur la Lorraine, les Vosges ou les Ardennes. Le bagage était prêt; mais le soleil glissait-il un timide rayon par une petite fenêtre bleue, vite un nuage sombre réprimait aussitôt ces joyeuses velléités; et chaque jour le ciel ballonné, gonflé, maussade, versait opiniâtrement sur la terre des cataractes de plus en plus torrentielles.

Pourquoi m'aller faire tremper si loin, pensai-je? Ne vaut-il pas mieux m'enrhumer à portée de chez moi, où, si besoin est, je trouverai bien vite tisane chaude et le reste.

Je frêtai alors une vieille berline de louage et j'allai à la grâce de Dieu. Je dis à mon conducteur de me mener où il voudrait, pourvu qu'il s'écartât de la voie ferrée et de la vallée de la Marne dont je sais par cœur tous les détours et pourrais noter les hameaux, les fermes, les bouquets de

bois comme un géographe du dépôt de la guerre. Il prit
la route d'Oulchy-le-Château. Les cabarets étaient-ils plus
nombreux de ce côté, le vin meilleur, les filles d'auberge
plus affriolantes ? Je ne sais. Quel que soit le mobile qui
l'induisit à prendre la route vicinale de grande communication n° 37, toujours est-il que je n'eus pas à le regretter.

Il est vrai qu'au lieu de laisser mon équipage suivre en
somnolant la grande route, j'obligeai bientôt l'automédon
à la quitter pour pousser des reconnaissances à droite et à
gauche, à travers le pays. Il se prêtait volontiers à ce jeu,
dans l'espoir d'un bon pourboire, et parce que j'intéressais
son amour-propre en faisant appel à ses lumières. Aussi
quand il m'avait cité les fermes qui présentaient, selon lui,
quelque cachet d'antiquité, était-il le premier à s'engager
dans les chemins les moins classés pour me prouver « de
visu » qu'il « s'y connaissait ». Je vis ainsi le hameau de
Bezuet et la ferme de mon ami Henri Pille qui étale au
bord de la route ses vergers plantureux, son boueux abreuvoir, ses murs lézardés, et ses toits verts de mousse. Brave
Pille, voilà au moins un propriétaire qui ne fait pas faire de
réparations ! Ce n'est pas qu'il ait pour toutes ces rusticités
des tendresses de paysagiste ; Pille les connaît à peine. En
dépit de son accent briard très prononcé, de ses grâces de
pompier de la banlieue, Pille est un citadin invétéré, un
mondain à sa manière, un Parisien du « tout Paris artiste »
rivé à l'asphalte du boulevard... Clichy.

Nous poussâmes une pointe sur Bézu-les-Fèves, Epaux et
la vallée du Clignon, le château de Monthiers transformé en
un pensionnat où le V. F. Jean Macé catéchise les jeunes
filles selon les rites de la Franc-maçonnerie et les dogmes
de la morale indépendante ; la ferme du Charme où l'on voit
encore les vestiges d'un ancien prieuré de dames de l'ordre
de Fontevrault ; la ferme de Grisoles qui fut jadis une
habitation seigneuriale ; La Croix et son église à la tour
massive de caractère roman. Puis de la route qui suit un
plateau à découvert, nous longeâmes en la dominant la
petite vallée de l'Ourcq qui dessinait dans la plaine dorée

un sinueux ruban vert. Nous n'apercevions que le faîte des trembles et des bouleaux qui frissonnaient au vent. Bientôt je vis émerger, comme d'une corbeille de peupliers, un fouillis de clochetons, de tourelles, de pinacles, de lucarnes, puis surgir tout à fait la masse imposante d'un superbe château en ruines de l'époque gothique. C'était le château d'Armentières.

Eurêka ! Inutile d'aller plus loin. Je laissai souffler mon équipage sur le bord de la route et j'allai droit à cette guipure de pierres qui évoquait devant mes yeux comme une vision du moyen-âge. Aujourd'hui, c'est une exploitation rurale. Les tours que défendaient autrefois de larges fossés remplis d'eau, crevassées, décoiffées, baignent maintenant dans un lit de purin où barbottent bruyamment les porcs, les oies et les canards. Le fermier eut l'obligeance de me montrer le morceau qui faisait particulièrement, disait-il, l'admiration des visiteurs. C'était une salle basse, de belle proportion, voûtée en ogive, que soutenait un pilier central élégant et hardi. De son chapiteau à feuillage frisé, s'échappaient, comme les fusées d'un feu d'artifice, les nervures des voûtes. De vastes cheminées à colonnettes donnaient à supposer que cette pièce avait été affectée jadis aux usages de la cuisine. Aujourd'hui, elle sert de bergerie. En l'absence du troupeau qui paissait aux alentours, il ne restait, sur la litière épaisse et chaude, qu'une brebis allaitant son agneau. Un furtif rayon de soleil filtrant à travers une étroite fenêtre d'aération, faisait vibrer tout le tableau, et ce tableau était simplement un chef-d'œuvre ! En voit-on, comme cela, en voyage, de ces chefs-d'œuvre qui s'offrent à vous tout faits, qu'il n'y a, ce semble, qu'à cueillir, mais qui ne durent que ce que dure une sensation ! Le coup de lumière qui leur donnait l'accent et la vie s'en va soudain, comme en se riant de notre impuissance, ne nous laissant qu'une impression plus ou moins fugitive ; mais ces impressions ne sont pas moins une des plus délicates jouissances du voyage parcequ'elles restent tout idéales et ne connaissent pas les mécomptes de la réalisation.

II

— Trouverai-je un gîte dans le pays, demandai-je au cocher quand j'eus rejoint la voiture.

— Ça serait bien d'hasard...

— Quel est le village le plus proche ?

— Breny.

— Y a-t-il une auberge ?

— Pour ça, oui. Breny n'est pas un pays perdu comme Armentières. Il est sur la route de Soissons à deux pas d'Oulchy. Je vas vous descendre chez les Tetard ; vous y serez bien.

Notre arrivée ne laissa pas de troubler un peu les « petits Tetard », qui étaient loin de s'empresser autour du voyageur. Si j'ai quelque chose à leur reprocher, ce n'est pas l'excès d'obséquiosité. J'ai toujours remarqué que les logeurs de campagne préfèrent beaucoup ne pas loger. Il est vrai que mon attirail mystérieux les inquiétait. Enfin ils se résignèrent quand j'eus formellement protesté qu'ils n'avaient jamais eu pensionnaire plus accommodant. Le conducteur mangea un morceau de pain et de fromage pendant que le cheval dévorait son picotin d'avoine et il reprit aussitôt le chemin de Château-Thierry. Quant à moi, j'allai reconnaître les positions aux alentours ; mais le ciel bas et lourd étouffait le paysage, faisant la nuit avant l'heure, et je dus rentrer au logis.

Il faut, tu l'avoueras, pousser assez loin l'amour de l'art pour quitter sa femme et ses enfants — (je n'en ai qu'un, mais le pluriel fait toujours bon effet en pareille circonstance), renoncer au bien-être de son « chez soi » pour camper dans une chambre mal close, aux murs crépis de plâtre, meublée d'une table boîteuse, de deux chaises déhanchées, d'un lit en bois blanc dont les draps en calicot ne bordent pas et où l'on dort un sommeil traversé de fureurs insecticides.

Ce n'était pas ce genre de supplice qui m'était réservé, j'en conviens ; mais la pluie avait repris de plus belle au déclin du jour, et, toute la nuit, je l'entendis tomber sans intermittences, droite, régulière, agaçante, inexorable. Mon sommeil fut bercé par le bruit monotone des gouttes d'eau que les tuiles déversaient sur la bordure de pavés qui longeait la maison. Dès que je m'assoupissais un peu plus profondément, je voyais se dresser dans ma tête toutes sortes d'antiques demeures aux architectures fantastiques, avec des gargouilles gigantesques débitant des torrents d'eau dans des fossés. Ces fossés prenaient bientôt les dimensions d'un immense lac où s'abîmaient bientôt donjons, manoirs et châteaux. Au petit jour, je me précipitai à la fenêtre, dans le simple appareil des bergers Chaldéens, pour consulter le ciel. Je le trouvai encore bas, brouillé, d'un gris uniforme et menaçant ; mais la pluie avait cessé. Je m'équipai en hâte, avalai une chaude assiettée de soupe, selon la sage méthode de notre bon Corot, et pris le chemin d'Armentières.

Je fus plus émerveillé encore que la veille lorsqu'apparurent de nouveau les tours, les lucarnes, les hautes cheminées de pierre, les combles solennels enchevêtrés avec les toits frustes des bâtiments informes de la ferme, les murs noircis dans les fentes desquels poussent de véritables arbustes. Je passai devant une pièce d'eau où se reflète cet amas de constructions hétérogènes. Dans la cour grouillait tout un monde assourdissant de volatiles et de ruminants. Au milieu de tout cela s'élevait, fière et à peu près intacte, la porte fortifiée de la première enceinte, avec ses machicoulis, ses échauguettes, ses encorbellements. On voyait encore les traces de la herse et du pont-levis.

L'habitation du fermier, le fournil tout noirci par la fumée que dégorge un tuyau mal emboîté, s'appuient sur ce débris

féodal qui semble continuer à les protéger, quoique déchu
de son noble rôle d'autrefois et voué désormais aux usages
les plus vulgaires. L'antithèse morale accentuait encore ce
contraste pittoresque.

C'est ce fragment que je me décidai à attaquer et je me
mis à l'œuvre à l'instant. Combien d'heures passèrent?
J'avais trop de cœur à l'ouvrage pour m'en rendre compte.
Je ne recouvrai la notion du temps que lorsque je ressentis
trop vivement les atteintes aigues de la faim. Dans mon
ardeur à engager le combat, j'avais totalement négligé la
question des vivres; mais mon estomac manifestait maintenant ses exigences de la façon la plus impérieuse et la plus
douloureuse. Que faire? Retourner à Breny? C'était perdre
ma journée. Pas un seuil, au hameau, ne s'ouvrirait pour
me faire sauter une omelette dans la poële et un besoin
furieux de dévorer me mordait les entrailles. J'en arrivais
à comprendre la mendicité et la maraude, j'enviais les
vagabonds affranchis des gênes sociales. Je me sentais plein
de mansuétude pour les chappardeurs, les fricoteurs, et j'en
étais à discuter les dures nécessités du « struggle of live ».
Avec cela, il y avait dans l'air de provocantes odeurs de
soupe au lard qui sonnaient midi. Les attelées rentraient
pesamment à la ferme. Tout le personnel, berger, vachère,
charretiers, rabattaient de tous côtés vers la maison. Ma foi!
je fis comme tout le monde et j'allai prier qu'on me trempât
la soupe, comme aux charretiers, et qu'on me permît de
m'asseoir avec eux à la longue table luisante.

— Notre déjeuner sera prêt dans un instant, me dit le
fermier, faites-nous le plaisir de le partager. Vous pouvez
continuer votre travail, on ira vous prévenir.

Quand la servante vint me chercher, je trouvai la table
mise dans la belle pièce aux portraits de famille, à l'armoire
à linge, à la pendule d'albâtre flanquée de deux vases de
fleurs artificielles sous globe, avec les fusils accrochés en
travers, au-dessus de la glace de la cheminée. Je pris place
au milieu de la famille, plein de gratitude pour M. Boulanger
— je tiens à léguer le nom de ce digne cultivateur à « ma »

postérité — et je fis honneur aux produits de sa chasse. Les cailles et les perdreaux — rien que cela ! — ne me semblèrent que plus savoureux à moi qui, un instant auparavant, crevais la faim, et, à part moi, je pensais : « Il y a de bons moments dans la vie du paysagiste » ; par le fait, ce jour-là, il était littéralement vrai de dire que les cailles m'étaient tombées toutes rôties...

Malheureusement, pendant que sous l'influence réparatrice du repas, je me sentais porté à voir la vie en rose, le ciel tournait terriblement au noir, et ce fut avec des alternatives d'averses et de rapides éclaircies que la journée s'acheva. A peine les nuées s'étaient-elles formées qu'elles noyaient aussitôt leurs contours dans une teinte générale indécise et blafarde de linge mouillé. L'eau balayait les toits et les faisait reluire comme le sol qu'elle détrempait Tout prenait, sous cette lessive, une décoloration, une dissonance inharmonique, un renversement de « valeurs » qui donnaient la sensation d'une fausse note en musique. Ce n'était pas le gris tendre, délicat, mélancolique des jours d'automne ou d'hiver, ce gris qui répercute comme un écho adouci tous les tons de la palette. Non, c'était quelque chose de boueux, de commun, de maussade. Quand le gris n'est pas une quintessence, il devient une salissure.

Je persistai néanmoins ; car, hors de chez soi, il faut travailler quand même ou s'ennuyer à haute dose. Plusieurs fois, je repris et interrompis mon travail, mettant à profit les courts intervalles des averses, me réfugiant sous un hangar ou à la ferme quand la pluie redoublait. Le troisième jour, l'eau tomba sans discontinuer toute la journée. Je voulais en finir. Comment sortir d'embarras ? J'avais déjà mis à contribution la complaisance de la fermière qui m'avait donné des sabots, la houppelande du berger. Je lui demandai un dernier service.

A quelques pas de l'endroit où je m'étais placé, se trouvait la porte charretière de la cour flanquée d'une niche en maçonnerie où grognait sourdement, derrière sa grille, un molosse que mon voisinage exaspérait. J'allai prier qu'on l'expulsât pour quelques heures. Il n'y eut pas besoin pour cela de serrurier, de général, ni de préfet ; on ne prit pas de mitaines, ni de gants gris perle, et je m'installai au lieu et place du pauvre chien, tout surpris de cette substitution, sur sa litière encore tiède où grouillait un monde inférieur que je me dispense de te décrire avec les procédés de la nouvelle école, car tu te gratterais l'épiderme jusqu'au sang pendant quarante-huit heures. Voilà comment j'achevai dans une niche à chien mon tableau commencé dans la digestion des cailles et des perdrix. J'avais mangé mon pain blanc en premier.

Un paysagiste est obligé par état de prendre toujours le bon côté des choses. Mon métier de chien avait ses épisodes plaisants. Quand des gens entraient à la ferme, je les voyais passer prudemment au large, hésitants, inquiets, resserrés sur eux-mêmes ; puis tout étonnés de ne point entendre les aboiements qui les accueillaient d'ordinaire, ils risquaient un œil dans la direction de la niche.

— N'ayez pas peur, leur criais-je, je ne mords pas. En voyant leur tête ahurie, j'oubliais les incommodités de ma posture.

Ma tâche achevée, mon tableau fini, tant bien que mal, — plus mal que bien au milieu de conditions si défavorables — je me sentis repris d'un désir immodéré de rentrer « à la maison », d'aller retrouver mon « home », je veux dire : ma femme. Le lendemain, de grand matin, devait passer la messagère d'Oulchy se rendant au marché de Château-Thierry. Je me tins prêt à profiter de l'occasion. La messagère parut à l'heure dite avec sa charrette encombrée de sacs, de paquets, de paniers, de paysannes cachées sous de larges parapluies bleus, verts ou rouges ; car tu sais le refrain : « la pluie tombait toujours.... » C'était même le bouquet et la voiture n'avait pas de bâche. La messagère remania tout son chargement pour me faire place, m'installa près d'elle. C'était une gaillarde dont j'aurai fait le portrait physique et moral en disant qu'elle était « d'attaque ». Le vent qui soufflait en tempête, l'eau qui fouettait, les parapluies qui se retournaient, rien n'entamait sa bonne humeur : « Elle en avait vu bien d'autres. » Son vigoureux et lourd cheval n'en pressait pas davantage son pas tranquille et lent. Nous avancions à tour de roue. Nous ne traversions pas un village, nous ne passions pas devant un bouchon sans que la messagère s'arrêtât pour déposer ou prendre ses commissions et s'arroser le gosier d'un petit verre. Elle se montrait d'ailleurs pleine de prévenances pour ses voyageurs. Elle nous promit d'acheter une bâche pour l'hiver prochain ; ce qui ne laissa pas de nous toucher. Elle me combla d'attentions (honni soit qui mal y pense), me jetant une couverture sur les genoux, une autre sur le dos.

— J'ai toujours soin des hommes..., disait-elle gaiement, je n'oublie pas que mon père en était un....

Enfin, après six heures de voyage pour faire cinq lieues — à peu près le temps que met le train rapide du P.-L.-M. pour aller de Paris à Lyon — je vis se dérouler, du haut de la montagne des Chesneaux, le gracieux panorama de la vallée de la Marne, la ville de Château-Thierry qui s'étale indolemment comme pour mieux prendre ses aises et se tailler de plus jolis jardins, le massif boisé du vieux château, la tour de l'église Saint-Crépin qui domine, comme pour les rallier, tous les groupes d'habitations disséminées dans la verdure, et un quart d'heure plus tard, j'éprouvais la joie vive de retrouver le petit monde de mon cœur et de me sécher tranquillement à domicile.

A L'AUBERGE

Je ne suis pas de l'école de ce touriste d'outre-manche qui notait sur ses tablettes : « Toutes les femmes de tel ou tel pays boitent », parce que la première qui s'était offerte à sa vue était affligée de cette légère infirmité. Pourtant, depuis mon voyage de l'an dernier, dont j'ai conté les péripéties, Breny s'imposait toujours à mon souvenir, ruisselant sous les averses et embourbé dans ses marécages. Pour dissiper une prévention aussi tenace que peu raisonnée, je voulus le revoir par un gai soleil qui fit étinceler les émeraudes de ses prairies et miroiter le ruban d'argent de l'Ourcq. Par un clair matin d'août, je réquisitionnai donc de nouveau mon vieil équipage, et fouette cocher !

Cette fois, nous ne prîmes pas le chemin des écoliers. Nous dépassâmes lestement Bezuet, Rocourt, et quand arrivés à la râperie de la sucrerie de Neuilly-Saint-Front, au tournant du chemin de La Croix, nous aperçumes, au bas de la côte, les toits de Breny noyés dans le poudroiement lumineux d'un beau jour d'été, nous brulâmes au grand trot la distance qui nous séparait des premières habitations du pays.

Au bruit de la voiture qui venait stopper à la porte de l'auberge, l'hôtesse parut sur le seuil avec ses grands yeux effarés et sérieux. Mais elle se rassura bien vite en voyant un visage de connaissance. Je repris possession de ma chambrette; je rentrai dans mes habitudes, et les fidèles du cabaret, désormais édifiés sur mon compte, me firent fête, me donnant, à qui mieux mieux, les plus formidables poignées de main.

— Vous avez bien fait de nous revenir tout de même; cette fois-ci, le temps n'est pas à la méchanceté....

Puisqu'il est de mode aujourd'hui de décrire les milieux — les ambiances, comme on dit pour peu qu'on se pique de modernisme — je vais vous faire le tableau de ma vie au « Casino » de Breny.

Aussitôt levé, avant de partir en séance, j'avale un grand bol de lait chaud en présence de trois chats étiques qui guettent les miettes de mon festin. Pendant ce repas sommaire, j'ai la distraction de voir défiler devant moi tous les gros bonnets de l'endroit : le maréchal (prononcez marichal), physionomie ouverte et bon enfant, le bourrelier (bourrier), le maçon, le charron « qui n'est pas d'un haut bruit », le meunier avec son masque comique et son intarissable répertoire de gaudrioles rapportées des marchés voisins. Puis la série des fonctionnaires publics, le garde-champêtre, un luron à boucles d'oreilles, le piéton qui dépose chaque jour le paquet d'exemplaires du *Petit-Journal* que se partagent ensuite les destinataires. Puis les manouvriers allant à leur travail; les charretiers qui avalent un « cintième », histoire de laisser leurs chevaux souffler un brin, au bas de la côte; et enfin — j'aurais dû commencer par eux — les buveurs attitrés, inamovibles, incurables, qui parfois n'étaient pas les moins originaux. J'ai vu là un type d'ivrogne qu'eussent étudié avec amour Brasseur ou Fusier. C'était le père Pierre, ancien instituteur, chantre, perruquier, sonneur, fossoyeur, jardinier, boucher de viande de cheval, terrassier, pleureur aux enterrements, ramasseur de crottin, pêcheur d'écrevisses, etc., etc. Avec tant de métiers que cela, il ne pouvait manquer de mourir à l'hôpital. C'est ce qu'il fit. Quand le père Pierre avait le malheur d'entrer au cabaret, il en avait pour la journée. Après absorption d'un certain nombre de litres, l'ancien chantre-instituteur entonnait le *Magnificat* ou le *Dies iræ*. Quand son latin lui revenait, c'était signe qu'il avait sa dose. On le flanquait à la porte.

Je suis au mieux avec toute cette clientèle panachée bien que je n'aie jamais trinqué avec personne — pas par fierté, grands Dieux ! — ce n'est pas moi, c'est mon estomac qui « fait des manières ». — « A chacun sa *température*... », me disent-ils en forme de consolation. Braves gens en somme, laborieux, sensés, volontiers gouailleurs, devisant tranquillement de leurs affaires, point férus de politique ; respectant encore les choses respectables ; de ceux enfin que les malins du jour appellent lestement « des arriérés. »

Vous avez vu les personnages ; voici le décor et ses accessoires. C'est chose bien rudimentaire que l'agencement d'un petit débit de village. Un comptoir, un « zinc », comme on dit, sur lequel s'alignent par rang de taille toute la théorie des mesures en étain, le litre et ses dérivés. Le zinc est bordé d'un petit parapet et posé sur un plan légèrement incliné qui permet de recueillir dans un récipient toutes les égouttures des liquides. Qu'en fait-on ? Mystère ! Le long du mur, à côté du coucou enfermé dans sa gaîne de bois, règnent deux tablettes chargées de bouteilles aux étiquettes crûment coloriées et prodigues d'affriolantes promesses : qualité supérieure, superfine, extra-fine. Le kirsch y est signalé par un amour joufflu se jouant dans les merises. Le « verjus » a la panse ornée d'une belle grappe de raisin. L'absinthe suisse se met sous la sauvegarde de la croix de Genève. Le rhum arrive directement de la Jamaïque, comme l'atteste la vue de cette île bénie dessinée sur le ventre de la bouteille. Puis les flacons de fantaisie en verre grossièrement coulé à l'effigie d'idoles populaires déjà coulées elles aussi : Thiers, Gambetta, Grévy. — La propagande républicaine par le trois-six.

Viennent ensuite les liqueurs sirupeuses et pharmaceutiques, « le Raspail », « l'huile de Vanille », « la crême de menthe », les apéritifs ou soi-disant tels : Byrrh, amer Picon, etc. Quant au cognac, il était d'un débit trop considérable pour figurer sur cette bibliothèque. On le tirait au fût dans des carafes de la contenance d'un litre vidées cinq ou six fois chaque matin ; car, aussitôt levé, chacun accourait « sécher » son petit verre pour tuer le microbe. C'eût été mal commencer la journée que de négliger cette précaution hygiénique.

Cette salle-buvette donne accès dans une seconde petite pièce qui prend jour sur la première au moyen d'un vitrage dormant derrière lequel s'étagent, sur trois rangs superposés, les denrées variées et avariées, les boîtes et paquets qui constituent une épicerie-mercerie de village. Avec cela, de la poterie, des pipes, de la faïencerie intime et autres écramiques. A ces divers commerces, les époux T.... joignent encore l'affermage du bureau de tabac. Tout cela met, dans la maison, un va et vient perpétuel qui me distrait pendant mes sommaires repas. Ce sont des laveuses qui viennent chercher « *de la carbonade* », des enfants en commission qui demandent pour deux sous de fil, pour deux sous de jarretière, une chandelle, des allumettes. Parfois un petit gourmand se glisse en tapinois, achète un sucre d'orge ou un cornet de cassonnade, et s'en va, rouge d'émotion, retrouver un camarade resté dehors. Toutes ces physionomies campagnardes m'intéressent. Elles se marient si étroitement au sol qui les a vu naître qu'elles sont toujours dans la note juste du paysage où elles se meuvent. Je les regarde, je les étudie, et sur le coin de mon album, qui ne me quitte jamais, je note d'un trait leur silhouette et leur allure générale.

Hier, pendant que je mangeais la soupe, est entré un

ouvrier terrassier, dans la force de l'âge, 35 à 40 ans, bien découplé, moustache et cheveux blonds, œil bleu clair et doux, traits réguliers et fermes. Il demanda un demi-litre, s'assit à une table, tira de son panier un copieux morceau de pain, du salé, et se mit en devoir de déjeuner, posément, d'un geste automatique et régulier avec la lenteur tranquille d'un ruminant. On sentait l'homme qui ne veut pas faire une dépense inutile de force musculaire et se réserve pour les rudes besognes. Vous auriez admiré comme moi la simplicité sculpturale de ses attitudes qui toutes exprimaient le repos dans la force. La mimique du paysan a cela de caractéristique qu'elle est toujours en harmonie avec sa pensée ou son action, traduisant la fatigue s'il est fatigué, la vigueur s'il agit, la détente s'il est au repos. Il diffère en cela de l'homme du monde qui, le plus souvent, essaie de feindre la force s'il est débile, la vaillance s'il est pusillanime, préoccupé de dissimuler sa fatigue s'il est brisé, de contraindre ses sentiments sous une gravité de convention, de réagir toujours contre soi-même, de sorte que chez lui tout est artificiel et faux. C'est le mensonge de l'éducation remplaçant la franchise de la nature; et j'entends par là cette éducation basée sur la vanité du « paraître » qui enseigne les grimaces et les prétentions. Car la haute éducation qui affine la nature sans se mettre en désaccord avec elle, donne au contraire cette élégance aisée, cette grâce suprême qui charment comme un don, tant il est vrai qu'en toutes choses la perfection ramène à la simplicité et se confond avec elle.

Le paysan a sa beauté propre, et vous le savez mieux que personne, mon cher Breton. Dussé-je étonner grandement le citadin, je dirai que le paysan a, tout naturellement, le caractère, la *distinction,* au sens particulier où l'entend l'artiste tandis que l'homme du monde n'a le plus souvent que cette distinction toute conventionnelle qu'établit la mode et que la mode transforme incessamment. Voilà pourquoi les œuvres du peintre qui a pris ses modèles au village, à la ferme, à l'usine, ne vieillissent pas aussi

vite que les œuvres de l'artiste qui se fait l'historiographe
de la vie élégante et mondaine. Le paysan n'est pas, comme
l'habitant de la ville, frappé à un millésime quelconque ; il y
a en lui une plus large part d'humanité prise dans son sens
général. Cela me remémore un mot de Topffer : « Tous les
paysans ont du style. » Il le disait de leur langage naïf et
franc. On peut l'entendre *à fortiori* de leur plastique, parce
qu'elle est toujours simple, naturelle et vraie.

LE BRENNACUM DES ANCIENS

A Edmond P...

I

Tu me plaisantes fort agréablement à propos de « mon
Breny »; tu me traites comme ces Parisiens — les plus
sottes gens du monde quand ils n'en sont pas les plus spirituels — qui se croient les Christophe Colomb de toutes
les localités qu'ils rencontrent, le dimanche, au-delà du mur
des fortifications, par la raison qu'ils ne possèdent, en fait
de connaissances géographiques, historiques et autres, que
juste ce que leur en dose chaque matin leur journal, —
cet Evangile des temps modernes. Tu en seras avec moi
pour tes frais d'ironie; car je ne prétends pas à marcher sur
les traces des Livingston et des Stanley. Je vais à travers
champs, docile à mon caprice, bayant aux motifs comme
le poète court après les libellules diaprées qu'on appelle

l'idée, l'image, et la rime. Quand j'ai abattu mon filet sur un de ces brillants papillons, je le pique sur mon album sans plus me soucier si l'endroit où je l'ai saisi est comme tu dis : « un trou », ou un « beau port de mer » ; mais puisque tu me mets en demeure de me faire l'avocat d'office de Breny, j'accepte cette mission et tu subiras mon plaidoyer jusqu'au bout.

Breny est une humble commune du département de l'Aisne, canton d'Oulchy-le-Château, arrondissement de Soissons. Ses maisons couronnent un léger monticule qui les met à l'abri des inondations de la rivière d'Ourcq. Peu de chefs-lieux peuvent se prévaloir d'une aussi antique origine. Breny est-il le Brennacum dont parle Grégoire de Tours, ou bien devons-nous identifier Brennacum avec Braisne ou avec Berny-Rivière, près Vic-sur-Aisne ? Les savants dissertent. Il se pourrait pourtant que le dernier mot de la question eut été dit parmon ami Joseph Berthelé, (1) un érudit pour de bon, à qui ses confrères en archéologie peuvent donner tant qu'ils voudront du « savant collègue », sans que cela fasse sourire personne. M. Berthelé conclut en faveur de Breny. Après avoir lu son argumentation si claire, si serrée, si judicieuse, j'avoue que je me sens porté à partager son opinion (2).

Les premiers rois Mérovingiens ont eu à Breny une de ces villas, moitié ferme, moitié château, qu'a si bien décrites Augustin Thierry. Les terres arables du château, jointes aux pâtures de la vallée, et la proximité de Paris prêtaient admirablement à l'établissement d'une métairie dans ces parages. La découverte de murs anciens, construits en chaux (*Histoire de Coincy, Fère, etc., par de Vertus, 1864*) sont une

---

(1) M. Joseph Berthelé, ancien élève de l'école des Chartres, archiviste paléographe du département des Deux-Sèvres, directeur de la Revue Poitevine et Saintongeaise ; membre de la Société historique et archéologique de Château-Thierry, etc.

(2) La question du Brennacum : Annales de la Société historique et archéologique de Château-Thierry ; année 1880.

présomption très forte en faveur de l'existence de cette villa.
Placé en outre sur la voie la plus directe de Reims à Paris,
Breny a dû livrer fréquemment passage, aux temps de la
domination Romaine, aux troupes qui tenaient la région,
et sa situation qui commande la vallée (le massif sur lequel
s'élève l'Eglise s'appelle encore « le fort ») rendait Breny
propre à l'installation d'une station ou d'un camp romain.

Un fait décisif de la plus haute importance vient de donner
un grand caractère de probabilité à ces suppositions. C'est
la récente découverte d'une nécropole qui a livré à son
habile explorateur, M. Frédéric Moreau, plus de seize cents
tombes franques et gallo-romaines, avec leur mobilier
funéraire, le plus authentique, celui-là, des documents
humains.

Ainsi donc, que ce soit sous le nom de Brennacum ou sous
un autre, il est désormais hors de doute que Breny remonte
aux premiers âges de notre histoire, et qu'il a été autrefois
un centre important; C. Q. F. T. : Ce qu'il fallait démon-
trer, comme nous disions au collège, les jours de géométrie.

Juge de ma surprise lorsque, le premier jour de mon
arrivée à Breny, avant d'avoir revêtu la blouse du paysagiste, alors que je pouvais passer encore aux yeux des
naturels du pays pour un « étranger », je me vis accoster
par un gars dressé sans doute à cet exercice :

— M'sieu ! Voulez-vous voir le Musée ?

Un musée à Breny ! à « mon Breny !! » T'attendais-tu à
cela ?

— Volontiers, répondis-je à mon galopin qui courut
chercher la clef chez M. le maître (l'instituteur), et m'introduisit dans une pièce de la maison commune où je vis
deux belles vitrines remplies d'objets provenant des fouilles
de la nécropole dont j'ai parlé tout à l'heure. Il y avait des
silex votifs, des poteries, des bracelets, des épingles, des
bagues, des colliers en verrotteries, des boucles, des agrafes,
— fibules pour le monde savant — ; des framées, espèce de
lances en fer dont s'armaient les Francs; des scramasaxes,
un mot qui sonne avec un fracas d'armes qui se brisent;

des lacrymatoires, petites fioles que l'on déposait dans les sépultures pour y conserver les larmes versées aux funérailles du défunt, usage auquel les veuves et les héritiers ont depuis longtemps renoncé.

Il est impossible, tu le vois, d'être plus dans le mouvement que Breny, en un temps où le Gallo-romain nous envahit, où le musée de Cluny cède le pas à celui de Saint-Germain-en-Laye. Usée, la Renaissance, archi-connus le gothique et le roman ! Le château de Blois, Saint-Remy de Reims, Notre-Dame de Chartres, c'est d'hier tout cela. Parlez-moi des cités lacustres, des habitations primitives taillées dans le tuf! Le préhistorisme triomphe, Archéologue, mon ami, passons au Déluge.

Outre les vitrines qui ornaient la salle du musée de Breny, des cadres, appendus le long des murailles, montraient des gravures de notre bon Amédée Varin, des chromolithographies de M. Pilloy. Les planches gravées représentaient les premiers objets trouvés par hasard en labourant le sol du pays, point de départ des recherches qui suivirent. Les chromos reproduisaient les types rares ou uniques. Je vis là un pliant en fer qui me fit rêver. Un confrère m'aurait-il devancé dans les parages de Brennacum, il y a une quinzaine de siècles ? Mais non, le pliant est plutôt l'emblème de la magistrature, la plus assise de toutes les professions.

Cadres, vitrines, spécimens nombreux des curiosités que recelait le sous-sol de Breny, c'est à la libéralité de l'inventeur que la commune doit tout cela. M. Frédéric Moreau a voulu laisser au pays un souvenir de son passage et témoigner sa satisfaction aux habitants pour leur franc et loyal concours. Avec une générosité qui est dans les traditions de sa famille, M. Moreau en a du reste usé de même avec les localités qu'il a successivement explorées et qui toutes possèdent aujourd'hui leur petit Musée.

II

Tu connais, au moins de nom, cette honorable famille
Moreau, vénérée dans le Tardenois, pour le libéral emploi
qu'elle y a toujours fait de sa grande fortune. Le chef de la
famille, M. Ferdinand Moreau, qui fut censeur à la Banque
de France, est mort peu de temps après la révolution de
1848. Il a laissé quatre fils dont deux, Ferdinand et Adolphe
(ce dernier, amateur d'art éclairé) gérèrent longtemps cette
charge d'agent de change qui resta dans la famille jusque
dans ces derniers temps. Le plus jeune des quatre frères,
Frédéric Moreau, celui qui nous occupe, continua le commerce de bois dans lequel son père avait brillamment réussi.
Il fut élu Conseiller municipal de la ville de Paris, sous le
gouvernement de Juillet et devint Président du Tribunal de
Commerce. Il était donc rien moins que préparé à sonder
les mystères des temps préhistoriques, à goûter les charmes
de la pierre polie et de la pierre taillée, de l'âge de bronze
et de l'âge de fer.

Ce fut une circonstance toute fortuite qui révéla à
M. Frédéric Moreau ses aptitudes archéologiques. Un agent-
voyer faisait exécuter un chemin, au moulin de Caranda,
dans le canton de Fère-en-Tardenois, à la naissance de la
vallée de l'Ourcq. Frappé de la nature du sol et des singu-
lières ondulations des terrains, il remarqua un assemblage
de pierres dont la disposition ne semblait pas un pur effet
du hasard. Il fit part de ses observations à la Société historique et archéologique de Château-Thierry. Celle-ci délégua
deux de ses membres qui constatèrent la présence d'un
dolmen. Quelques jours plus tard, M. Moreau, assisté d'une
escouade de terrassiers s'emparait du terrain et inaugurait
cette mémorable série de découvertes où sa persévérance et
sa sagacité ne l'ont pas moins servi que sa fortune. De
Caranda, il dirigea ses recherches sur Sablonnière, se trans-
porta à Arcis-Sainte-Restitue, Trugny, etc.

C'est véritablement une figure originale que celle de cet homme petit, nerveux, solide, vif, impérieux, bouillant, qui s'improvise archéologue à 75 ans, s'impose, à l'âge du repos, une tâche nouvelle, étudie d'une façon toute pratique, sur le terrain plus encore que dans les livres, et acquiert bientôt une expérience que les maîtres de la science ne dédaignent pas de consulter. Heureux d'avoir donné à ses loisirs de millionnaire un intérêt et un but, M. Moreau s'est consacré avec une ardeur juvénile à ces attachants travaux. Radieux au milieu de son équipe de terrassiers, de son état-major d'ingénieurs, il faut le voir au milieu de « ses tombes » dirigeant les opérations, commandant la manœuvre comme un général obéi. Il se plonge dans ses sépultures mixtes, superposées, Gauloises, franques, romaines, mérovingiennes, comme dans une fontaine de Jouvence. Il rajeunit de plusieurs années chaque fois qu'il déterre un nouveau cimetière ; et il est déjà à son septième. Il ne nous reste donc qu'à lui souhaiter une longue suite de cimetières, comme on souhaite à ses amis, le premier janvier, « une bonne santé, une bonne année accompagnée de plusieurs autres... »

C'est avec une curiosité fiévreuse que M. Moreau arrache tous leurs secrets à ces nécropoles ensevelies, tout à coup réveillées de leur long sommeil. Avec quelle ardeur il les dépouille au profit de la science ! C'est avec la verdeur, l'entrain, la flamme, la pétulance d'un jeune homme qu'il interroge le sol et le sous-sol, qu'il recueille les trésors que la pioche fait surgir. Mais le trésor, ici, c'est moins l'objet lui-même que le point d'histoire, encore obscur, qu'il aide à élucider. Sans doute, c'est avec une vive satisfaction qu'il voit apparaître, dans sa forme et sa beauté primitives, l'objet dégagé de sa gangue comme le papillon de sa chrysalide ; mais quel triomphe quand cet objet tranche tout à coup une question encore indécise, rectifie une erreur accréditée, renverse quelque système commodément établi ! M. Moreau vit de ces émotions. Ce fouilleur obstiné, en cheminant comme une taupe dans la poussière des sépul-

tures, a fait faire un progrès énorme à la connaissance des
mœurs, du costume, des usages de ces âges barbares mêlés
d'alliages de la civilisation romaine. Il va sans dire que, tout
en servant la cause de la science, M. Moreau s'est composé
une collection qui peut rivaliser aujourd'hui avec tous les
musées similaires. Il en fait les honneurs avec autant de
courtoisie que de compétence, et sa complaisance est infa-
tigable pour peu qu'il n'ait pas affaire à des visiteurs trop
profanes (1).

III

Pour en revenir à Breny, c'est en 1880, sur une éminence
sablonneuse, au lieu dit : « le Meurtroy » (Martroy, du
latin Martyrium, par extension, cimetière chrétien), que
M. Moreau a procédé à des fouilles régulières et commencé
à recueillir d'abondants matériaux. Déjà en 1863, A. de
Vertus avait deviné et signalé cette nécropole. Quelques
objets de cette provenance, tombés entre les mains de nos
amis Amédée et Eugène Varin, et communiqués par eux à
M. F. Moreau, décidèrent celui-ci à se transporter à Breny
avec son personnel et son matériel ordinaires. (1) Les
résultats n'ont point trompé son attente. Commencées le
30 mars 1880, terminées en août 1881, les fouilles ont mis
à découvert 1650 sépultures et donné une quantité prodigieuse de silex, d'objets en bronze, en fer, de vases en terre

(1) M. Frédéric Moreau avait associé à ses travaux son fils qui le secondait avec
autant de zèle que d'intelligence. Ce fils, qui portait le même prénom, homme
érudit et distingué, un des successeurs de son père à la présidence du Tribunal
de Commerce de la Seine, officier de la Légion d'honneur, est décédé à Paris
le 14 février 1884. Il est de toute justice que nous donnions ici un souvenir
à ce collaborateur dévoué de l'œuvre paternelle.

(2) Voir « Annales de la Société historique et archéologique de Château-
Thierry » ; années 1879-80, page 98

ou en verre, de monnaies romaines dont les dates extrêmes, embrassant une période d'environ cinq siècles, attestent que les inhumations se sont maintenues, à Breny, pendant un long espace de temps. On peut juger de l'intérêt qu'offre ce funèbre butin en feuilletant le splendide album de chromolithographies où M. Pilloy, agent-voyer de l'arrondissement de Saint-Quentin, a reproduit avec une extrême fidélité et une rare intelligence les principaux types des objets trouvés à Breny. M. F. Moreau a, du reste, consacré un album semblable à toutes les nécropoles qu'il a visitées. C'est lui-même qui les prépare, qui en compose les planches et les établit d'un dessin sommaire mais précis ; en sorte que M. Pilloy n'a plus qu'à suivre les indications données. On sait avec quel talent il s'acquitte de cette tâche, et l'on peut dire que le jour où M. Moreau a eu la bonne fortune d'associer M. Pilloy à son œuvre, il n'a pas fait la moins heureuse de ses trouvailles.

Grâce à M. Frédéric Moreau, le nom de Breny a conquis à jamais sa place dans les annales du monde savant. A cette gloire sérieuse, mais discrète, viendra bientôt se joindre une notoriété plus tapageuse. Si Breny a fait quelque bruit dans le passé, il en fera encore dans un avenir prochain ; car le sifflet des locomotives, les crachements des soupapes, le vacarme des trains en marche ne tarderont pas à réveiller les échos endormis de la vallée. Déjà les piquets indiquent, de place en place, le tracé de la voie qui mettra Breny en communication avec Neuilly-Saint-Front et Villers-Cotterêts d'un côté, et de l'autre avec Coincy et Château-Thierry ; car, sur cette section de la ligne d'Amiens à Dijon, Breny aura sa station. En dépit des compétitions qui se sont produites, après de longues et difficiles négociations, la victoire est restée à Breny, complète, éclatante. La station s'appellera, non pas « Oulchy-Breny » comme le demandait le chef-lieu de canton, distant de deux kilomètres, mais « Breny-Oulchy », ce qui est bien différent, à en croire du moins les habitants de Breny.

— « Je sais bien que je ne suis rien du tout, disait un

personnage de vaudeville, mais encore faut-il garder mon rang... » Breny a de meilleures raisons de garder son rang. On ne descend pas impunément du Brennacum des anciens(1).

Quant à moi, vite à la besogne. Il faut me hâter avant que les ingénieurs, les conducteurs, les piqueurs, les entrepreneurs, les terrassiers Belges, Italiens etc., aient pris possession du vallon silencieux et mis tout sens dessus dessous dans les vertes et fraîches pâtures de Breny.

Septembre 1883.

(1) Hélas ! La joie de Breny a été de courte durée. La voie nouvelle a été inaugurée le 20 nov. 1885 ; mais au mépris de promesses et d'engagements formels, la station est dénommée : « Oulchy-Breny ». Encore une fois, le pot de fer l'a emporté.

L'ÉGLISE DE BRENY

A Armand Cassagne.

Breny étale ses deux rangées de maisons le long de la route vicinale de Fère-en-Tardenois à Neuilly-Saint-Front, la seule voie de quelque importance qui autrefois desservit le village. C'est depuis une quarantaine d'années seulement que la route rectifiée de Château-Thierry à Soissons, laissant de côté le périlleux casse-cou du pont Bernard, touche Breny et lui donne un peu d'animation. Les jardins attenant aux habitations descendent doucement jusqu'à l'Ourcq qui coule, à la fraîche, dans la prairie. Passé le moulin Farot, l'indolente rivière s'attarde en mille détours, dans le petit vallon, comme pour tenir plus verdoyants ses prés d'émeraude et les bouquets d'aulnes et de marcelées qui ombragent ses eaux. A travers les rideaux de peupliers qui frissonnent au vent, on aperçoit les toits et le clocher du village. Ce clocher roman, massif, trapu, n'est pas sans

caractère. Tout cela compose un « motif » intime d'où se
dégage une pensée de vie solitaire et apaisée.

Pourquoi chercher plus loin ? C'est là que je reviendrai
demain. Après avoir exactement fixé l'endroit où je me
placerai, et déterminé l'angle perspectif sous lequel je
prendrai l'église, je rentre à l'auberge, je soupe, je me
couche en calculant dans ma pensée le format du tableau,
la mise en toile du motif, etc. On ne saurait croire combien
cela facilite le travail d'avoir réglé tous ces points d'avance.
Quand on n'a plus d'hésitations là-dessus, il semble que le
pinceau a des ailes.

Il y a des peintres qui vont à travers champs, la boîte à la
main, à l'aventure, sans dessein arrêté, se décidant d'après
l'émotion du moment, dociles aux poussées subites de l'inspiration et prêts à profiter des hasards de l'heure et de l'effet.
Ce sont les fantaisistes, les irréguliers, les primesautiers, —
les poètes peut-être. Que leur bonne étoile les conduise ! Il

en est d'autres qui ont besoin de savoir à l'avance le point
précis où ils se poseront, sous peine de revenir, la palette
immaculée, énervés, inquiets, moroses. Ce sont les ordonnés,
les méthodiques. Pour moi, chaque fois que je sors sans
programme, je suis sûr de rentrer bredouille, n'ayant su ni
m'arrêter, ni choisir, croyant toujours trouver mieux
quelques pas plus loin, et regrettant bientôt ce que j'ai
dédaigné l'instant d'auparavant. Est-ce à dire que cette
méthode est préférable à l'autre ? Je me garderais bien de
l'affirmer. Toutes sont bonnes, pourvu qu'elles soient
appropriées à notre tempérament. Il en est de l'art comme
de l'amour ; que celui-ci procède par secousse électrique ou
par lente inoculation, par coup de foudre ou par cristalli-
sation, comme disait Sthendal, peu importe ; c'est toujours l'amour.

Même liberté doit être accordée à l'artiste pour le choix
de ses motifs. Il tient essentiellement à les découvrir lui-
même. Il ne veut pas qu'on les lui indique, pas plus qu'il
ne souffrirait qu'on lui désignât la femme qu'il devra aimer.
Être touché, tout est là... A cet égard, rien ni personne ne
m'influence. Je ne suis peut-être pas dans le courant, dans l'ac-
tualité, en peignant un clocher ; mais peindre surtout pour se
contenter, est encore le meilleur moyen de bien peindre.
D'ailleurs je le confesse, je ne crains pas les clochers, et
vous-même, mon cher Cassagne, en avez édifié plus d'un
dans vos jolis motifs d'aquarelles. Le clocher spiritualise le
paysage. Il y met une pensée. Il en est aussi la voix. La
musique des cloches se marie à merveille à la symphonie
de la plaine et du vallon, vibrant plus cristalline dans les
clartés de l'aube, et résonnant en notes plus dolentes dans
le recueillement des crépuscules. Rien ne berce doucement
le peintre comme l'angélus qui tinte au clocher voisin,
tandis qu'avec des timbres différents et des voix éteintes
par la distance, lui répond la sonnerie de villages plus
éloignés. Sur cette basse grave, les grelots des moutons
qui regagnent le parc piquent leurs fioritures capricieuses,
ou se détache le cri aigu d'une fillette qui rappelle ses

oies en maraude. Tous les bruits prennent une valeur étonnante, aux champs, dans le grand silence du soir, et ils arrivent d'autant plus nets et plus purs à l'oreille du peintre que ses sens acquièrent, sous l'effort du travail, une sensibilité plus subtile. Toutes ces sonorités ont de plus l'avantage de compléter l'accentuation du paysage, et c'est pour cela aussi que le peintre les perçoit simultanément avec les formes et les couleurs.

Vous décrirai-je par le menu l'église de Breny ? A quoi bon ? Elle n'a guère d'intéressant que son clocher et son abside : — Clocher roman, sur le chœur, à deux pignons, avec toit à double égout. Il est à deux étages, le premier décoré d'une arcature aveugle ; le second percé de deux baies jumelles inscrites sous un arc de cercle formé par un relief de la muraille. Quant à l'abside, fort endommagée du reste, elle offre un curieux contrefort, formé d'une colonnette à demi engagée qui s'arrête plus bas que la corniche et se termine par un larmier conique. Ce type permettrait d'assigner à cette partie de l'édifice une date antérieure peut-être au XIe siècle. Laissons les savants disserter à ce sujet. Je regarde les monuments, vous le savez, en peintre plutôt qu'en archéologue. Je les considère un peu — proh pudor ! — comme un élément pittoresque du paysage. Pourvu qu'ils ajoutent à celui-ci des saveurs et des harmonies particulières combinées avec d'heureuses oppositions de forme et de couleur, je ne leur demande pas autre chose. Je ne les hais même pas un peu hybrides de style ; ils y gagnent de la grâce et du caprice. Je n'ai pas peur des aplombs douteux, des toits rongés de mousse, des murailles désagrégées par les plantes saxatiles. Tranchons le mot, le peintre aime les ruines. Il aime ces reliques de l'histoire dans l'éternel renouveau des champs et des bois. Il les aime pour leur poésie et pour le défi qu'elles jettent à sa palette avec l'infinie variété de leurs colorations.

Un jour qu'à Auvers, Daubigny me faisait les honneurs du pays qui restera à jamais plein de son souvenir, il s'arrêta devant une entrée de ferme qui, dans son délabrement

lamentable, gardait encore quelques traces d'une grandeur
déchue, porte jadis fortifiée de quelque château féodal. Des
pierres menaçaient de se détacher des murailles et il était à
craindre que leur chute ne causât des accidents.

— Quel admirable tableau il y a à faire ici, avec une
sortie d'animaux qui s'échapperaient du portail. Voyez,
sous la voûte, ces ombres vigoureuses et chaudes, quelles
belles oppositions avec les gaîtés de la cour qui luit là-bas
au soleil. Je ferai quelque chose avec cette porte-là...

Puis, un instant songeur, il ajouta :

— Oui, mais j'ai peur qu'on *me* la répare...

Le dilettantisme confinant au vandalisme : les extrèmes
se touchent.

A LA FERME

A Henri Harpignies.

Peu de paysagistes ont, comme vous à Saint-Privé, mon cher Harpignies, l'avantage de pouvoir peindre des sous bois sans sortir de chez eux. Il nous faut, à nous autres, aller chercher le motif, de ci de là, et vivre de cette vie d'auberge qui pèse vite à l'artiste solitaire dont le cœur s'envole toujours vers les êtres chers laissés à la maison. Cette sorte d'exil volontaire a pourtant ses compensations, quand il ne se prolonge pas au delà du moment où le spleen menace de faire son entrée en scène. L'isolement qui met le peintre en tête à tête avec la nature, qui le sèvre de toute distraction, de toute pensée étrangère à son art, le monte par cela même à un diapason inaccoutumé et le jette dans une crise de travail d'où il est rare qu'il ne rapporte pas quelque morceau bien venu, plein de nerf et de saveur. Pendant ces vigoureux coups de collier, il plane à plein ciel dans un monde idéal tellement au-dessus des misérables soucis de la vie matérielle, qu'il en devient insensible aux petits desiderata du confortable. Il mange chaque jour, machinalement et sans protester, l'inévitable omelette et l'invariable gibelotte ; car les œufs et le lapin sont la providence des auberges déshéritées de ressources. Une hôtesse dans l'embarras se tire toujours d'affaire aux dépens du lapin. Est-il d'ailleurs animal de meilleure composition et mieux disposé à se laisser accommoder ? Il prévient même vos désirs avec une complaisance vraiment touchante, puisqu'au dire de la cuisinière bourgeoise : « le lapin demande à être écorché vif. » Aussi ne se prive-t-on pas de lui procurer cette satisfaction.

Les petites misères de la vie d'auberge ne se bornent pas à la question des menus. Souvent un contrevent décroché bat la muraille, pendant toute la nuit, avec un bruit agaçant qui vous tient éveillé jusqu'au matin ? On se console en regardant, dans la chambre noire de son cerveau, le tableau commencé dont on saisit plus nettement les points faibles à travers les clairvoyances de l'insomnie. Quelquefois, ce sont des incidents renouvelés du roman comique. Pendant que vous dormez sur la foi des traités, votre porte s'ouvre et quelque chose se glisse dans l'obscurité qui vous réveille en sursaut : Est-ce un revenant, un voleur, un assassin, une bonne fortune ? Non, c'est un ivrogne qui se trompe de chambre et qu'il faut non sans peine remettre sur le palier ; après quoi, on barricade sa porte au moyen de la table en bois blanc sur laquelle on édifie, avec les chaises, une tour Eiffel dont la chute à grand fracas vous préviendra en cas de nouvelle violation de votre domicile.

Souvent on est troublé, dans son premier sommeil, par quelque passant qui heurte violemment à la porte extérieure de la maison. Plus il frappe furieusement, moins on lui ouvre. Il s'en va en jetant ses malédictions sur « la baraque » ; mais si l'on tape à petits coups discrets, au bon endroit, le mastroquet se lève, car il a reconnu un habitué, et on boit une goutte qui paraît bien meilleure, assaisonnée d'une infraction aux règlements sur la fermeture des cabarets.

Une nuit, à Liverdun, j'entendis des appels à mi-voix suivis de chuchotements mystérieux, d'allées et venues suspectes, puis comme le bruit d'un jet liquide tombant dans la sonorité d'une futaille vide. Le lendemain, je dis bêtement au patenté : — « On vous a encore dérangé cette nuit ? »

— Moi ? Non, vous vous trompez, répondit-il un peu troublé.

— Je l'aurai rêvé, répartis-je pour le rassurer. Mais son embarras l'avait trahi ; mon gaillard avait fait « l'olus » et rempli en fraude un tonneau déjà visité et marqué par la régie. Le truc est des plus simples. Le débitant se fait expédier une pièce de vin au nom d'un voisin complaisant qui l'encave et la lui rapporte en détail, la nuit, sceau à sceau... Pourquoi se gêner ? L'administration ferme, dit-on, les yeux. Le mastroquet est un personnage à ménager au temps où nous vivons.

Malgré tout cela, je préfère encore le plus humble bouchon à l'hôtel à prétentions, où l'on mesure la politesse à l'importance de vos colis, à la coupe de votre « complet » et où l'illustre Gaudissart fait la pluie et le beau temps. La brave aubergiste de campagne a pour le paysagiste mille attentions qu'il n'obtiendrait jamais de la « dame » de l'hôtel. Mais il n'y a rien au-dessus de ces bonnes maisons intermédiaires, comme il en existe encore de rares spécimens dans quelques bourgades oubliées par le progrès. C'est là qu'on trouve véritablement une cuisine saine et abondante, du linge blanc qui fleure une douce odeur de lessive à l'iris, et une cordialité qu'on ne rencontre pas dans les maisons de « premier ordre », où les gérants sont des personnages, où l'amabilité est remplacée par deux maigres sapins en caisse qui vous souhaitent tristement la bienvenue à l'entrée du caravansérail. O Grand Saint-Nicolas de Revin, et toi, Auguste Lefort, son digne patron, qui opérais toi-

même les grands jours de matelotte, qui comblais tes
pensionnaires de grives, de truites saumonées, d'écrevisses
de la Meuse, et de vins authentiques, vous avez droit ici à
mon souvenir. Quelle abbaye de Thélème que ton vieux
logis enfumé ! C'était une véritable Capoue d'où les
voyageurs de commerce ne pouvaient plus s'arracher. Nous
étions tous les enfants de la maison.

A notre époque où les Sociétés d'émulation et d'encou-
ragement sortent, chaque jour, de dessous les pavés, où
l'on multiplie les concours et exhibitions de toutes sortes :
concours de volailles, d'animaux gras, de chiens, de chats,
de bébés, de fromages, de belles femmes, etc., expositions
horticoles, vinicoles, agricoles, culinaires, d'électricité,
d'insectes, d'hygiène urbaine, pourquoi n'accorderait-on pas
une prime à l'hôtel qui soignerait le mieux ses clients et
leur ferait faire meilleure chère au plus juste prix ? Si mon
idée fait son chemin, et si, en ma qualité de promoteur, je
fais partie de la Commission des récompenses, tu peux
compter sur mon suffrage, ô Grand Saint-Nicolas ; et dans un
rapport bien senti, je chanterai sur le mode lyrique tes
rôtissoires et tes fourneaux.

Ce sont là les bonnes fortunes du voyage. En revanche,
que de toits inhospitaliers ! Il y a des logeurs intermittents
qui vous ferment leur porte sous prétexte de foin à rentrer
ou de pommes de terre à récolter ; ou bien parce qu'ils
redoutent vos exigences si vous leur faites l'effet d'un
« môssieu ». Même résultat, si votre personne et votre
attirail ne leur disent rien qui vaille. Il y a aussi des débi-
tants qui, ne payant pas patente de logeur, craindraient, en
vous hébergeant, d'avoir accueilli un traître, je veux dire
un commis de la régie tout prêt à payer ce bon procédé
d'un procès-verbal.

Econduit de partout, un certain jour, j'aurais finalement
passé la nuit à la belle étoile si, m'armant de courage, je
n'étais allé demander à coucher dans une ferme comme font
les vagabonds et les « cheminots ». Encore, n'avais-je pas
de papiers à déposer en garantie. Le fermier s'amusa de ma

mésaventure, me fit couvrir un lit, et je dormis dans de bons draps de toile écrue, récemment revenus du lavoir. Le lendemain, c'était le fermier qui ne voulait plus me laisser partir.

J'ai souvent été l'hôte d'aimables cultivateurs qui me disaient tout simplement : Faites comme chez vous... Leur nom est sous ma plume ; mais à quoi bon ? Il suffit qu'il soit écrit dans mon cœur. A la ferme, le peintre est dans son élément, à portée des modèles qu'elle lui fournit à profusion et qui posent, pour lui seul, dans la vérité de leur allure, dans leur atmosphère et leur cadre habituels :

vaches qu'une fille, aidée d'un chien grondeur, mène boire au bac de la cour ; moutons qui se pressent sous le grand portail, impatients de brouter l'herbe des chemins, ou qui rentrent le soir à la bergerie en soulevant autour d'eux un nuage de poussière chaude et ambrée ; poules qui picorent aux alentours de la grange ; canards qui barbotent dans le purin de la mare ; porcs somnolents sur un lit de fumier ; oies qui s'effarent ou qui marchent posément à la file ; poulains qui s'ébrouent, chevaux à l'abreuvoir ; puis, c'est l'attelée qui revient ou qui repart ; ce sont les lourdes voitures qu'on charge ou qu'on décharge, et au milieu de tout cela, le va et vient affairé de la fermière, des servantes qui portent des seaux de lait, des charretiers qui jurent. Que d'occasions pour le peintre de s'exercer, entre séances, à noter vivement sur la page de l'album une forme, une attitude, une silhouette. Si la pluie le met aux arrêts, voici les écuries, les étables qui lui offrent, sous un abri tiède, des tableaux d'intérieur avec animaux mangeant au râtelier ou digérant couchés sur la litière ; sans compter la grande salle commune où vague « la bourgeoise » et où tout le personnel se retrouve, à midi, autour de la soupière fumante.

Quel microcosme qu'une cour de ferme ! Un monde en abrégé. Tout y est travail, activité, vie, mouvement ; et cette ruche est si bien réglée, la besogne de chacun y est si nettement déterminée, que pas une minute n'y est inoccupée. Le peintre se sent entraîné dans l'engrenage de ce fécond labeur, et lorsqu'à la fin de la journée il se couche — peu d'instants d'ailleurs après que les poules lui en ont donné l'exemple —, il rêve de l'arche de Noé jusqu'à ce que, le lendemain matin, les bruits sonnant clair de la ferme qui s'éveille et s'anime l'arrachent à ses songes bibliques. Allons, haut ! à tes pinceaux ! Voici l'heure où tout dans la campagne est joie, fraîcheur et lumière.

On n'est nulle part mieux qu'à la ferme, si ce n'est peut-être au presbytère. C'est véritablement là le paradis du peintre. Il y a entre le prêtre et l'artiste un lien naturel : tous deux vivent d'idéal. Le culte du bien n'a pas de peine à

s'entendre avec le culte du beau, et, par des chemins différents, plus directs chez le prêtre, plus capricieux chez l'artiste, tous deux aboutissent au même sommet lumineux.

Comme à la ferme, on abat force besogne dans ces intérieurs calmes où tout respire et inspire la contemplation.
On y disperse moins son effort qu'à la ferme où l'on voudrait
tout peindre, tout croquer à la fois; mais on y a plus de
ressort peut-être, parce qu'on n'y est pas intellectuellement
isolé. Les facultés se surhaussent à la chaleur des bonnes
causeries. Quelquefois après une journée bien remplie, le
bon curé dont j'ai été parfois le commensal va chercher
dans la poussière de la cave une bouteille cachetée qu'il
appelle pour la circonstance « son vin d'artiste », mais dont
le nom véritable serait plutôt : « Son vin de malades. »

Nous devisions gaiement devant la table jusqu'au coup
de neuf heures, dernières limites de nos veillées; heureux
pour ma part d'oublier là, pendant une « retraite » de quelques
jours, le boulevard, les gazettes, la scie du moment, le
scandale d'hier, la sottise du jour, le dernier refrain de
Paulus et la crise ministérielle.

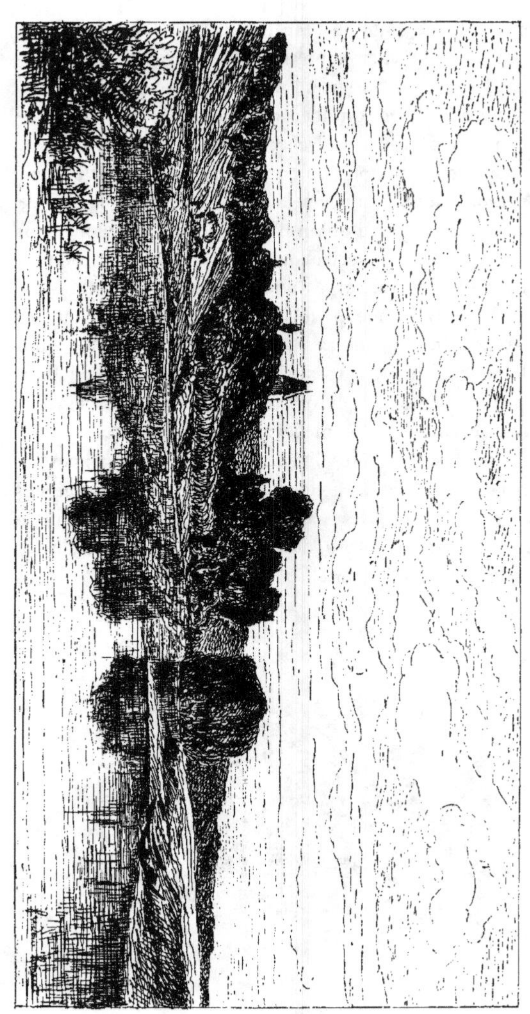

LE PÈRE LEMBALLE.

à Léon G...

Votre dernière lettre en évoquant les souvenirs des bonnes années de Jouarre, m'a réjoui le cœur, mais votre laconique *post scriptum* a mis un crêpe à cette joie : « Hulcourt, que vous avez bien connu sous le sobriquet de Lemballe, est mort ces jours derniers. »

Pauvre père Lemballe, parti, lui aussi! C'était un luron pourtant. A ce propos — et tout en mettant à part les êtres chers toujours présents dans notre cœur, — je me remémorai l'interminable phalange des disparus, non pas seulement des compagnons de route et des amis, mais de ceux qui ont été mêlés un instant à nos distractions, à nos plaisirs, et à qui nous donnons, tout songeurs, un regret en passant, avant de reprendre le train-train ordinaire de notre vie, comme le voyageur s'arrête un moment sur le chemin pour se retourner et jeter un dernier regard aux horizons quittés qu'il ne reverra jamais plus.

C'est que ce nom de père Lemballe me reportait tout-à-coup à plus de vingt ans en arrière, au temps où je m'essayais à devenir une manière de paysagiste.

Je m'étais pris tout-à-coup de passion pour le hameau de Gleret où j'avais entrevu tout un bouquet de motifs à cueillir ; et tous les jours, je m'y rendais *pede libero*, à travers la plaine lumineuse et dorée, avec une exactitude militaire, car le soleil n'attend pas. Je me mettais au travail, les yeux tout pleins encore des mille visions de tableaux qui avaient égayé ma route. Dès ma première séance, un paysan, après avoir opéré prudemment un mouvement tournant, à distance respectueuse, s'enhardit et vint pousser une reconnaissance jusqu'au pied de mon chevalet. Il me demanda si je venais pour « la route », ou pour « le chemin de fer » ; si j'étais envoyé par « le Gouvernement », ou par les « Ponts-té-Chaussées » ; puis, quand il eut à peu près compris ce que je venais faire, il me déclara gravement que j'étais installé sur « sa propre terre », mais que je pouvais continuer tout de même, ajouta-t-il aussitôt en bon prince qu'il était ; et sans plus de façon il s'étala tout de son long auprès de moi. — Dame, il était sur son bien, — à lui, Armand Hulcourt, dit Lemballe, et il m'en faisait les honneurs à sa façon.

Pendant toutes mes séances il vint ainsi me tenir compagnie, assis à terre, plus souvent couché, fumant, devisant et revenant toujours à ses moutons, — je veux dire à son bien, — car il croyait gagner mon estime, en se posant comme un des plus huppés de l'endroit.

Plein de malice sous sa rude écorce, le père Lemballe avait conservé sa fruste et franche physionomie de paysan ; c'est dire qu'il avait passé la soixantaine ; car les jeunes gars de la génération nouvelle sont en train de perdre tout caractère distinctif, mettant désormais leur ambition à

imiter gauchement les manières et les vices des ouvriers
des villes. Je reconnus bien vite qu'il y avait des perles à
extraire de ses bavardages de paysan grivois, finaud et gogue-
nard, et je m'habituai à l'avoir auprès de moi, comme on a
son chien à ses pieds ; mais ce chien là au lieu de chasser
les gens les appelait, les racolait. Lemballe ne souffrait pas
qu'on passât sans s'arrêter.

— Ohé ! là bas, t'es ben fier. Qué qui te presse ? Viens
donc un peu voir ; un beau travail, pas vrai ? Tiens ! vois-
tu ma « sau », vois-tu mon puits et ma cambuse. Tiens,
la v'là, ma cambuse, alle va aller à Paris, ma cambuse....

Il était moins tendre pour les gamins : « Allons, les
mômes, allez voir à l'école si j'y suis, et plus vite que
ça... »

En revanche, il ne passait pas une commère qu'il ne
l'obligeât à s'approcher, et ne lui tînt quelque propos salé
« histoire de rire en société ».

— Est-il farce, ce père Lemballe ; je n'savons pas où il va
chercher tout ça...

Mon chevalet était devenu comme le centre d'un petit
groupe qui n'engendrait pas la mélancolie. Ce qui faisait
dire au père Lemballe, en clignant son petit œil narquois.

— Quand vous ne venez pas, nos femmes s'ennuyont de
vous...

C'est lui qui s'ennuyait, le père Lemballe, quand je ne
venais pas ; car alors plus de commères ni de commérages,
plus de joyeux éclats de rire.

Il faut dire que le père Lemballe était, cette année là,
dans tout l'épanouissement de sa prospérité. Il goûtait une
félicité au-delà de laquelle il n'imaginait rien. Sa belle-
mère, la femme Closson, venait de mourir. La pauvre
vieille laissait à sa fille, la mère Lemballe, plusieurs pièces
de belle et bonne terre entourées de haies vives et de beaux
arbres auxquels elle n'avait jamais permis qu'on touchât et
que ses héritiers n'auraient que la peine d'abattre. Ces pièces
étaient situées tout proche de la maison, avec clos, cour,
jardinet, de sorte que, de quelque côté qu'il se tournât, le

père Lemballe pouvait se dire comme le marquis de Carabas : « tout ça, c’est à moi... » Sa fibre de propriétaire vibrait de tressaillements joyeux. Ses petits yeux pétillaient de cupidité satisfaite. Pour la centième fois, il me faisait admirer, estimer, compter ses hêtres magnifiques, ses chênes imposants, ses frênes au feuillage frémissant, ses hauts peupliers d’Italie, plantés en bordure le long de ses champs. Il les évaluait et les convertissait, dans son for intérieur, en beaux écus sonnants. On sentait combien il les avait longtemps et âprement convoités. Pauvre mère Closson ! Il était vraiment bien temps qu’elle trépassât.

— Ces arbres là, voyez-vous, sont à leur grosseur. Ils ne profitent plus... C’est le moment de les fiche à bas... La mère Closson, une bonne femme, mais têtue comme not’ baudet, ne voulait pas entendre raison là-dessus, parce qu’ils ont été plantés par son grand-père... — des idées, quoi ! — Les gens religionneux sont comme ça... Sa fille, qu’est pour lors ma femme, c’est la même chose. Qu’alle aille à la messe tant qu’alle voudra, alle fait pas de mal ; mais qu’alle se mêle pas de ce qui ne la regarde point. Les arbres, ça, c’est mon affaire.

— Ce n’est pas comme la messe ?

— Moi, j’y vas à Pâques, à la messe ; mais n’empêche que le dimanche, quand je suis au champ ou que je bricole à la maison, un coup que la messe sonne, y a pas ; faut que j’ m’arrête. Je quitte l’ouvrage.

— Et vous allez au cabaret ?

— Peut-être ben ; mais j’ons le respect tout de même.

Voici du reste un mot qui ne manquerait pas aujourd’hui de le faire traiter de « clérical ». C’était en 1868.

— Je viens de faire un tour à la foire à la Ferté ; on montrait des bêtes féroces, des baladins, et des candidats qui profitaient de l’occasion pour « causer » devant les électeurs. On entrait sans payer ; bon ! que j’me dis, v’là mon affaire. J’entre. Y en avait un gros court, pas beau, la tête rentassée dans les épaules, le nez comme un topinambour, quasiment comme le mien.

— Un nez d'ivrogne ?

— Juste ; et des cheveux plats qui graissiont le collet de son habit. I parlait cont' el Pape... Toi, que j' m'ai dit, t'auras pas ma rose...

Il y avait, vous voyez, chez le vieux rural, comme des jets de ces lumières naturelles qui sont quelquefois le privilège des illettrés. Il avait compris d'instinct la corrélation qui pouvait exister entre le pape et la sécurité de ses intérêts. Que de bourgeois, vains de leurs lumières, n'ont pas cette perspicacité !

Malheureusement la paresse faisait le fond de cette nature inculte. Depuis qu'il escomptait la succession de sa belle-mère, — et il y avait longtemps —, le père Lamballe ne travaillait plus. Il aurait voulu que ses terres se façonnassent toutes seules ; il faisait faire ses labours, — ni plus ni moins qu'un monsieur de la Ville. Il avait toujours toutes sortes d'excellentes raisons pour se croiser les bras, et s'il se complaisait plus que jamais dans la position horizontale qu'il avait adoptée, à côté de moi, c'était, disait-il, que « ça le tenait dans les reins ». Un autre jour, « ça le tenait dans l'épaule ». Revenait-il un peu éméché du village, s'il apercevait sur la route quelqu'un de connaissance, vite, il prenait une démarche pénible et lui criait un « ça me tient dans la quille », à faire compassion. Enfin, ça le tenait toujours quelque part, quand il y avait quelque chose à faire et un coup de collier à donner.

Mais aussitôt qu'arriva la saison propice aux travaux des bûcherons, Lemballe ne songea plus à ses rhumatismes. Il embaucha deux de ses voisins, et tous trois se mirent en devoir d'abattre et de débiter les grands arbres qui faisaient aux champs de la mère Closson de si frais colliers de verdure. Certes ils y allaient gaiement, comme on dit, à grands coups de hâche et de cognée. Tant que dura l'opération, on fit bonne chère à la maison. L'on entendait du dehors le choc des verres, les refrains égrillards, et au milieu de ce bruit confus de convives, des rires éclataient.

— Pauvre mère Closson, s'exclamait une voisine, on

peut dire qu'on aura jeté de l'eau bénite sur sa tombe avec une patte d'oie…

Les arbres ne durèrent pas toujours. Quand ils furent bus et mangés, il fallut que le père Lemballe se remît au travail, qu'il allât faire moisson chez le fermier d'à-côté. Cela lui sembla dur de « manouvrer » chez les autres. Il supprima sa vache; ce fut un premier chagrin. Il n'avait plus le mot pour rire comme aux beaux jours où il « jouait du hautbois » avec l'héritage de la mère Closson.

Des années se passèrent. Je quittai Jouarre; mais je vais de temps en temps serrer la main des amis que j'y ai laissés, et chaque fois je poussais jusqu'à Gleret pour revoir le vieux paysan. Je le trouvai, un jour, tout attristé. — « Il y a deux ans que je n'ai bu de vin, me dit-il d'un ton à fendre le cœur, — il est trop cher; je ne peux plus en acheter… ». On sentait que désormais, sans vin dans son cellier, rien ne l'attachait plus à la vie.

Je le revis une dernière fois. Vous souvient-il de cette promenade où je vous avais entraîné un peu par surprise du côté de Gleret? Nous entrâmes chez le père Lemballe. La saison s'avançait; nous touchions à la fin d'octobre. Les peupliers de la route de Coulommiers s'effeuillaient sous la bise aigre qui soufflait des Louvières. Nous trouvâmes le père Lamballe assis, près de l'âtre, affaissé, l'œil éteint. Il tenait son soufflet à la main, songeur.

-- Je m'en retourne, nous dit-il ; à mon âge, on n'est plus bon qu'à manger les légumes par les racines. J'ai pas peur de la mort. L'homme, c'est comme qui dirait le soufflet que j'ai à la main. Notre âme, c'est le vent de mon soufflet ; plus de vent, plus de soufflet.

Quelques mois plus tard, le père Lemballe avait rendu son soufflet à Dieu. Pardonnez-lui, Seigneur ! Le pauvre homme ne serait peut-être pas mort sans espérance si quelques bonnes bouteilles avaient consolé ses derniers jours.

MONTGRU-SAINT-HILAIRE

A Jean Desbrosses.

Tu as toujours fui les colonies d'artistes ; tu grimperais jusque sur les altitudes les plus inaccessibles pour éviter les parasols de tes confrères et pour échapper à ces discussions esthétiques qui nous passionnent, l'hiver, à Paris, mais qui nous paraissent singulièrement misérables et vides lorsque nous nous retrouvons face à face avec la nature, tout pénétrés de ses ardents et féconds effluves. Comme toi, j'ai toujours été partisan du travail solitaire et libre, et comme toi aussi, mais sans quitter les horizons prochains, je recherche volontiers les pays perdus, morts, inabordables, à l'abri des gêneurs et des rapins, et où jamais oncques paysagiste ne planta sa pique.

Sur la foi de je ne sais quel propos, recueilli je ne me

souviens plus où, je crus avoir découvert l'idéal du genre, je veux dire une localité à ce point ignorée de tout le monde que mon conducteur lui-même n'aurait su comment et par où y arriver, si je n'avais pris soin de le guider, ma carte de l'état-major à la main.

C'est Montgru-Saint-Hilaire, un village sans maisons, avec un groupe scolaire construit là pour le *principe,* un instituteur sans élèves, un maire sans administrés, et un Conseil municipal obligé, pour se constituer, d'emprunter des membres complémentaires à la commune voisine.

Quand je dis « village sans maisons », j'exagère. J'en ai compté jusqu'à trois, en sus de la ferme installée dans les bâtiments d'un ancien couvent et qui constitue le morceau capital du hameau. Il est vrai qu'il y a plus de feux que de maisons, car les habitants à l'exemple de leurs aïeux les Troglodytes des temps préhistoriques, se sont creusé des demeures dans le tuf; ce qui est un moyen topique d'économiser les frais de contribution, en supprimant le luxe des portes et fenêtres.

La vieille chapelle du monastère, enclavée dans les bâtiments de la ferme sert aux besoins spirituels de ce groupe minuscule. Totalement sacrifiée à l'école qui dévore tous les centimes additionnels, elle tombe en ruines. Un pan de mur s'est écroulé, il y a quelque temps, présage d'effondrements plus considérables. Il y a d'autant plus de mérite à aller y entendre la messe qu'on est moins certain d'en revenir; car de temps en temps une pierre se détache de la voûte, et risque de dépêcher un des assistants dans un monde meilleur. Je sais bien que le fidèle frappé ainsi au moment où il fait acte de foi, se trouve dans les meilleures conditions pour gagner la félicité éternelle; mais il en est que cette perspective de passer d'emblée à l'état d'élus réjouit médiocrement. Le curé est encore e plus exposé. Tout à son devoir, on peut lui appliquer le vers d'Horace: « Impavidum ferient ruinæ »... Le pauvre homme doit s'estimer heureux d'en être quitte jusqu'à présent avec des rhumarismes et de fréquents coryzas, car la maison du

Seigneur est ouverte à tous les courants d'air, et le vent souffle furieusement sur ce petit Mont-Saint-Michel en miniature ; — un Mont-Saint-Michel moins la mer, moins les grèves, moins « la merveille ».

Du reste on y officie rarement. Il faut pour cela de grandes occasions, comme la fête patronale, ou le décès d'un des rares habitants de la commune. (Elle en compte 66 avec les écarts). Le curé d'un village voisin vient alors chanter la grand'messe, ou procéder à l'enterrement du défunt dans le cimetière contigu à l'église. C'est à peine si, ces jours-là, le sacristain ose sonner l'unique cloche de peur d'ébranler tout l'édifice.

La ferme est des plus pittoresques avec ses bâtiments incohérents dont quelques-uns tombent de vétusté sans qu'on songe à les réparer puisqu'ils excèdent les besoins de l'exploitation. Elle est entourée sur trois de ses côtés (Est, Sud, Ouest) par la plaine qui lui appartient en grande partie, et domine, au Nord, du haut d'un massif rocheux, un petit vallon marécageux. De ce monticule escarpé, l'œil embrasse par dessus les cimes ondulantes des peupliers les villages qui s'étalent sur la colline opposée, Montchevillon, Le Mesnil et ses boves curieuses, Montbars, Rosay et son clocher élégant et svelte, quoique de style roman. C'est le fermier de Montgru qui est le maire de la commune. Les amateurs de plaisanteries faciles ajoutent qu'il en est aussi l'évêque, et lui donnent en riant du « Monseigneur ». L'honnête M. Levesque ne s'en fâche pas.

On sait combien les moines s'entendaient à choisir l'emplacement où ils se fixaient en se séparant du monde. Ils voulaient au moins que l'horizon dans lequel ils enfermaient volontairement leur vie de prière et de labeur leur offrît un spécimen abrégé des splendeurs de la création pour mieux stimuler leur ferveur contemplative et les dédommager un peu des rigueurs de leur renoncement. Ils étaient placés à souhait sur le plateau de Montgru. Du haut de leurs jardins en terrasses soutenus par des murailles butées de contreforts qui existent encore en partie, les bons moines pouvaient suivre du regard les détours capricieux de l'Ourcq qui scintillait au soleil comme une rivière de diamants. De la vallée, montaient jusqu'à eux, les murmures des eaux, les frissonnements du feuillage et les chansons de la fauvette. C'était la solitude, mais aimable et douce. La ferme possède encore quelques épaves de ce passé lointain. On y voit un pigeonnier imposant comme un donjon déchu, une muraille monumentale coupée d'arcs de décharge à plein cintre, portant sur des pilastres bâtis en briques. Seraient-ce les restes d'un cloître ?

Un paysagiste pourrait employer fructueusement quinze jours à Montgru ; mais il faudrait y trouver le gîte et la table. Or, M. le Maire n'a pu me délivrer de billet de logement, et pour tous les vulgaires mais inexorables besoins de l'humaine nature, il m'envoyait promener à Breny, distant de plusieurs kilomètres. Cela ne faisait pas mon affaire, d'autant que je n'ai plus vingt-cinq ans. J'aime d'ailleurs à coucher sur mon motif comme le soldat sur le champ de bataille. C'est seulement comme cela qu'on peut se flatter de produire une œuvre un peu « vecue »... J'estime qu'on ne connaît point un pays à fond quand on ne l'a pas observé, à toutes les heures du jour, sous les mille accidents de l'ombre et de la lumière et qu'on n'a pas vu le soleil y décrire son entière évolution de l'un à l'autre de ses horizons.

Je me contentai donc de crayonner lestement quelques croquis, et guéri de la fantaisie de jouer les Robinson, rôle pour lequel je ne me reconnais aucune aptitude, je repris, avec mon équipage, et non sans vouer à tous les diables le pays inhospitalier que nous quittions, le chemin de Breny. Nous y arrivâmes gelés, l'estomac dans les talons, et nous ne fîmes pas moins fête aux claires flambées de l'âtre qu'à la bonne soupe au salé qui remplit bientôt de son arôme la salle de l'auberge. Nous n'avions pas trouvé, dans tout Montgru, un morceau de pain et de fromage à nous mettre sous la dent, pas même une bouteille de vin pour nous arroser le gosier ; mais nous pouvons nous vanter d'avoir vu, ce jour-là, la chose du monde la plus prodigieuse, la plus inouïe, la plus phénoménale..... un village sans marchand de vin... — Encore y en aura-t-il un, sans doute, aux prochaines élections.

MEZY-MOULINS

Au R. P. Lallemand.

J'ai honte de l'avouer ; je suis propriétaire, et dans un chef-lieu d'arrondissement ! A Jouarre, au moins, j'étais un campagnard, et maintenant, je deviens un provincial ; mais « ce que femme veut,.... », vous savez le reste. Un paysagiste interné dans une ville, c'est un homme à la mer ; seulement, je ne veux pas m'encotonner dans le bien-être bourgeois, sacrifier une à une les libertés du peintre sur l'autel du qu'en dira-t-on, sans lutter encore contre la conspiration des douces habitudes qui vous enlacent, vous amolissent et vous rivent au logis. Le confortable, voilà l'ennemi ; et pour déjouer ses pièges et ses surprises, j'ai loué à la station voisine, chez de braves cultivateurs, un « buen retiro » où m'attendent mes sabots, ma blouse et une collection de chapeaux invraisemblables. J'ai là trois chambres blanchies à la chaux avec tout ce qui doit suffire au sage : lit, table, chaises foncées de paille, batterie de cuisine élémentaire, — pour les jours où je reçois. Pas de fauteuil, de tapis, de livres, de journaux, objets endormeurs qui vous induisent en tentation de fainéantise. Une seule distraction, le travail. Peindre ou s'ennuyer, voilà le dilemne. Le choix est bientôt fait.

« Du lieu qui me retient, veux-tu voir le tableau ? » Comme disait Boileau à M. de Lamoignon, qu'il ne tutoyait d'ailleurs qu'en vers, et pour les besoins de la prosodie. La maison est en rase campagne. Par ma fenêtre orientée à l'est, filtre un rayon matinal qui m'éveille à l'heure où, dans la cour, les coqs commencent à sonner la diane. J'ai une autre fenêtre au couchant d'où, ma journée faite, je regarde mourir, dans la nuit, les derniers échos du crépuscule ; et, d'un côté comme de l'autre, c'est la plaine riche, féconde, nourricière, coupée par le galon d'argent de la Marne. Pour horizons, le coteau de Chartèves, les fonds de Jaulgonne, la vallée du Surmelin et le village de Mont-Saint-Père, si pittoresque avec sa rue basse, dans la verdure familière des jardins, et sa rue « d'en haut » s'allongeant sur la crête d'un monticule terminé à sa pointe par le chevet de l'église. L'église, dédiée à Saint Pierre, (patron du pays qu'on nommait jadis Mont-Saint-Pierre) est coiffée d'un clocher en forme d'éteignoir, d'un goût douteux mais caractéristique, qui broche agréablement sur la silhouette du pays.

En face de mon ermitage, les maisons du hameau s'éparpillent par petits groupes, et les dominant toutes de sa masse imposante, une belle église de la fin du XIIe siècle se dresse en pleins champs comme si on l'avait posée là pour le plaisir des yeux.

A moins de cent mètres de mon habitation passe le chemin de fer qui a la discrétion de se dérober derrière un talus. J'entends de chez moi la sonnette d'appel de la gare, et si je suis pris d'une soudaine envie de rentrer à mon domicile légal, civil et politique, je saisis mon sac et me voilà parti.

A Mezy, je me plonge avec joie dans la vie paysanne, au milieu des oies qui sont le plus bel ornement du hameau, des canards qui barbotent, des vaches qui vont au pâturage, des attelées qui traînent la herse ou la charrue, des troupeaux qui reviennent des champs en modulant, dans le silence du soir, la musique de leurs clochettes. Autant de tableaux dont mon œil se délecte et qui font naître dans ma cervelle mille comparaisons avec les géniales interprétations des maîtres, les Troyon, les Corot, les Daubigny, les Chintreuil, les Millet.

A côté de ces maîtres d'hier, que ma pensée évoque, je pourrais citer un jeune maître d'aujourd'hui avec lequel j'entre en communication d'une façon moins imaginaire. Le pays redit son talent à chaque pas. A tout moment, apparaissent les motifs qu'il lui a empruntés et dont il a su faire des œuvres charmantes, et ce maître, ce peintre, cet ami, il est là, tout près ; le pont à passer et je lui serre la main. S'il est vrai qu'un voisin est indispensable à la campagne pour l'hygiène de l'esprit, je puis remercier ma bonne étoile qui m'a donné pour voisin Léon Lhermitte. Son ardeur me fouette, son intelligence m'éclaire, sa gaîté me rajeunit. On ne vit pas seulement de pain — et de lapin — dit l'Ecriture. Il faut encore y joindre la parole du maître. Je vais, quand il me plaît, recueillir à Mont-Saint-Père cette manne réconfortante.

Oserai-je parler maintenant de mes innocents loisirs d'amateur alors qu'autour de moi tout me répète le nom de Lhermitte ? Tandis que j'esquisse à grand'peine le décor et la scène, il y met, lui, les personnages et l'action. A la vie des choses, il ajoute la vie de l'humanité. Aussi je ne retrouve pas seulement Lhermitte sur le sol que je foule, dans les horizons qui m'entourent ; mais je coudoie ses vignerons, ses faneuses, ses moissonneurs, ses faucheurs, et la belle coquette de village qui a posé pour sa vendangeuse du Salon de 1884. Pour ne parler que de Mezy et de

ses abords — car Mont-Saint-Père est à Lhermitte par droit
de conquête et par droit de naissance, — e retrouve le
dessinateur impeccable, le fusiniste prestigieux, à la ferme
du rû Chailly, vieux fief qui baigne comme autrefois dans
l'eau de ses fossés, dans la plaine de Crézancy, à Breçay,
à Moulins, à la ferme des Grèves qui a conservé encore
ses grands airs de château.

Les Grèves se trouvent à une assez grande distance de
Mezy, sur le plateau que les populations locales désignent
sous le nom de « La Brie ». C'était un château avec ses
dépendances où les cultivateurs d'alentour venaient payer
les diverses contributions et redevances dont leurs fermes
étaient *grevées* ; d'où le nom qu'il a conservé.

Ce domaine a successivement appartenu à Mme d'Argou-
ges, à M. de Thelusson, à M. de Rougemort son gendre,
à Madame la baronne Des Jardins. Une partie du domaine,
ce qu'on appelle encore « le château », appartient aujour-
d'hui à d'anciens cultivateurs, bien connus dans le pays, les
Vallée. Dans une pointe que j'ai poussée jusque-là, à
l'aventure, je n'ai eu qu'à me louer de leur accueil et j'ai
eu l'agréable surprise de trouver aux Grèves, en plus de
l'hospitalité la plus cordiale, ce vieux bon sens de terroir
qui se fait rare aujourd'hui et cette verve gauloise dont la
tradition tend également à se perdre. J'ai fait mieux que
de retourner à la ferme des Grèves, je l'ai indiquée à
Lhermitte qui en a rapporté d'exquises pages, grâce
auxquelles les Grèves tiennent dès à présent dans son
œuvre une place qui ne sera pas oubliée.

Sans aller si loin, je retrouve encore Lhermitte, sur le bord
gazonné de la Marne, où je vois ses flotteurs manier les
longues pièces de bois et confectionner le train qui des-
cendra jusqu'à Paris. Je le revois surtout dans l'église qui
lui a inspiré plusieurs de ses fusains les mieux réussis.
Voici le bas-côté méridional avec la porte grande ouverte
par où se glisse une large coulée de soleil. Un vieillard et un
enfant se détachent en silhouettes vigoureuses sur ce foyer
de lumière. A droite, dans un banc, une femme fait sa

prière. La grande nef a fourni à Lhermitte le cadre d'une
autre belle composition : « La bénédiction épiscopale » que
l'artiste a reproduite, pour la plus grande joie des connaisseurs, dans une eau forte charmante d'effet et de sentiment.

L'église de Mezy, ancienne abbatiale d'un couvent de
moines rouges, comme disent les habitants, est bien digne,
d'ailleurs, de l'attention des amateurs et des artistes par la
pureté de son style ogival primitif, par l'harmonie de ses
proportions, par l'élégance de son chevet, par le caractère

de ses piliers massifs au-dessus desquels règne une galerie légère — la grâce unie à la force. — C'est un spécimen remarquable d'une belle époque qu'on trouve rarement aussi homogène et aussi complet. Ses dimensions, quoique fort restreintes comparativement à celles de nos grandes basiliques, excèdent de beaucoup les besoins des deux villages auxquels elle est affectée. Les habitants n'y viennent guère qu'aux jours de baptème, de mariage et d'enterrement. C'est le curé de Crézancy qui la dessert. L'état d'abandon et de délabrement où nous la voyons ajoute encore à sa beauté le ragout du pittoresque. Inutile de dire qu'elle est classée aux monuments historiques — hommage tout platonique d'ailleurs.

L'importance de l'édifice, par rapport aux populations, autorise à croire qu'une abbaye a dû en effet exister en cet endroit. Ce fait est encore attesté par la découverte de substructions faites aux abords de l'église par des laboureurs, et par certains détails caractéristiques, cheminées en pierre ou moulures de fenêtres, que nous avons pu voir dans les maisons voisines en partie disparues aujourd'hui.

Malgré la belle symétrie de la façade ornée d'une rose à meneaux concentriques ; malgré ses contreforts d'un jet hardi, la sveltesse de son abside octogonale, l'extérieur est moins intéressant encore que l'intérieur. Le clocher, planté sur le centre, fait assez triste figure avec son toit en bâtière et contraste d'une manière fâcheuse avec le style élégant et pur de l'édifice.

Une note trouvée dans les registres de la commune nous donne l'explication de cette dissonance. Le clocher s'écroula en 1680. Le pignon d'un des contreforts, de ceux précisément qui butent la base du clocher porte la date 1685, qui pourrait bien être celle de la reconstruction. Mais les fonds manquant sans doute, et aussi les beaux élans des époques de foi, l'architecte au lieu de s'inspirer de l'ancien clocher qui était, dit la note précitée, « un des plus beaux de la rivière », s'est contenté de consolider ce qui en restait.

On peut remarquer, à l'intérieur, que le triforium s'interrompt sous la partie correspondante au clocher. Est-ce la chute de celui-ci qui a causé cette lacune. On voit en cet endroit les traces de replâtrages relativement récents qui donnent de la vraisemblance à cette supposition. On aura trouvé plus expéditif et plus économique de boucher les arcatures détériorées que de les rétablir.

L'église est un peu enterrée. Le sol extérieur s'étant exhaussé, comme il arrive presque toujours, par l'effet naturel du temps. On descend quelques marches sous un porche latéral pour retrouver le niveau de la nef. Suivant le vieil et touchant usage, le cimetière règne tout autour de l'Eglise.

Oh! Ce cimetière de Mezy, tout enverduré et fleuri, où rit le soleil, ne semble-t-il pas tout fait pour éloigner ce cortège d'idées tristes qui d'ordinaire, en pareil lieu, vous serrent le cœur et vous font courir, à fleur d'épiderme, un petit frisson glacé. Sauf à Rolleboise et à Chantemels, près La Roche-Guyon, je n'ai jamais vu de cimetière où un paysagiste se résignerait plus facilement à dormir son dernier sommeil. Par les brèches de ses murs en pierres sèches, on aperçoit au loin, dans le bleu, Mont-Saint-Père, et Chartèves. Sur les décombres produits par ces éboulements, poussent et s'enchevêtrent les lierres, les ronces, les clématites. Les tombes se cachent sous les végétations qui couvrent le sol. C'est à peine si, de place en place, une petite croix de bois peint en noir émerge d'un inextricable lacis de lianes, de liserons, de pervenches, de rosiers. Les asters, les phloxs, les valériennes, les scabieuses, les chrysanthèmes se propagent d'eux-mêmes de tombe en tombe comme pour réparer l'oubli de ceux qui survivent. Le plus souvent la croix rongée par les mousses et les lichens a disparu tout à fait; seulement la terre bossuée d'un léger renflement indique qu'il y a là quelque chose qui a pensé, aimé, vécu comme nous.

Sauf une dalle posée sur champ, qu'enlace un églantier inséparablement lié à la pierre, — hommage d'une veuve inconsolable mais promptement remariée, — il n'y a guère, dans le cimetière de Mezy, que des croix de bois ou de fer mangé de rouille. Pas de ces monuments fastueux, avec ces profusions de couronnes et d'inscriptions qui prolongent jusque dans la mort les vanités de la vie. On se croirait dans un jardin abandonné où les fleurs persistent sous l'envahissement des plantes parasites. Quelle différence entre ces humbles cimetières de campagne tout pleins de brises et d'éclosions, et ces navrantes nécropoles parisiennes avec leur terre incessamment remuée, leurs rangs pressés de sépultures, leurs rues de tombes alignées et drues qui ont l'air de vous dire : « Prenez la file et dépêchons! » — Dame! on est toujours un peu comme le lièvre de « la cuisinière bourgeoise » : on préfère attendre... Et à Mezy il semble que la mort va moins vite... et qu'on y meurt le plus tard possible... quand on ne peut plus faire autrement. L'air y est si pur ; le travail des champs est si sain !

Tout chante si bien la vie dans ce jardin funéraire qu'on oublierait le caractère sacré du lieu si une croix monumentale qui veille sur tous les trépassés couchés à ses pieds ne nous rappelait où nous sommes. Cette croix monolithe (1) s'élance, svelte et légère, d'un emmarchement circulaire qui forme piédestal. La colonne passe à travers une tablette d'autel portée sur quatre statuettes adossées à des colonnettes, et tellement effritées qu'il est difficile de décider quels personnages elles figurent. Le sommet de la croix n'existe plus, et le croisillon dont le médaillon central représentait sans doute, comme dans le monument similaire de Jouarre, d'un côté le Christ et de l'autre la Vierge, a été remplacé par une simple croix en fer aux branches terminées par trois fleurons. Tout incomplète qu'elle est, elle s'harmonise si bien avec le grand ciel clair et les lointains bleuissants, avec les herbes plantureuses du premier plan, et les verts puissants des noyers voisins que je voulus la peindre, et aussi le porche de l'église, et encore la porte du cimetière coiffée de son comble d'ardoise. Je vécus donc pendant plusieurs jours à même les tombes, plongeant dans l'herbe jusqu'au genou, m'identifiant si bien avec ce coin paisible que je l'appelais déjà imprudemment : « mon cimetière. » Je remercie la Providence de ne m'avoir pas pris au mot. Je goûtais comme une âpre joie à me sentir vivre, penser, agir sur ce sol qui recélait, dans ses flancs, l'insondable mystère du jamais plus. En songeant aux malheureux qui gisaient sous mes pieds, je prenais plus entièrement conscience de mon « moi », et me répétais avec Descartes : « Je peins, donc j'existe. » Je me complaisais dans le sot orgueil de vivre, lorsqu'en sortant

(1) La croix du cimetière de Mezy a été décrite et dessinée par Viollet-le-Duc : « Dictionnaire de l'architecture, tome IV, pages 434-435. »

du funèbre enclos, je lus sur le porche cet avertissement sans frais : « Hodie mihi, cras tibi. »

Ce latin réfrigérant agit sur moi à la façon d'une douche. Encore que vraies, il est des choses qu'on n'aime pas à s'entendre dire. Heureusement notre légèreté est un bienfait de la Providence, et c'est le privilège de la vie qu'elle ne peut comprendre la mort. Le talon tourné nous ne voyons plus dans ce DEMAIN fatidique, terrifiant, inexorable, qu'une simple figure de rhétorique qu'il ne faut pas prendre au pied de la lettre. Demain, cela veut dire : plus tard... bien loin. « Je travaillerai demain », déclare le paresseux. « Demain, je raserai gratis », promet un facétieux perruquier. « A demain les affaires sérieuses » dit l'homme d'État qu'appelle le plaisir ; — et pourtant, qui sait ?... Demain, c'est peut-être aujourd'hui.....

Post-Scriptum. — J'ai décrit ici le cimetière de Mezy (Aisne), dans l'état où je l'ai trouvé il y a quinze ans. Il est bien changé depuis cette époque. Des monuments en pierre toute blanche encore, clos de balustrades en fer, s'y voient aujourd'hui en assez grand nombre. On se met, partout à présent, même au village, en frais somptuaires. Mais le culte et le respect des morts se mesurent-ils toujours au luxe des sépultures ?

FEUILLETS D'ALBUM

f. Henriet

FEUILLETS D'ALBUM

I.

C'est Daubigny qui m'a mis le pinceau à la main. Personnellement, je ne lui en veux pas; car la peinture m'a donné ce que je lui demandais, — de délicates et ineffables joies; — mais il faut convenir qu'il n'a pas rendu ce jour-là un bien grand service à la Société qui possède déjà un stock de peintres passablement embarrassant.

J'étais en vacances dans ma famille. Le soleil et la belle saison aidant, j'avais décidé Daubigny à venir passer quelques jours avec nous. Je vois encore la suscription de la lettre qui m'annonçait son arrivée : M. ***, à Château-Thierry (Marne). Ce maître étourneau, qui était loin de prétendre à éclipser Pic de la Mirandole, mettait Château-Thierry dans le département de la Marne parce que la Marne y coulait. — Géographie de paysagiste...

Nos jambes ne s'enkylosèrent pas, je vous assure, pendant les quarante-huit heures qu'il nous donna. Je tenais à ce qu'il emportât de nos riants environs un bon souvenir, gage de son prochain retour ; et c'était un « sursum » continuel que ces joyeuses promenades. Daubigny avait devant la nature une fraîcheur de sensations qu'il traduisait avec une vivacité singulière. Ces commentaires pleins de relief et d'imprévu faisaient luire en moi des clartés soudaines ; et jamais les champs, la verdure, le soleil, ne m'avaient à ce point émerveillé.

— Comment, s'écria-t-il, vous habitez un si joli pays et vous ne peignez pas !

— J'admire la nature, cela ne vaut-il pas mieux que de la massacrer ?

— Théorie de paresseux, ces admirations inactives. Le meilleur moyen d'admirer la nature, c'est de la peindre. Je ne sors pas de là. Vous dessinez tant soit peu. Vous vous êtes fait au Louvre une éducation suffisante. Prenez-moi le pinceau, et allez-y gaiement. Ça ne sera pas si laid que vous croyez....!

Le trait avait porté. « Ça ne sera pas si laid que je crois... » Si c'était vrai, pourtant ! Pourquoi n'essayerais-je pas ?

J'essayai, et aussitôt rentré à Paris, je courus montrer mes barbouillages au plus indulgent des maîtres.

On sait combien Daubigny était facile, ouvert, bienveillant. Il ne pontifiait jamais, et le succès ne modifia en rien sa bonne nature franche et primesautière. Il avait pour la peinture une passion d'enfant et regardait volontiers jusqu'aux tartouillades les plus informes. Il m'encouragea avec une chaleur si communicative que je récidivai.

Je n'ai pas besoin de dire combien je pataugeai. Je parcourus toutes les étapes inévitables de la période des tâtonnements, passant de l'abus des frottis à l'excès des empâtements, de la dureté à la mollesse, du noir au blafard, préoccupé du procédé comme tout débutant qui ne s'est pas encore familiarisé avec son outil.

Je fis un jour au bon Daubigny une naïve et bien sotte question.

— Dites-moi donc, cher ami, comment vous vous y prenez pour peindre les ciels? Je ne sais pas du tout les faire...

— Eh bien ! et moi, répondit-il avec son bon rire, est-ce que vous croyez que je sais les faire ?

Je ne vis là tout d'abord qu'une simple boutade. Le peintre de « L'Étang de Gilieu », du « Vallon d'Optevoz », de la « Péniche des bords de l'Oise », du « Printemps » et de tant d'autres chefs-d'œuvres pleins de grâce et de fraîcheur, ne pas savoir faire les ciels ! C'est trop fort.

Pourtant cette réponse ne cessait de me trotter par la tête. N'était-elle pas plus sérieuse qu'elle n'en avait l'air ? N'avait-elle pas un sens profond qu'il fallait pénétrer ? Longtemps je la méditai. Je la compris enfin, et dès ce moment, j'avais franchi le premier degré d'initiation qui consiste à « savoir voir. »

Cela voulait dire qu'il n'y a pas de recettes pour exécuter les ciels, pas plus que pour peindre les eaux, les rochers, les « fabriques », et ce que nos pères appelaient « le feuillé »; qu'il faut, chaque fois que l'on est devant la nature, s'imaginer que l'on peint pour la première fois, c'est-à-dire être ingénu, sincère et loyal. Cela veut dire encore que les diverses parties du paysage sont solidaires les unes des autres; que le peintre ne doit pas les traiter isolément, mais les mener de front sans jamais perdre de vue l'ensemble du paysage; qu'elles n'ont qu'une existence relative, incessamment variable. Le jour où un peintre croirait savoir faire les ciels, les arbres, les murailles, l'herbe, etc., il choirait à jamais de l'art dans le métier.

Oui, le mot de Daubigny signifiait tout cela. Il contenait en réalité l'esthétique du paysage moderne. Il m'avait apporté toute une révélation. Il m'ouvrait la bonne voie. Si je n'y ai pas marché à pas de géant, c'est ma faute. Il fallait oser; il fallait aborder crânement une grande toile au-dessus de mes forces. Il m'a manqué l'audace et sans doute aussi le grain de folie sans lequel un artiste ne décroche jamais les étoiles.

Qu'on me pardonne d'oser aujourd'hui parler de moi si longuement. Tartempion lui-même me paraît excusable de se mettre en scène quand il a eu la bonne fortune de rencontrer un interlocuteur célèbre et glorieux. Sous une forme originale, Daubigny m'a donné une leçon d'une haute portée. Si j'en fais la confidence au lecteur, c'est pour que la leçon profite à d'autres que moi.

II.

A propos de Daubigny, je me rappelle un mot qui peint d'une façon typique cet excellent homme au cœur d'enfant.

Jeté tout jeune, sans direction, sur le pavé de Paris, il avait, grâce aux privilèges de sa nature droite, honnête, laborieuse, traversé gaiement et courageusement les années difficiles, vivant de ses travaux de librairie, pendant que ses fines études de paysage, appréciées seulement de quelques camarades sagaces, s'accumulaient, en les égayant, le long des murs de la chambre qui lui servait d'atelier.

Quand la fortune se prit à lui sourire, il fut plutôt étonné que grisé de sa prospérité soudaine. Il l'accueillit, — sans trop y croire, — avec un haussement d'épaules. Il en jouissait pourtant, à sa façon, insoucieusement, sans compter, mangeant à même, sans paraître se douter que l’argent peut être productif d’intérêts.

Etait-ce, chez lui, préjugé de travailleur ? Se rappelait-il avoir honni les capitalistes au beau temps de ses chimères Saint-Simoniennes ? Toujours est-il que ce n’eut pas été sans rougir jusqu’aux oreilles qu’il se fut surpris faisant un placement chez un notaire ou un agent de change. Il a déjà eu bien assez de mal à s’habituer à sa décoration que, jadis sans doute, il avait traitée de hochet de la vanité. Il fallut que ses amis, moins naïfs, l’encourageassent à la porter ; — ce à quoi ils s’employèrent d’autant plus chaudement, du reste, qu’eux-mêmes grillaient d’envie d’en pouvoir faire autant.

Un jour, carrefour de l’Observatoire, je croisai un fiacre qui roulait dans la direction de l’avenue d’Orléans. A la portière de la voiture, « le bourgeois » (on l’est toujours à une heure ou à un moment donnés), le bourgeois, dis-je, gesticulait vivement, dessinant à grands bras des signaux télégraphiques pour attirer l’attention de quelque passant. Je m’aperçus bientôt que ces appels véhéments s’adressaient à ma personne, et je reçonnus Daubigny.

— Tiens ! où allez-vous donc par là ?

— A mon atelier.

— Votre atelier ! Il n’est donc plus île Saint-Louis ?

— Si, mais il est trop petit. J’ai loué, avenue d’Orléans 18, un vaste hangar où je vais peindre les grandes machines que j’ai dans le ventre. Faut profiter de la veine. Ça va bien, mon cher, ça va bien. Il n’y a pas un mois que je suis rentré d’Auvers et j’ai déjà pour 80,000 fr. de tableaux vendus ou commandés. 80,000 francs !!! ajouta-t-il avec plusieurs points d’exclamation, SONT-ILS BÊTES, HEIN, SONT-ILS BÊTES !

ILS, c’étaient les bourgeois, les amateurs qui se disputaient aujourd’hui ces mêmes peintures qu’ils dédaignaient hier et qui les voyaient avec d’autres yeux, à travers le prestige d’un nom désormais consacré. Toujours la signature...

— Vous allez venir voir ça, continua Daubigny en me faisant monter près de lui. Figurez-vous que j'ai donné congé de mon atelier du quai d'Anjou ; non sans regrets, car j'ai vécu là mes belles années. Mais Brame veut que je passe les ponts. Il m'a fait louer un atelier rue Notre-Dame-de-Lorette, et me fournit des tentures, des tapis d'Orient et des fauteuils Louis XIV épatants. Je n'ai pas besoin de tout cela ; mais il assure que je ne peux pas faire autrement. Je veux bien, moi.

— Enfin pour le moment, sans compter votre apparte-ment, cela vous fait trois ateliers sur les bras.

— Tiens ! c'est vrai, dit-il en riant bruyamment comme s'il n'avait pas encore songé à cela ; elle est bonne ! Ça me fait trois ateliers.

Six mois plus tard, Daubigny avait mis ordre à une situation onéreuse quoique transitoire. Il avait pris posses-sion de son atelier de la rue Notre-Dame-de-Lorette, 44, de proportions suffisantes pour qu'il y peignît les grandes pages de ses dernières années « Les Coquelicots », « Le Verger » de 1876, et le grand effet de lune qui lui valut sa croix d'officier à la suite de l'Exposition universelle de Vienne. Ce devait être, hélas ! son dernier atelier.

Mais, rue Notre-Dame-de-Lorette comme au quai d'Anjou, Daubigny fut toujours le camarade des plus humbles artistes comme des plus éminents. Il resta rieur et bon enfant, alors qu'il devenait de mode de « la faire à la gravité ». Il n'essaya pas de se métamorphoser en homme du monde comme font aujourd'hui beaucoup de peintres qui se croient des gentlemen accomplis parce qu'ils sont froids, gourmés, impassibles, et qui ressemblent la plupart du temps à des calicots ou à des coulissiers.

Las ! Il n'y a pas que les talents qui diminuent ; les ca-ractères aussi se rapetissent. Bientôt nos peintres auront perdu jusqu'au droit de se moquer des bourgeois, et ce ne sera plus de ces derniers que l'on dira : « Sont-ils bêtes, hein ! sont-ils bêtes ! »

III

Par une chaude matinée d'été, je peignais sur le bord de
la Marne, à Mézy. J'avais établi mon chevalet sur une pente
gazonnée qui descend doucement jusqu'à la rivière, et planté
ma pique sans effort dans les herbes abondantes et grasses
qu'avivait le voisinage de l'eau. Le décor qui se déroulait
sous mes yeux et dont je m'efforçais de fixer sur ma toile
les caractères typiques, joignait la suavité des colorations à
la grâce harmonieuse des lignes.

A l'horizon, les fonds de Jaulgonne et de Moulins se
noyaient dans des vapeurs rosées. Un imposant groupe
d'arbres, d'une tonalité puissante, masse d'ombre qu'enveloppait le poudroiement lumineux de l'atmosphère, servait
d'assiette à toutes les valeurs du tableau. Le ciel violacé
dans sa zone inférieure, s'y confondait avec les coteaux
bleuissants, et prenait au zénith des tons de turquoise.
Quelques légers flocons se formaient lentement en petits
nuages blancs, immobiles comme des ballons captifs; car

nulle brise ne les poussait. Rien ne mouvait dans la nature, ni la rivière assoupie, ni les arbres sans frémissements.

Je nageais en plein azur, dans les voluptés de la lumière et du silence — un de ces silences pleins de vibrations et de bourdonnements où l'on sent palpiter la vie universelle, et je m'abandonnais si bien à la douceur de vivre que je ne saurais comparer l'état où je me trouvais qu'aux pures joies paradisiaques, parce qu'il se résumait en une absolue sérénité et ne devait rien au jeu des passions de l'humaine nature. La plénitude de mon bien-être était telle que je m'y fusse oublié moi-même, et comme abîmé, si un bruissement léger comme un frisson d'ailes ne m'avait fait dresser la tête.

Devant moi, sans que je l'eusse vu s'approcher, glissait doucement, au ras de l'eau, un long bateau couvert d'orangers fleuris, hauts comme des arbres, tous réguliers de tête et de tige, bien plantés dans de solides caisses peintes en gros vert atténué. Ils venaient de quelque château de Champagne ou de Lorraine auquel ils avaient fait longtemps un collier d'émeraudes, et s'en allaient orner la terrasse de quelqu'autre somptueuse résidence des heureux de la terre. On eût dit une sorte de bois sacré, de jardin des Hespérides qui venait d'émerger de la rivière. L'air en était tout embaumé. Le bateau descendait paisiblement le fil de l'eau avec sa verdoyante parure. Longtemps je suivis du regard ce parterre flottant jusqu'à ce qu'il disparût au détour d'une île. J'aurais voulu ralentir sa marche pour prolonger cette vision délicieuse qui m'eût certainement échappé, si le gouvernail n'avait grincé un peu au coude de la rivière.

N'en est-il pas ainsi du bonheur ? Nous avons besoin d'un retour réflexe sur nous-mêmes pour jouir des bons moments que nous arrachons à l'âpre destinée, et les heures les plus douces de la vie passeraient sans qu'on y songeât, si quelque chose, — un souffle, un rien, — ne nous avertissait que nous sommes heureux. Il faut toujours que le gouvernail grince un peu pour que nous nous sentions vivre et que nous goûtions notre bonheur. Il faut qu'une feuille de rose nous blesse pour que nous nous apercevions que nous sommes sur un lit de roses. Le bonheur complet n'est pas fait pour l'homme parce qu'il anéantirait sa personnalité.

IV.

Pour une fois qu'il m'arriva de peindre dans les environs
de Paris, je n'ai pas eu à m'en féliciter.

C'était à Bellevue. Je m'étais commodément embusqué
dans le retrait formé par deux murs de parcs qui se coupaient
à angle droit. De ce poste, je voyais se dérouler au loin la
plaine immense où grouillait la ville « d'ombre et de
lumière », sous une couche de vapeurs grises que trouaient
çà et là, un dôme, une flèche, un monument dépassant le
niveau moyen. Au premier plan la terrasse de Bellevue.
A droite, des arbres séculaires, orgueil d'une propriété
voisine, faisaient voûte au-dessus du panorama lointain de
Paris tandis qu'à gauche, un petit cabaret, peint en rouge
s'appuyait à une de ces bêtes maisons à six étages, telles
qu'on en sème aujourd'hui un peu partout, et qui avait
l'air tout dépaysé dans l'ennui de son isolement.

7

J'avais à peine commencé mon travail que je me sentis aussitôt l'objet d'une surveillance aussi incommode que désobligeante. Des gens me jetaient en passant un coup d'œil oblique et soupçonneux ; d'autres restaient prudemment à distance et regardaient dans ma direction en chuchotant mystérieusement. De temps en temps, le mastroquet d'a côté venait sur le pas de sa porte comme pour m'épier. Quand il reconduisait des clients, il tenait avec eux, sur le seuil de la maison, d'interminables colloques dont je paraissais faire tous les frais. Cet étrange espionnage ne tarda pas à me troubler, à m'agacer effroyablement. Pourquoi ces défiances ? Qu'avais-je donc d'extraordinaire ? Me prenait-on pour un mouchard ou pour un criminel ?

D'abord je chantonnai par manière de contenance. J'allai jusqu'à siffloter la Marseillaise pour me concilier les bonnes grâces du marchand de vin ; mais toujours les groupes se succédaient, stationnant quelques instants sans approcher, et je restais là, dans mon coin, comme un condamné dont on s'écarte avec horreur. Cette quarantaine devenait insupportable. N'y tenant plus, j'entrai au cabaret demander un bock ; — un prétexte pour faire parler le patenté.

— Ce n'est pas vous qu'on regarde, me dit-il ; c'est l'endroit où vous êtes assis. On se demande si c'est la police qui vous a envoyé ; car on a assassiné là un homme, hier au soir, un homme attiré par une gourgandine de connivence avec des souteneurs. Il y a eu, ce matin, descente de police. On a relevé des pas, recueilli des pièces à conviction, et il n'y a pas deux heures qu'on a enlevé le cadavre pour le porter à la Morgue... Tout ce monde là vient voir le théâtre du crime... Bonne journée pour moi ! ajouta-t-il avec un éclair de satisfaction qu'il eut la pudeur de réprimer aussitôt.

Voilà bien les environs de Paris ! Aucune capitale n'est plus favorisée sous ce rapport. La Seine enlace la grande ville de ses gracieux méandres ; de verdoyants coteaux, semés de blanches villas, lui font de toutes parts un cadre

incomparable. Mais la Seine charrie des « macchabées » ;
les sous-bois rêveurs ont des taches de sang. Vous ne
pouvez vous asseoir sur un tertre sans penser que là, peut-
être, on a coupé une femme en morceaux. Elles sont
loin, les brebis de Mme Deshoulières. Elles ont cédé la
place aux rôdeurs de barrière, aux coupeurs de bourses,
aux jolis cœurs du bonneteau, aux dévaliseurs des habitations suburbaines et autres sectateurs de « la reprise
individuelle. »

Il n'est pas un de ces jolis pays, chers aux promeneurs
du dimanche, qui n'ait acquis une triste célébrité dans les
annales de la cour d'assises ; pas un coin ombreux qui n'ait
sa sinistre légende ; pas une localité au nom de laquelle
ne soit à jamais accolé, comme une note d'infamie, le
souvenir d'une cause célèbre, — Le crime du Pecq, les
assassinats de Pantin, les étrangleurs de Chatou, la bande
de Limours, les vols de Neuilly, l'affaire de Villemomble,
etc., etc. N'est-ce pas à vous gâter les paysages les plus
enchanteurs ? Et notez qu'on ne risque pas seulement de
heurter du pied quelque débris suspect, on court encore
la chance de faire soi-même les frais d'un palpitant fait-
divers dont se repaîtront les lecteurs du « Petit Journal. »
Aussi n'est-il pas prudent de s'aventurer dans un certain
rayon de la banlieue parisienne sans s'être pourvu d'un
arsenal de poche, couteau, coup de poing américain,
revolver, ni plus ni moins qu'un député qui se rend à
une séance du Palais-Bourbon.

Le récit du débitant m'avait fait froid dans le dos. Je
n'avais plus le cœur à l'ouvrage. Quelque hâte que j'eusse
pourtant de quitter la place, je notai rapidement en
quelques traits de crayon la disposition des lieux, et j'en
fis un dessin pour le *Monde illustré* qui eut, grâce à moi,
l'avantage de publier, le premier, *Le théâtre du Crime.*

Comme le marchand de vin de Bellevue, j'ai cueilli
l'occasion au passage ; — il faut bien que tout le monde
vive ! — mais jamais plus on ne me reprendra à peindre
dans « les prés fleuris qu'arrose la Seine... »

V.

La Meuse miroitait dans la brume argentée d'un matin
de septembre. L'air était vif et frais, « gai, » comme disent
les paysans dans leur langage simple et coloré. Dispos pour
le travail, je venais de développer mon pliant, de planter mon
parasol, et j'ouvrais, plein d'espoir, — et d'illusions peut-
être, ma boîte à couleurs, quand, tout à coup, j'entendis le
pont suspendu qui relie le quartier industriel de la Bouverie
au vieux Revin osciller et gémir sous le pas pressé des
ouvriers qui sortaient en masse des usines, des forges et
gagnaient précipitamment la ville. Ce n'était pas l'heure de
leur repas, et leur allure tumultueuse n'était point celle de
gens qui vont manger la soupe. En même temps, je perçus
une rumeur sourde qui grossit bientôt en une clameur
confuse à laquelle ne tardèrent pas à se mêler les sonneries
du clairon et les appels effarés des cloches secouées à toute
volée. Plus de doute ; le feu était à Revin.

Peindre en un pareil moment, ce m'eût été impossible.

Une inexprimable angoisse m'oppressait, et ma main n'était pas sûre. Je fis, non sans regret, le sacrifice de ma séance et repliai bagage.

N'avez-vous pas remarqué, comme moi, que les incendies — comme beaucoup d'autres fléaux du reste, — sont plus horribles encore de loin que de près, sans doute parce que l'imagination s'affole et en agrandit les proportions. Le meilleur moyen de dissiper le malaise anxieux qui vous étreint la poitrine, c'est d'aller droit au sinistre, de se mêler à la foule, de devenir tout simplement un des anneaux de la chaîne de secours. Ce rôle de comparse que vous remplirez machinalement dans la « figuration » du drame vous mettra en paix avec vous-même, et vos voisins se chargeront promptement de vous distraire par leurs lazzis, car partout où il y a une foule, il se rencontre des loustics.

En me hâtant vers la ville, je croisai un pêcheur à la ligne. D'un pas tranquille et mesuré, il s'en venait, le cœur léger, taquiner l'ablette et le goujon. Sans doute, il avait amorcé la place la veille. Il s'était promis une friture pour son déjeuner, et l'abomination de la désolation ne l'en eut point fait démordre.

Absolument indifférent à ce qui se passait derrière lui, cet homme semblait se dire : « au diable les fâcheux ! Pourquoi les sinistrés ont-ils si mal choisi leur temps ! » Il m'inspira tout d'abord un vif sentiment de répulsion qui n'allait pourtant pas jusqu'au mépris. C'est chose si rare, un homme qui ose marcher en sens inverse de la foule ! Nous ne sommes jamais tout-à-fait insensibles à cela, nous autres artistes, nourris dans l'horreur du Panurgisme.

Je sais bien qu'en certains cas, — et celui-ci est du nombre, — le devoir est de marcher tout bêtement avec tout le monde ; que, dans l'espèce, cette malencontreuse affirmation d'indépendance était souverainement déplacée ; qu'elle manquait de goût autant que de cœur ; qu'elle se doublait d'un monstrueux égoïsme. Encore cette sérénité dans l'égoïsme ne laisse-t-elle pas de m'imposer un peu ; car elle n'est point le fait du premier pleutre venu. En voilà un du moins qui a le courage et la franchise de son vice.

.C'est égal ; voyez-vous ce maître original attachant son asticot, lançant sa ligne, surveillant son bouchon avivé de rouge, relevant vivement le scion flexible à l'extrémité du quel frétille un petit poisson d'argent, pendant que Revin brûle, que les cris « au feu ! au feu ! » se détachent en notes aigues sur la basse grondante de la population agitée et qu'un nuage compact de fumée noire coiffe lugubrement la ville d'une calotte de plomb ? C'est épique en vérité. Jamais je n'aurais cru que la passion de ce sport inoffensif pût atteindre à ce degré de cruauté.

Cela renverse toutes les idées que l'on se fait d'ordinaire du paisible monomane qui, armé de tous ses engins, a déjà bien de la peine à faire peur aux poissons. Un pêcheur à la ligne féroce, cela ne se voit pas tous les jours ; aussi bien n'ai-je pas manqué de noter le fait sur la marge de mon album.

VI.

De la station des Essarts à Villenauxe, la voie ferrée
(ligne d'Amiens à Dijon ; — section de Mézy à Romilly)
descend, avec le maximum de pente autorisé, à travers un
pays pittoresque et accidenté. Les bois, les ravins, les
rochers semblent se livrer, en sens inverse du train, à une
fuite vertigineuse, et dans une échancrure du bois, on a,
prompte comme un éclair, la vision instantanée d'une tour
romane, habillée de lierre, qui s'élève, imposante, sur le

transept d'une église en ruines. C'est la Tour de Nesles....
Nesles la Reposte (reposita). Il ne reste plus autre chose
aujourd'hui de l'abbaye que de savants Bénédictins sont
venus fonder jadis, à l'ombre des grands bois, dans cet
endroit solitaire, propice à l'étude et à la méditation.

Bien que nous fussions lancés à toute vitesse, mon œil,
rompu à cet exercice, avait saisi au vol tous les éléments
d'un tableau charmant, et pendant que la locomotive
m'emportait, dans son élan aveugle, loin du site entrevu,
je me disais avec la certitude tranquille du peintre qui a
trouvé son motif : « je reviendrai. »

Je couchai à Villenauxe, et le lendemain matin je repris
le chemin de Nesles. Six kilomètres à faire dans la fraîcheur
des bois, sur une route égayée de ruisselets moussus, c'est
juste ce qu'il faut pour vous mettre en haleine. Tout en
me grisant des bonnes senteurs forestières qui emplissaient
l'air, je rêvais à ma Tour de Nesles ; comme la laitière de la
fable, je faisais mes châteaux en Espagne. J'attaquais crânement mon aquarelle ; je la réussissais ; je l'exposais au
prochain salon.

— Comme cela ferait bien au livret : « La Tour de
Nesles.... la Reposte ! »

Rien qu'à cause du titre, je la vendais... aux héritiers
Gaillardet, ou peut-être à M. Alexandre Dumas...

Je n'avais pas voulu surcharger mon bagage d'encom-
brantes provisions de bouche. Bah ! pensais-je, je trouverai
toujours bien là-bas l'omelette classique. Je me rappelais
avoir vu luire des toits et fumer des cheminées à travers la
feuillée. Donc il y avait un village ; mais il en fallut
rabattre. Le pays se composait de groupes de deux à trois
maisons, fort distants les uns des autres. Cela ne me disait
rien qui vaille....

Il était encore de bonne heure. Je me mis au travail sans
perdre une minute. Mais toute l'ardeur que j'y apportai ne
put faire que je n'entendisse pas, à l'heure critique de
l'Angelus, les appels déchirants de mon estomac. Je n'ai
jamais eu la moindre disposition pour jouer les Succi ;

pourtant cela devrait entrer dans l'éducation d'un artiste d'apprendre à vivre sans manger — comme a fait cet autre jeûneur émerite, Merlatti, peintre de son état ; — mais je ne me suis jamais exercé à ce sport famélique ; car aux jours faciles de ma jeunesse, pas n'était besoin de pousser la prévoyance aussi loin.

Une jeune fille de seize à dix-huit ans gardait les vaches près de moi. Je lui demandai si je ne pourrais pas trouver à déjeuner dans le pays.

— Dame ! non, m'sieu, répondit-elle.

— Il n'y a donc pas d'auberge.

— Elle est tout là-bas, à l'autre bout du pays. Il y a bien un quart de lieue d'ici ; et encore, elle sera fermée, si le monde est aux champs.

— Je n'ai pas le temps de courir si loin ; mais vous qui demeurez tout près, est-ce que vous n'aurez pas la complaisance de me faire une omelette ?

— Dame ! m'sieu, j'donnons point à manger...

— Voyons, ma belle enfant, vous êtes trop aimable pour me laisser mourir de faim. Quand ce ne serait qu'un bouchon de pain et une tasse de lait, vous ferez bien cela pour moi.

O puissance de l'éloquence ! La petite vachère était touchée.

— Eh ben, t'nez, j'y vas ; mais à une condition, c'est que vous garderez mes vaches pendant ce temps-là...

— Qu'à cela ne tienne ; je m'en charge.

— Surtout ne les laissez pas manger l'herbe de la voisine ça me ferait avoir des raisons ; elle est si sottisière.

Je remplis mon intérim de façon à mériter les félicitations de la titulaire, et quand elle reparut, je lui remis la gaule du commandement en échange des vivres qu'elle m'apportait.

Un bon morceau de pain bis et une jatte de lait, voilà, Messeigneurs, l'orgie que j'ai faite à la Tour de Nesles. Ce repas trop frugal, mais peu ruineux, — vingt centimes, quatre sous — me permit d'achever mon aquarelle, de

regagner la station des Essarts, et finalement mon domicile
où jamais le pot-au-feu ne me parut plus savoureux et plus
réconfortant.

Voici la note que je retrouve à ce propos sur une page
de mon album :

« 17 août 1885 ; journée bien employée ; croqué la
Tour de Nesles et gardé les vaches (début) ».

Je n'en suis pas plus fier pour cela ; mais tout le monde
n'en peut pas dire autant.

VII.

De Monthermé, village industriel des bords de la Meuse,
où nous étions venus prendre gîte, la veille au soir, nous
partîmes, Jean Desbrosses et moi, par un beau matin bleu,
la boîte de couleurs à la main, du pain plein nos poches,
et nous nous engageâmes dans la pittoresque vallée de la
Semoy.

Les heures passèrent vite à explorer et à peindre. Vers la
fin de l'après-midi, le ciel se couvrit de nuages menaçants.
« Voilà un grain qui se prépare ; il faut songer au retour »
fis-je plusieurs fois avec la prudence qui me caractérise.
Mais Jean Desbrosses est un vaillant, un paysagiste des
temps héroïques. Il ne déteste pas souffrir dans son bien-
être quand c'est pour le bon motif. Il éprouve même une
certaine volupté à risquer la fluxion de poitrine. C'est
comme un sacrifice de plus qu'il fait à son art, et il croit
sincèrement que ce sacrifice ne peut manquer d'être récom-
pensé. Il ne tint donc aucun compte de mes avertissements.

Bientôt l'orage éclata, un orage à grand orchestre avec cuivres, cymbales, grosse caisse et tam-tam. Nous nous abritâmes de notre mieux, contre la pluie qui fouettait, dans des anfractuosités de rochers, et la nuit vint nous surprendre dans cette situation critique.

A quelle distance étions nous de Monthermé, et comment regagner le pays, maintenant que nous avions perdu la piste, loin de tout chemin tracé?

Nous ne savons comment nous nous serions tirés d'embarras, si une femme n'était venue à passer. Encapuchonnée de son jupon, elle portait la soupe à son homme, à la forge de Phadé. Nous lui contâmes notre détresse. « Vous en êtes loin, de Monthermé, nous dit-elle, vous aurez plus court de descendre à Tournavaux; c'est l'affaire de vingt minutes. » Et elle essaya de nous orienter.

Nous arrivâmes à Tournavaux, trempés crottés, dans un état à faire peur, et avisant une cahutte où se balançait une branche de houx au-dessus de l'unique fenêtre éclairée, nous entrâmes. Trois ouvriers forgerons, noirs comme des cyclopes, mangeaient la soupe, attablés. Ils nous jetèrent un regard méfiant de leurs yeux blancs qui prenaient une expression féroce au milieu de leurs faces de nègres, sous leurs cheveux embroussaillés. Une grande femme osseuse vint à nous, et d'une voix dure :

— Qu'est-ce que vous voulez ?

— Manger d'abord...

— Il n'y a rien.

— Vous avez toujours bien du pain, du fromage, une bouteille ?

— Voilà tout ce que je peux vous donner, ajouta-t-elle en apportant un pain et un grand coutelas. — Mangez ; vous ne savez pas si vous en ferez autant demain...

Si c'était une plaisanterie, elle nous parut lugubre. D'autant que l'on entendait sortir d'une soupente un horrible bruit, un gémissement sourd et continu avec, de temps en temps, un cri déchirant où l'angoisse se mêlait à la douleur.

— Qu'est-ce cela ?

— C'est le vieux qui se meurt...

Joli assaisonnement pour notre repas ! Les trois ouvriers partirent pour leur travail de nuit, à la forge, un peu tourmentés de laisser la femme seule à la maison, à la merci de malandrins comme nous. Aussi quand nous demandâmes à coucher, nous reçut-elle de la belle manière.

— Y a pas de place ici pour vous.

— Indiquez-nous une autre auberge.

— Il n'y en a pas d'autre.

— Eh bien ! alors, nous allons trouver le maire, et nous verrons si vous ne nous logez pas...

Elle parut se rassurer un peu en voyant que nous ne redoutions pas de nous présenter au magistrat municipal et, du seuil de la porte, elle voulut bien nous montrer sa maison. Le maire, un brave paysan qui vit bien vite à qui il avait affaire, eut la complaisance de nous ramener lui-même chez la mère Papier (c'était le nom de l'hôtesse), et voilà comment, grâce à des protections, nous obtînmes deux bottes de paille sur lesquelles nous nous endormîmes d'un sommeil macabre au râle du moribond qui agonisait à côté.

. . . .

Quand, le lendemain, nous nous réveillâmes de ce cauchemar, la soupente était silencieuse. Une chandelle fumeuse l'éclairait d'une lueur louche, disant assez que tout était fini... Au dehors, le ciel était radieux. Le soleil chantait un air de bravoure. Comme des capucins de baromètre, nous voilà soudain remis au beau, et tout rassérénés. Les trois grands diables noirs qui nous avaient inquiétés hier, lavés aujourd'hui à grande eau, savonnés, « relingés », prêts pour les démarches nécessitées par le décès, nous parurent les gens les plus débonnaires du monde. La mère Papier elle-même nous jugea au grand jour plus avantageusement que la veille. Elle nous avoua que nous lui avions fait grand peur. Elle eut à cœur d'effacer la mauvaise impression qu'elle avait dû nous faire, et tint à nous confectionner une bonne soupe d'Auvergnats, ne voulant absolument pas nous laisser partir à jeun.

Pendant qu'elle activait le feu et surveillait la marmite, nous humions l'air vif et frais du matin sur le seuil de la porte, curieux de reconnaître les aîtres du pays, lorsque notre attention fut attirée par un spectacle des plus divertissants. Un homme, au milieu de la place, envoyait, dans diverses directions, la note plaintive et traînante d'un cornet à bouquin. A cet appel connu, tous les ruminants du village vinrent lentement s'assembler ; mais avant que le vacher communal emmenât le troupeau dans la montagne, les femmes accoururent, armées d'une large pelle, et se postèrent en observation derrière leurs bêtes respectives. Aussitôt que l'une de celles-ci levait la queue de certaine façon significative, sa maîtresse avançait la pelle pour recevoir une manne qui ne tombait pas du ciel, comme celle qui nourrit les Hébreux à leur sortie d'Egypte, et la ménagère s'en allait avec précaution la déposer toute fumante sur le maigre fumier de sa cour ; car dans ces pays deshérités où la terre arable est si rare, il ne faut rien laisser perdre. Cette singulière récolte ne va pas toujours, paraît-il, sans contestations. Souvent une femme furieuse de rentrer au logis les mains nettes, accuse une voisine plus diligente de l'avoir devancée et frustrée, et l'on a vu des commères se prendre aux cheveux pour une bouse de vache. Que voulez-vous ! Comme dit Brasseur dans *la Cagnotte* : « Faut d'l'engrais ! Faut d'l'engrais! »

VIII.

Le joli village de Saint-Riquier, tout proche d'Abbeville,
offre de l'intérêt aux touristes, à cause de son ancien couvent de Bénédictins converti en séminaire, et de sa vaste
abbatiale où domine le gothique flamboyant, devenue
aujourd'hui église paroissiale. On y remarque des grilles
en fer forgé d'un beau travail, des bas-reliefs en albâtre du
XVe siècle, des volets de tryptique représentant la légende
de Saint-Riquier, des fragments de peintures murales à sujets
macabres, des ciboires, des navettes à encens, tout ce que
l'on a pu sauver du riche trésor de l'abbaye, et un Christ en

bois du fameux sculpteur Girardon, d'une expression sur-
humaine et qui, à lui seul, vaut le déplacement.

Les voyageurs qui descendent à la station de Saint-Riquier gagnent le village par des chemins ombreux, bordés
de haies vives et de vergers. Au nombre des gens qui se
dirigeaient vers le pays en même temps que moi, se trouvait un joueur d'orgue de barbarie, suivi de toute sa tribu,
une femme portant un dernier né en sautoir, et d'autres
enfants d'âges et de tailles régulièrement échelonnés. Nous
venions, eux et moi, « faire » le village de Saint-Riquier.

L'homme, traînant la jambe, se mit à parcourir le pays
en saturant les échos d'alentour avec la valse des Roses et le
« Miserere » du Trouvère. Je m'installai dans un angle de
la place pour « tirer » le donjon gothique qui domine de
sa masse imposante les maisons du village. Toutes ces maisons sont peintes du haut en bas, selon l'usage du Nord, de
couleurs quelque peu criardes, ce qui est d'un effet plus
bizarre qu'heureux.

Je me mets au travail, doucement bercé par le rythme
dolent et mélancolique de l'orgue. J'en percevais les sons,
plus distincts ou plus vagues, selon que le musicien se
rapprochait ou s'éloignait. De temps en temps Manrico le
Trouvère, et Eléonore interrompent leur plainte déchirante
et restent en plan sur une note prolongée qui détonne.....
C'est que l'impresario ambulant a lâché un instant la
poignée de son instrument pour empocher un sou.

Une petite fille d'environ douze ans, l'aînée de la bande,
blonde comme une alsacienne et toute proprette avec son
éventaire de papier à lettres retenu devant elle par des
bretelles, se posta près de moi. Bientôt un autre blondin,
plus jeune, porteur d'un accordéon, vint flanquer mon aile
droite. Ils se tenaient là, à mes côtés, silencieusement, sagement, respectueusement.

Je n'en étais encore qu'à déterminer les points de repère
du motif, et à tracer les lignes générales. Ce travail préli-
minaire intéressait peu le gamin impatient de me voir
peindre.

— Tout à l'heure, dit-il, vous aurez des petites balayettes, n'est-ce pas, m'sieu ? Il voulait dire : des petits pinceaux.

Pendant ce temps là, le joueur d'orgue sillonnait toujours le pays, dans tous les sens, en tournant sa manivelle. Il repassa devant moi, sa boîte à musique sur la cuisse, accompagné de sa femme, un enfant à la mamelle.

— Allons, vous autres, dit-il, ne gênez pas ce monsieur là. Vous avez autre chose à faire.

Les petits s'éloignèrent docilement, lentement, en jetant un dernier regard sur mon aquarelle qui commençait à prendre figure. Ils me dirent gentiment adieu, sans même essayer de me tirer « un p'tit sou ».

N'étais-je pas un nomade comme eux, un travailleur, un porte-balle, presqu'un confrère ? On ne demande pas l'aumône à un copain. Je fus si touché de leur discrétion que je les rappelai et leur donnai... dix sous.

Si je destinais ces notes à un journal boulevardier, je ne manquerais pas de dire « un louis » ; mais je tiens à rester dans la vérité. J'ai la religion de l'exactitude.

Les petits demeurèrent ébahis de ma générosité. Un louis ne les eût certainement pas plus étonnés ni plus réjouis.

IX.

Le travail d'après nature ne va pas sans une extrême
tension des facultés. C'est en quelque sorte un combat
corps à corps où la vivacité du coup d'œil et la rapidité des
mouvements décident du succès. Aussi l'attention du
peintre est-elle si violemment concentrée sur l'objet immé-
diat de son effort, qu'en dehors de cela, il ne voit rien,
n'entend rien, ne sent rien. Tel qui craint le tonnerre se
laissera surprendre, dans les champs, par les orages et les
cyclones les mieux conditionnés.

Le paysagiste Chintreuil avait peur de tout, des taureaux,
des vaches, des chiens ; je suis un peu de son école. Chose
bizarre, c'est surtout depuis qu'il est tant question des
belles découvertes de M. Pasteur que je crains les chiens.
Eh bien! lorsque, planté dans la campagne, je me livre
à l'exercice de mon métier, les pensionnaires de Bidel
eux-mêmes, ne me feraient pas quitter la place, ni reculer
d'une semelle.

Je peignais dans le clos du moulin de Chierry, près

Château-Thierry, entouré de ruminants qui prenaient avec moi les plus grandes privautés. C'était à ce point qu'une vache vint manger à mon nez et à ma barbe, sans que je m'en aperçusse, la double courroie-poignée qui me servait à porter tout mon bibelot.

Après la séance, plus de courroie ; impossible de boucler mon bagage. J'entre au moulin, je conte ma mésaventure, et le meunier me tire d'embarras avec un bout de corde, en me disant : « Demain, je vous donnerai notre vieux chien Marmotte, et les vaches ne vous tourmenteront plus. »

Le lendemain, en effet, on mit les vaches dans la portion du pré où je n'avais que faire. On piqua un pieu muni d'une longue chaîne à la limite du champ qu'on leur laissait, et on y attacha Marmotte, en lui recommandant de veiller à ce que les vaches ne franchissent pas la ligne de démarcation. Marmotte comprit la consigne à merveille. Chaque fois qu'une des bêtes rasait de trop près la frontière, le chien tirait sur la corde, remuait la queue, inquiet, grondeur, m'interrogeant de son regard expressif jusqu'à ce qu'il eût attiré mon attention, — et c'était là précisément le difficile. Alors, sur un imperceptible signe de tête ou d'yeux, il s'élançait avec des aboiements furieux et refoulait dans leur domaine les vaches bondissantes et indisciplinées.

Pourquoi attendait-il mon signal pour agir ? Etait-ce insuffisance du mot d'ordre ou besoin instinctif de subordination chez ces animaux si dévoués, si soumis, qu'ils en ont encouru le mépris des bons apôtres de la morale nouvelle ? Marmotte m'obligeait ainsi à une sorte de surveillance que j'aurais précisément désiré qu'il m'épargnât. Il arriva, — et cela ne pouvait manquer, — que ma surveillance se trouva bientôt en défaut. Dans le feu du travail, je n'entendis plus les avertissements réitérés, les appels désolés du pauvre Marmotte, et deux ou trois vaches, passant outre, violèrent mon territoire. Quand je m'en aperçus, il était trop tard. Les abois rageurs de Marmotte les rejetèrent affolées de mon côté. Il me fallut jouer du bâton, et nous eûmes toutes les peines du monde, le chien et moi, à leur faire regagner leur pâture.

Tout était rentré dans l'ordre ; mais Marmotte restait inconsolable d'avoir si mal fait respecter la consigne. Il était vexé, humilié, l'oreille et la queue basses, dans l'attitude d'un coupable qui sollicite son pardon. Je dus le caresser, le combler de bonnes paroles, pour le réconcilier avec lui-même : « Oui, mon bon Marmotte ; tu as bien fait ton service. Ce n'est pas ta faute si les maudites bêtes se sont moquées de nous, c'est la mienne. Je n'ai été qu'un maladroit.... ». C'est ainsi que nous fîmes notre paix.

Jusqu'alors, j'estimais le chien de confiance et sur le témoignage de M. de Buffon. Maintenant que j'ai vu à l'œuvre, dans des conditions si particulières, l'intelligence et la docilité de Marmotte, ce n'est plus seulement de l'estime que j'éprouve pour la race canine, c'est de l'admiration. Hier encore, Marmotte ne demandait qu'à me manger les mollets, et aujourd'hui, sur un simple signe de son maître, il se mettait à mon service et m'obéissait comme s'il m'eût appartenu depuis dix ans ! En vérité cela ressemble à de la suggestion ; mais j'écarte cette explication qui ne laisserait pas à l'animal le mérite de son dévoûment et de sa bonté.

Quand, l'année suivante, je retournai au moulin de Chierry, je m'informai de Marmotte. La pauvre bête était morte récemment, écrasée sous la roue d'une lourde voiture de roulage qui passait sur la grande route d'Allemagne, à deux pas du moulin.

X.

Encore une histoire de chien. Chacun sait que ces intéressants quadrupèdes, surtout ceux qui veillent à la sûreté des fermes et habitations isolées, ont horreur des gens mal mis. La blouse leur est suspecte; la blouse bleue du campagnard passe encore, car elle représente l'ordre et le travail; mais la blouse blanche qui sent l'atelier, le faubourg, le club, le meeting, a le don de les exaspérer; et la mienne était précisément de cette couleur absolument décriée, le jour où je peignais la ferme de Romeny, à deux kilomètres de Jouarre.

Le chien n'était pas attaché: Dès qu'il sentit un étranger roder aux entours de son domaine, il s'élança hurlant, menaçant, furieux. Il ne cessa de tourner autour de moi, durant ma première séance, à une distance à peine respectueuse, avec des grondements de mauvais augure, exhibant des crocs qui semblaient impatients de faire une connaissance trop intime avec ma personne. Même accueil les jours suivants. C'est seulement lorsque, de guerre las, il rentrait à la ferme épuisé, haletant, aphone, que je pouvais travailler avec quelque sécurité. Ce manège peu rassurant durait chaque jour un bon quart d'heure et, pendant ce temps-là, j'en passais un fort mauvais.

J'arrivais donc à ma séance, sur mes gardes, l'œil aux aguets, lorsqu'un jour, je fus tout surpris de voir le molosse assis paisiblement sur son train de derrière, au seuil de la grande porte charretière. Il me regarda de loin d'un œil placide sans daigner se déranger, sans jeter le moindre aboi.

— « Voilà Major qui commence à me connaître », pensai-je, tout heureux de ses dispositions nouvelles, « avant peu nous serons une paire d'amis », et je me mis à l'ouvrage, sans plus songer au chien qui, bientôt, sans que j'y prisse garde, quitta sa place, et s'en vint pacifiquement de mon côté, tranquille, silencieux, paterne.....

Tout-à-coup il me sembla qu'un liquide tiède coulait et susurrait dans ma botte. — « Cré non d'un chien !! m'écriai-je en me tournant vivement du côté d'où me venait cette sensation,.... mais le traître était déjà loin. Il regagnait allègrement la ferme, satisfait de la réussite de son plan, car on ne m'ôtera pas de l'idée qu'il y ait eu préméditation de sa part.

Voilà, selon toute probabilité, comment l'animal aura raisonné dans sa jugeotte de chien : « L'individu que je surveille et que j'avais pris tout d'abord pour un vagabond de la pire espèce, n'est, selon toute apparence, qu'un monomane inoffensif. Sans doute sa blouse est de couleur inquiétante et, qui plus est, assez malpropre ; mais parmi les taches polychromes dont elle est maculée, je ne reconnais pas de trace de sang, et rien dans les allures du particulier n'indique un de ces dangereux récidivistes qui attentent journellement aux personnes ou à la propriété. Je pourrais donc, sans manquer à mes devoirs, l'envoyer se faire mordre ailleurs ; mais il me déplaît ; il m'agace avec son mouvement automatique de l'œil et de la main ; c'est un inutile, un fainéant, un propre à rien. S'il ne mérite pas ma colère, je ne serais pas fâché pourtant de lui témoigner mon mépris d'une façon non équivoque..... »

C'est alors que, me voyant chaque jour, à pareille heure,
planté au même endroit, immobile et muet comme une
borne, il trouva plaisant de me traiter précisément comme
ces bornes contre lesquelles ses pareils aiment à lever la
patte. Ma botte en entonnoir, dans laquelle j'avais soigneusement replié mon pantalon de coutil, lui offrait un
récipient commode. Il en usa.....

Je trouvai la farce si drôle que, le premier moment passé,
je ne gardai pas rancune au mystificateur. J'ai préféré
noter le fait pour les Buffon et les Toussenel de l'avenir ;
car il prouve qu'à ses qualités mille fois constatées de
fidélité et d'attachement, le chien joint encore la cautèle, la
dissimulation, la malice, et qu'il sait doser intelligemment,
selon les circonstances, les témoignages de son antipathie.

XI.

Tous les ans, à date fixe, Corot passait une semaine
chez ses bons amis M. et Mme Remy, à Luzancy, un
frais et ombreux village des bords de la Marne. J'étais
moi-même, chaque année pendant plusieurs jours, l'hôte
de graveurs qui s'étaient fixés dans le pays, et plus d'une
fois, j'eus l'avantage de m'y rencontrer avec le maître.

Un jour que je battais les buissons, à la recherche d'un
motif, je tombai à l'improviste sur le bon Corot. Il avait
pris possession du « Chemin des Vignes », d'où il peignait
le clocher du village encadré dans les épaisses frondaisons
du château.

— Puisque le hasard s'en mêle, lui dis-je, j'ai grande
envie d'en abuser, si toutefois vous ne trouvez pas la
chose trop indiscrète.

— Parlez.

— Permettez-moi de rester là, derrière vous, immobile
et silencieux et de suivre les phases de votre travail. Il me

semble que cette leçon par l'exemple me serait très profitable.

— Faites ; mais je vous en préviens, je barbouillerai aussi librement que si vous n'étiez pas là, sans m'inquiéter de procéder avec méthode et par voie démonstrative. Je vous donnerai peut-être de bien mauvais exemples, car je suis comme certains prédicateurs qui ne font pas toujours ce qu'ils conseillent ; ainsi donc, gare à vous.

Je demeurai là, attentif et aussi intéressé que si j'avais moi-même tenu le pinceau, suivant curieusement les transformations par lesquelles passait l'étude.

Je ne tardai pas à remarquer que le maître ne paraissait pas se préoccuper le moins du monde de monter la coloration au ton du modèle. Mais je me fusse bien gardé de risquer la plus timide observation, connaissant ses théories à cet égard, et aussi les habitudes de sa vision. Il lui suffisait en effet, que toutes les valeurs de son étude fussent en rapport exact entre elles et dans une juste proportionnalité avec le modèle pour qu'il se déclarât satisfait. Il croyait que la peinture est une transposition. Tout son effort tendait à ce que cette transposition fût rigoureuse et en quelque sorte mathématique.

Mais je ne le vis pas sans quelqu'étonnement commettre certaines infidélités et omissions dans la reproduction du motif.

— Pardon, maître, hasardai-je, mais je ne vois pas sur votre étude les arbres qui sont là-bas, à droite ?

Il se retourna vivement, et — avec crânerie : — Les arbres ? Quand je les fais, on me les coupe !... Je les mets quand je veux...

Puis, après un long silence, pensant sans doute que je ne me payais pas de cette boutade, il reprit :

— Je n'ai pas toujours dit cela, et vous auriez tort de vous autoriser de mon exemple pour en user aussi cavalièrement avec dame Nature. Pendant trente années, je l'ai copiée avec conscience, avec respect, avec amour, avec une naïveté poussée souvent jusqu'à la gaucherie. Faites comme cela, vous qui êtes jeune. C'est parce que j'ai fait ainsi pendant un quart de siècle qu'aujourd'hui j'ose déchirer ma lisière et m'émanciper un peu. C'est parce que j'ai fait des milliers d'études — pas des pochades, entendez bien, des ÉTUDES, — que, maintenant, je puis sans trop de danger, trousser mon petit tableau, comme je l'entends, devant la nature. Je ne me gêne plus, c'est vrai, pour éliminer tel ou tel objet qui me paraît inutile ; mais jamais, faites-y bien attention, jamais je ne supprime aucun détail caractéristique. Je l'accentuerais plutôt. C'est affaire de discernement...

Il était lancé ; il continua :

— On ne peut copier littéralement la nature, n'est-ce pas ? Je ne puis peindre toutes les branches, ni toutes les feuilles de cet arbre ? Je me borne à en donner l'aspect général en le modelant dans la masse ; je choisis celles de ses branches qui servent le mieux à établir son anatomie. Je préciserai ensuite quelques feuilles qui, bien choisies elles aussi, donneront l'impression de milliers d'autres feuilles. Ainsi des herbes d'une prairie. Ne l'oubliez pas : faire œuvre d'artiste, c'est choisir. Le Naturalisme, l'Impressionnisme, qui traitent le goût de « vieille guitare », qui s'interdisent de choisir et s'en tiennent à la nature telle quelle, nous donnent parfois des notes curieuses, intéressantes, utiles peut-être à regarder ; mais ce ne seront toujours que des notes, jamais des œuvres...

Si l'art consistait dans la reproduction littérale du paysage, dix artistes, de talent à peu près égal, placés au même endroit, devraient produire dix peintures absolument identiques, comme feraient dix objectifs photographiques. Pourquoi nos dix peintres nous donneront-ils dix œuvres différentes ? C'est parce que chacun aura vu la nature avec son tempérament particulier. Il faut toujours en revenir au mot de Bacon : « L'art, c'est l'homme ajoutant son âme à la nature ».

Il n'est pas étonnant que Corot jugeât ainsi la poussée naturaliste dont il a vu les premières effervescences ; car cet ecclectique qui se délectait à la lecture de Tibulle et d'Ovide, qui faisait toujours du vrai la base de ses conceptions les plus idéales, savait allier, dans une proportion inconnue jusqu'à lui, le respect de la tradition avec le sens exquis de la modernité.

Il faut bien reconnaître d'ailleurs que nul jusqu'ici parmi les tenants de l'école naturaliste n'a encore fait mentir l'arrêt que le maître a prononcé ce jour-là sur le « Chemin des Vignes », et que j'ai eu la bonne fortune de recueillir.

« Des notes, jamais des œuvres... » Personne n'a mieux caractérisé, en une formule plus concise, l'erreur d'une école qui semble reconnaître elle-même son impuissance en se qualifiant de « documentaire. »

XII

La grande réputation de Corot, son autorité, sa belle
couronne de cheveux blancs qui prenait à nos yeux des
rayonnements d'auréole, nous imposaient un peu, et jusque
dans le laisser-aller de l'atelier, nous lui montrions toujours
la plus respectueuse déférence. Il ne détestait pas d'ailleurs
qu'on se souvînt qu'il était « le Maître », et il aimait à
monter parfois sur le trépied, — en quoi il différait de notre
bon Daubigny qui fut, jusqu'à son dernier jour, rieur et
gamin comme un moineau franc.

Quand Corot se laissait aller à vaticiner un peu, c'était
toujours, il faut le reconnaître, pour élever les cœurs et
nous pousser aux virils efforts. Il voulait qu'on aimât son
art jusqu'au renoncement le plus absolu, jusqu'à l'héroïsme,
jusqu'au martyre. Il devenait, dans ces moments-là, implacable comme le destin.

— On attrape une fluxion de poitrine, disait-il à un

artiste qui s'excusait sur les intempéries de la saison de n'avoir pas achevé son étude ; on meurt, s'il le faut, que diable !... mais on a fait son tableau.

— Mourir pour produire un chef-d'œuvre, passe encore, maître, mais pour une croûte, cela n'en vaut vraiment pas la peine...

— On doit toujours espérer que l'on fera un chef-d'œuvre.

— Je suis trop modeste pour cela...

— Trop modeste ! dites trop mou. Vous ne demanderiez pas mieux de cueillir un chef-d'œuvre comme on cueille une rose... Encore auriez-vous peur de vous piquer les doigts. Pour arriver à quelque chose, en art, il faut beaucoup de confiance en soi — et pas de présomption. Il faut cette confiance que donnent l'énergie et la persévérance de l'effort.

Souvent aussi il exécutait comme des airs de bravoure sur le grand thème inépuisable : la Nature. Il nous prêchait le respect des arbres. C'était là une de ses thèses favorites. Il professait à leur endroit une sorte de culte, ne tarissant pas sur leurs beautés, leurs bienfaits. Les arbres étaient comme des ancêtres qu'il fallait vénérer. C'était un crime de porter la hâche sur ces augustes témoins du passé, etc., etc., etc. Je vis ce que pesaient ces beaux effets oratoires un jour que son intérêt se trouva brutalement en conflit avec ses théories. Jamais député ne mit plus lestement ses actes en contradiction avec son programme.

C'était encore à Luzancy. A cette calme demeure du papa Remy, si discrètement blottie dans la verdure des propriétés voisines, attenait un jardinet, soutenu sur trois de ses côtés par une sorte de rempart en pierres sèches ; car son niveau était de deux mètres environ plus élevé que les chemins qui le contournaient. De cette espèce de bastion, on dominait la rue de l'église, le chemin qui montait aux bois et la cour commune, tapissée d'un gazon court et dru, qui donnait accès à trois ou quatre habitations, notamment à la maison Remy.

Corot avait entrevu, dans ce chemin des bois qui se perdait sous la ramure, au sortir du hameau, un paysage d'une intimité douce, tel qu'il les aimait. Mais de quelque façon qu'il se plaçât, sur la plate-forme du jardinet ou au pied du mur de soutènement ; qu'il se portât un peu plus à droite, un peu plus à gauche, qu'il s'assît ou se tînt debout, un grand diable de grisard allongeait disgracieusement ses longs bras à travers le motif, le coupait littéralement en deux, et cachait obstinément le point de fuite qui faisait l'intérêt du tableau. Or, c'était précisément la perspective de ce berceau de feuillage piqué de petits jets de soleil, avec les dégradations infinies de la lumière directe ou réflétée, qui tentait le peintre ; mais toujours le grisard malencontreux projetait ses branches folles à tort et à travers comme un faucheux qui se promènerait sur une fleur. Corot en vint à s'irriter comme un enfant contre cet arbre insolent qui lui faisait obstacle. Sa bouche contracta un pli amer, prélude habituel de ses grandes colères ; son œil brilla d'un éclat dur. Ce n'était plus le bénisseur des forêts que nous avons vu tout-à-l'heure. Cet arbre se dressait entre lui et son travail ; il devenait son ennemi personnel ; il lui fallait à tout prix s'en débarrasser.

Il courut au château et exposa la situation à la propriétaire, Mme ***, née Larabit.

— Mon cher Monsieur Corot, lui dit celle-ci en souriant, vous pouvez préparer votre palette, l'arbre dont vous avez à vous plaindre va disparaître.

Le lendemain en effet, le garde particulier du château, aidé du jardinier, abattait et débitait l'arbre gêneur.

Ce léger sacrifice nous a valu une jolie esquisse restée malheureusement inachevée. Le maître se promettait de la pousser, l'été suivant, à un degré d'exécution plus complet ; mais il ne devait plus revoir les ombrages de Luzanzy. Il fut pris à son retour à Paris, des symptômes de la maladie qui fut à la fois la dernière et la première de sa vie toute pleine de belles œuvres, de bonnes actions et de grands exemples.

XIII

Rentré à Paris, je choisis dans le bagage de mes études, celle que je crois la moins mauvaise, et je l'expédie au Palais des Champs-Élysées. Cette année j'ai envoyé une petite toile représentant une rue du village de Moulins, à deux pas du campement où je passe un peu de la belle saison, dans les émanations des étables qui valent pour la santé toutes les eaux minérales du monde.

Pendant que je m'efforçais de saisir les fines colorations de ces masures pittoresques au bout desquelles se dresse l'escalier hors-œuvre de la maison commune, voilà que tout-à-coup une bande d'enfants s'échappe de l'école comme une volée de moineaux d'un buisson, avec des vociférations assourdissantes. Je happe un bambin au passage et, moyennant quelques décimes, je le mets dans la pose et le

décide à rester là quelques instants. Je me hâte, car je
sens à son air contraint que le gamin s'impatiente, et je
suis loin d'être moi-même à mon aise, sous le flot mouvant
des écoliers qui se pressent, se bousculent autour de moi,
menaçant à tout moment mon coude ou mon chevalet.
Enfin, c'est fait ! Je lève la consigne. L'essaim s'envole en
manifestant sa joie par des clameurs sauvages... mais je
m'aperçois que, sans y entendre malice, et poussé sans
doute par quelque gamin trop remuant, j'ai donné des
oreilles d'âne à mon galopin ;... — Bah ! C'est assez en
situation. Je ne corrige pas le lapsus de mon pinceau,
et quand, plus tard, il s'agit de donner, au catalogue, un
titre au tableautin, je l'appelle « Le Chemin de l'école ».

Eh bien, ce titre était, paraît-il, une trouvaille. Des
salonniers bienveillants, mais hantés par la chimère du relè-
vement national par la seule vertu de la pédagogie, avisent
gravement ma toile minuscule et se disent : « Tiens ! tiens !
Il y a une idée là-dedans... » ; et soudain, ce n'est plus
Zidore ou Polyte qui s'en va clopin-clopant à la classe ; c'est
l'Enfant — avec un grand E, — qui marche à la régéné-
ration du pays par la Science — avec une grande S. Les
oreilles d'âne de tout à l'heure ont pris ces irradiations
d'auréole ; et au fond du panier du bambin où je ne sup-
posais pas avoir mis autre chose que deux tartines de
confitures et de fromage collées l'une contre l'autre, les
monomanes de la nouvelle panacée découvrent, — Quoi ?
— le manuel de M. Paul Bert. Ils ont de si bons yeux et
tant d'imagination ! Il n'y a donc plus à s'en dédire ; ils
ont positivement laïcisé mon école ; moi qui me réservais
de la déclarer *ad libitum* congréganiste ou laïque, selon le
goût de l'acquéreur !

Ce n'est pas tout, des poètes m'ont rimé des sonnets :

Non, non ; point de paresse ; allons, petit, sois brave
Et songe aux jours futurs... l'avenir est si grave !
Chemine, mon garçon, c'est pour un grand devoir, etc.

A coup sûr, mon galopin ne s'attendait pas plus que

moi à ces solennelles objurgations, et s'il pense à quelque
chose, c'est bien certainement à la couvée de pinsons qu'il
a découverte dans la haie « au père Lustrat » et qu'il
dénichera tantôt en s'en retournant. Je ne suis pas moins
innocent des belles intentions qu'on me prête. Je ne
songeais à rien qu'à peindre le moins mal possible. Je fais
donc humblement honneur de mon petit succès, si succès
il y a, à mon titre.

Un titre c'est un talisman à une époque où l'on mène
les hommes avec des mots. Je pourrais citer des artistes qui
doivent le plus clair de leur réputation à des titres
bien trouvés.

XIV

Lorsque, hier soir, je gagnai, à travers la salle de l'auberge, dans la fumée des pipes, la table où m'attendait mon diner, la conversation était très animée.

— N'est-ce pas, père Robinet, que tu as vu le loup ? disait un jeune loustic à un vieux dur à cuire qui n'a pas froid aux yeux.

— Oui, que je l'ai vu, et ben d'autres choses avec que tu ne verras jamais, toi.

— Et ta femme, l'a-t-elle vu aussi, le loup ?

— Ris tant que tu voudras, j'aurais voulu t'y voir, toi qui fais le malin.

— Conte-nous donc cela ; moi, j'la connais, ton histoire : mais y en a qui ne la connaissent pas ici... Quand ce ne serait que c't'homme-là, ajouta le gars en me désignant.

Le père Robinet ne se fit point prier, et voici son récit qui fut écouté avec une attention mêlée de respect, car on ne doutait pas plus de sa bravoure que de sa bonne foi.

—· C'était du temps que je vendais vin aux Grès. J'étais allé au marché de Coulommiers. Je rencontre Filoche.
— Tiens ! qu'i m'dit, j'te paie une bouteille. Nous entrons dans un café. Tout en trinquant, il m'entortille pour que je lui prête trente pistoles. Trente pistoles ! Ça ne se trouve pas sous le pas d'un cheval ; mais il s'y prend si bien, que j'ai la bêtise de lui promettre l'argent. Ça me chiffonnait tout de même, de m'être laissé fourrer dedans comme ça. Justement, dans la journée, je vois Gaupin « au Commerce ». — J'vas le consulter là-dessus, que j'me dis. Je vais à lui et après lui avoir parlé du tiers et du quart, je lui demande s'il y aurait danger à avancer trente pistoles à Filoche ? — « Non, qu'i m'répond, si on veut les perdre » ..... Diable ! me voilà beau ! Je recours bien vite après Filoche ; je le rattrape. Je vous lui paye à mon tour une bouteille, et tout en versant à boire, je tournille, je tournille. Je lui dis que j'ai oublié que j'avais une traite à payer fin du mois à mon marchand de vin.... « Toi, qu'i m'dit, je vois où tu veux en venir... T'es-t-un Jean-F.... Tu t'en souviendras ».

Là-dessus, nous nous quittons. Le jour baissait déjà, nous étions en novembre, et il y avait de la neige sur les chemins. Je reprends tout de suite la route de Montanglaust. Passé Aulnoy, j'entends comme un bruissement derrière moi. J'me retourne. Qu'est-ce que je vois ? Deux loups aux yeux de feu qui me suivent. Ah ! nom d'un mâtin, que j'me dis ; c'est ce gueux de Filoche qui me joue ce tour-là...

Ça n'est pas drôle de faire route avec deux compagnons comme ça derrière les talons. D'autant qu'il ne faut pas avoir l'air... Je faisais le résous ; mais ça me gravouillait tout de même jusqu'au-dedans de moi ; j'en étais tout étreint. Et je n'avais pas même un bâton. Arrivé au bois, je m'arrête et je coupe un bon gourdin en cas qu'i m'attaquent. Les loups s'arrêtent. Je repars ; ils repartent. Ils m'ont suivi comme ça, posément, jusqu'à ma porte. Je trappe et je crie à ma femme : « C'est moi, ouvre vite. J'ai là deux loups qui me suivent.... » C'est mon beau-fils, Victor Piette, qu'est aujourd'hui cultivateur à Chailly, au-dessus de Coulommiers, qui vient m'ouvrir. — T'vas prendre le fusil, qu'y m'dit. — Ne fais pas ça, mon garçon, que j'lui réponds, — il ne faut jamais se rebeller contre des loups envoyés. Jette-leur plutôt un morceau de pain. C'est ce qu'il a fait. Les deux loups sont entrés, ont fait le tour de la table, — comme en procession — et sont repartis. J'en ai été tout chose pendant deux jours...

Les auditeurs restaient songeurs. « T'étais soûl, dit enfin un sceptique.

— Soûl, s'écria le père Robinet indigné je n'avais bu que trois bouteilles !

Les autres se mirent à discuter gravement la vraisemblance du fait, et chacun d'apporter son histoire, comme autant de témoignages pour ou contre les affirmations convaincues du père Robinet.

Je le revis quelques jours après : Père Robinet, lui demandai-je alors, si vous aviez à vous venger de quelqu'un, pourriez-vous envoyer des loups à ses trousses ?

— Ah non !

— Pourquoi cela ?

— Parce que je n'en ai pas le pouvoir. Il faut savoir dire des paroles que je ne connais pas ; et ceux qui les connaissent, c'est leur secret.

XV

Bien des clochers de villages ont posé pour moi au
cours de mes tournées ; mais aucun ne s'est présenté à ma
vue dansun décor plus séduisant que le clocher de Tancrou,
dans le pays Meldois. Ce souvenir, déjà lointain, réveille
au fond de ma conscience un vieux remords que j'adou-
cirai peut-être en le confessant.

Il y a plus de vingt ans de cela. J'étais allé à Mâry-sur-
Marne, près Lizy-sur-Ourcq, faire une visite de condo-
léance à une parente affligée. Celle-ci me reconduisait par
le bord de la rivière dans la direction de Changis où je
devais reprendre le train. Elle me contait ses chagrins auxquels je compatissais le plus sincèrement du monde quand,
tout-à-coup, sans plus la voir, sans plus l'entendre, je
m'arrête hypnotisé...

Un paysage d'une grâce enchanteresse, d'une musique
de lignes incomparable avait surgi devant mes yeux. La
Marne, claire, limpide, indolente, se dégageait toute fraîche,

d'un gracieux archipel d'îles boisées, s'élargissant au premier plan avec des lenteurs majestueuses de fleuve. De ces verdures puissantes, largement massées, qu devaient leur beau style aux futaies séculaires d'un parc, émergeait un humble clocher coiffé d'un comble d'ardoises d'heureuses proportions. Sur tout cela, luisait un ciel d'opale où couraient de petits nuages de nacre rosée.

Muet d'admiration, plongé dans l'ivresse de cette vision charmeuse, j'oublie tout, ma parente et ses malheurs. La pauvre femme tout interloquée, me crut fou, et je l'étais en effet ; car il y avait là un cas foudroyant qui me permet de plaider « non coupable » pour cause d'irresponsabilité.

Heureusement, l'excellente Mme J... avait des trésors d'indulgence. Elle me pressa de venir m'installer chez elle, m'assurant que, dans l'état d'accablement où elle était, ma présence ferait diversion à sa douleur.

Quelques jours après, je revins avec mon fourbi et me mis vaillamment à l'œuvre. Le surintendant des Beaux-Arts, comte de Nieuwerkerke, me fit l'honneur d'acheter mon tableau au salon de 1868. Si je rapporte le fait, c'est parce que la lettre des bureaux de la Direction des Beaux-Arts qui m'annonçait cette bonne nouvelle mérite d'être encadrée. Elle désignait mon tableau comme suit : « *La Marne à Tancrou ; Finistère* ».

Il faut être passablement distrait, on en conviendra, pour faire couler la Marne dans le Finistère ; mais en revanche, c'était admirablement calligraphié. L'écriture avant tout ! Cela me rappelle cette petite scène dont 'ai été témoin autrefois. Un jeune homme sollicitait un emploi dans les bureaux d'un ministère ; il énumérait complaisamment tous ses titres. « Je suis, disait-il, bachelier ès-lettres, bachelier ès-sciences, licencié en droit.... » — « C'est bien, c'est bien, interrompit le haut fonctionnaire peu touché de cette kirielle de diplômes, — apportez-moi un spécimen de votre écriture.... »

Je ne veux pas insinuer, à propos d'un amusant lapsus, que les employés de nos administrations manquent de connaissances géographiques ou autres. Je les crois au contraire fort intelligents ; mais plus ils le sont, plus ils songent à tout autre chose qu'à leur ingrate besogne. Celui qui dépaysait ainsi, au profit de la Bretagne , ma bonne rivière champenoise, cherchait sans doute, en ce moment-là, une rime rebelle ou mettait le dernier trait au scenario d'un vaudeville.

XVI.

Au pied des ruines du château de La Ferté-Milon, un des plus beaux spécimens d'architecture militaire que possède la France, et comme enclavé au milieu d'elles, s'élève un pavillon de construction déjà ancienne, à en juger par le caractère des combles et des cheminées. C'est là qu'habite le gardien. Les touristes qui désirent descendre dans les substructions du château et frissonner d'horreur devant des trous quelconques où leur imagination se plaît à voir de mystérieuses oubliettes, sont obligés de passer par le pavillon. Ils y trouveront ensuite, pour se remettre des émotions de leur descente dans la partie souterraine des tours, des boissons variées : bière, liqueurs, limonade; car le gardien paie patente de débitant à l'enseigne du « Café des Ruines. »

Ce gardien est une gardienne; mais elle porte avec une crânerie toute virile une superbe paire de moustaches qui ne nuisent pas à son autorité de patronne. L'apparence proprette de la maison, sa situation isolée, le calme qui règne à l'entour en faisaient un campement des plus enviables pour un paysagiste. Je devins pour quelques jours l'hôte du café des Ruines, — l'hôte unique et conséquemment bien choyé. Au bout de vingt-quatre heures, j'étais de la maison.

Je reconnus bien vite que ma logeuse ne manquait pas d'une certaine originalité d'esprit et de quelque savoir vivre. Elle m'apprit qu'elle se nommait Albine Delacharlerie.

— Diable ! Quel nom ! m'écriai-je. Détachez vous la particule ?

— Non, répondit-elle modestement, quoique tout porte à croire que nous « provenons de noblesse... »

J'accueillis avec un silence poli cette supposition toute gratuite.

— J'ai là une pièce notariée, continua-t-elle, où notre nom est écrit en un seul mot, mais ça ne prouve rien, car les tabellions en prenaient à leur aise avec l'orthographe des noms et souvent même, durant l'époque révolutionnaire, ils avaient la précaution de les écrire de façon à ne pas éveiller les suspicions jacobines.

Et ce disant elle prit dans le tiroir du secrétaire un rouleau qu'elle me tendit.

C'était l'acte passé, le 14 septembre 1829, par devant maitre Remi Scart, notaire royal à La Ferté-Milon, de la vente consentie par l'aïeul d'Albine, Jean-Pierre Delacharlerie, maçon (une des bonnes truelles de l'époque), du pavillon dit « Pavillon de recherche » — ce qui indique une origine et une destination point communes — « A très haut, très puissant et excellent prince Monseigneur Louis-Philippe d'Orléans, duc d'Orléans, de Valois, de Chartres, de Nemours, de Montpensier, Prince de Joinville, Comte de Vermandois, de Soissons, etc., premier pair de France, Colonel Général des hussards, demeurant à Paris, en son palais royal.....

— Alors à quel titre occupez-vous la maison, demandai-je, lorsque je fus un peu revenu de mon étonnement ?

— La vérité est que je n'en suis ni propriétaire, quoique j'en paie les contributions, ni locataire, puisque je n'en paie pas de loyer.

Elle entra alors dans des explications assez confuses et me donna un petit bouquin dont j'extrais quelques dates (1).

Louis d'Orléans, frère de Charles VI et régent du royaume pendant la maladie du roi, fit élever le château actuel à la place du château bâti au VIIIᵉ siècle par le chevalier Milon. Il entreprit en même temps, vers 1390, de grands travaux à Coucy et à Pierrefonds qui lui appartenaient également. Charles VI, revenu à la santé, arrêta les prodigalités du duc d'Orléans, et c'est pour cela que le château de La Ferté n'aurait jamais été achevé.

Après des fortunes diverses, ce château tomba aux mains des ligueurs. Ceux-ci s'y défendirent si bien qu'en 1594, Henri IV ne le prit que par négociations. Le Roi ordonna le démantèlement de la forteresse insolente qui tenait en échec l'autorité royale. On mit en réquisition vingt-huit paroisses des environs qui travaillèrent pendant quarante-huit jours à sa destruction. Henri IV leur avait enjoint toutefois d'épargner la belle façade qui nous a été conservée.

En 1630, Louis XIII donna le château de La Ferté à son frère Gaston d'Orléans et il est toujours depuis lors resté dans cette famille ; mais les héritiers de Gaston ont laissé envahir et prescrire contre eux les terrains et dépendances du château. Le domaine fut bientôt réduit aux murailles géantes que les voisins ne pouvaient heureusement pas s'approprier, et à l'esplanade gazonnée, plantée d'arbres, qui s'étend devant les ruines. De cette terrasse splendide, l'œil plonge sur les toits fumants de la Ferté qui luisent au milieu des peupliers, et va se perdre au loin sous les futaies bleu sombre de la forêt.

En 1815, le duc d'Orléans vint visiter ce qui restait de sa propriété. Il avait conçu, paraît-il, de grands projets. Pour les réaliser, il avait besoin de rentrer en possession des terrains compris dans l'ancien périmètre du château. Il commença par acheter le pavillon qui appartenait alors au grand-père d'Albine et les jardins y attenant, moyennant

---

(1) Hist. de La Ferté-Milon, par Médéric Lecomte ; La Ferté, 1866.

4,000 francs ; mais les propriétaires voisins élevèrent des prétentions si excessives qu'ils firent tout échouer. Le duc renonça à ses plans. Les événements politiques qui survinrent et qui l'appelèrent au trône, sous le nom de Louis-Philippe Ier, lui mirent d'autres soucis en tête. Il n'en paya pas moins au père Delacharlerie la somme fixée au contrat et le laissa en possession, à titre de gardien des ruines, « pour, en cette qualité, jouir du pavillon, lui et ses descendants, jusqu'à extinction de la famille ». La famille se compose aujourd'hui d'Albine et d'un frère puîné qui lui a cédé ses droits, sa vie durant.

Si j'ai conté un peu longuement cette histoire, c'est pour en retenir un fait unique dans mes odyssées de paysagiste. Comme le légendaire caporal Dumanet, qui se félicitait d'avoir mangé des truffes — approximativement — parce qu'il avait un camarade, brosseur d'un capitaine, qui en avait mangé chez le colonel, je puis me flatter d'avoir été — approximativement — l'hôte de Princes de sang royal.

En vertu de l'acte passé devant maître Remi Scart, il y a soixante ans, ils sont bel et bien les véritables propriétaires du Café des Ruines ; titre nu d'ailleurs comme tous leurs autres titres. J'ai couché chez Leurs Altesses ; Elles ne pourraient, hélas ! en faire autant.

XVII.

La Ferté-Milon me rappelle Eugène Lavieille qui l'habita
environ trois ans, de 1855 à 1858. Le souvenir du peintre
est resté vivant dans le pays.

A peine avais-je établi mon chevalet devant les ruines du
Château, qu'un autocthone qu'on appelle, m'a-t-on dit, le
le gros Babé, s'approcha et lia conversation.

— M. Lavieille a déjà tiré cette vue-là ; seulement, il
s'était placé plus loin que vous, sur le chemin de Bourne-
ville. Son tableau est chez M. Thabard. L'avez-vous connu,
M. Lavieille ?

— Si je l'ai connu ! il était de mes amis.

— Tenez, vous voyez bien tout là-bas, cette grande
maison qui a été autrefois une maladrerie, et qu'on appelle
encore Saint-Lazare ? Eh bien, c'est là qu'il demeurait avec
sa femme et ses enfants. M. Adolphe Masson, le propriétaire, lui avait aménagé un logement dans le bâtiment

à côté. C'est pas la place qui manque. En voilà un artiste
qui s'en donnait, du mal ! Tel temps qu'il fît, on le voyait
toujours, cheminant comme un porte-balle, sous le vent,
sous la pluie, au cliquet du soleil, ou bien embusqué à
l'abri d'une meule, d'un hangar ou d'un buisson. Et dans
la neige, donc ! Dans les commencements, tout le monde le
croyait fou.

Le pauvre garçon ! il l'a trop aimée, la neige ; c'est ce
qui l'a tué. Il jouait avec la bronchite et la bronchite a eu
raison de sa constitution vigoureuse. Lavieille est mort à
Paris, le 8 janvier 1889, de la mort des paysagistes, comme
Lafage, comme Villevieille, comme Chintreuil, comme
Daubigny et tant d'autres. Il était homme à quitter, en
plein janvier, son atelier et son chouberski pour aller recti-
fier d'après nature, dans le Perche ou à Courpalay, le
dessin d'une branche, ou contrôler un détail secondaire
dont il s'exagérait l'importance. Quand la neige se déci-
dait à tomber, rien ne pouvait le retenir à Paris. Il bravait
la pleurésie et les rhumatismes pour revoir une dernière
fois, sur place, la toile qu'il destinait au salon.

On peut dire de lui qu'il a été le martyr de sa conscience,
se tourmentant, à l'instar de certaines dévotes, de scrupules
étroits, comme s'il eut ignoré qu'en toutes choses il faut
distinguer entre la lettre et l'esprit ; c'est ainsi qu'il pour-
suivait le fini de son tableau jusque dans la feuillure du
cadre sans songer que cette uniformité d'exécution ôtait à
son œuvre son accent, sa spontanéité, son émotion. Ce
souci de l'exactitude littérale, si recommandable chez un
élève, devient plus tard une impuissance qui paralyse les
audaces du peintre et lui interdit les coups d'aile. Qu'a-t-il
manqué à Eugène Lavieille pour être un maître, lui aussi ?
D'oser. Après vingt-cinq ans d'études serrées, il abordait
encore la nature avec la soumission d'un disciple timoré et
non avec cette liberté dont Corot, si respectueux à ses
heures, devant le grand modèle, lui donnait de si haut
l'exemple. Lavieille a été toute sa vie le type du « parfait
élève ». A quarante-cinq ans, il allait encore, le soir, dessi-

ner dans les Académies, d'après le nu. Pour progresser dans son art, il n'est tâche si ingrate qu'il ne se fût imposée. « Il faudrait que j'apprîsse l'hébreu, répétait cet enragé bûcheur, j'apprendrais l'hébreu » : efforts à côté, conséquemment stériles.

« Tout cela n'est pas nécessaire, comme disait un jour Corot à un peintre qui pérorait à perte de vue sur l'Art, — à quoi bon chercher midi à quatorze heures ? L'art, c'est plus simple que cela... »

Oui, c'est plus simple que cela ; mais il faut le don et rien n'y supplée, ni la volonté, ni la peine, ni même l'amour. Toutes les qualités qui s'acquièrent par le travail, Lavieille les a eues, et il n'a été avec tout cela qu'un paysagiste de beaucoup de talent, et non un charmeur. Sauf en quelques heureuses rencontres, comme par exemple sa « Nuit d'octobre » du Salon de 1878, il a rarement fait œuvre de poète.

Cet honnête homme au cœur droit et loyal professait un culte fait d'admiration et de reconnaissance pour « Monsieur Corot », comme il disait toujours avec une puérile affectation qui nous faisait sourire. Il parla donc de « Monsieur Corot » à ses hôtes de La Ferté avec un tel enthousiasme, que ceux-ci ne laissèrent pas de repos à Lavieille qu'il n'eût décidé le maître à venir faire connaissance avec ses nouveaux amis du Valois. Quelle ovation, le jour où Corot descendit de la patache de Villers-Cotterêts ! On fêta son arrivée, suivant l'usage de la campagne, par de formidables exploits gastronomiques qui se prolongèrent fort au-delà de l'heure habituelle du papa Corot. Ils ne se donnèrent pas moins rendez-vous, Lavieille et lui, pour le lendemain matin, à l'Angelus. Tous deux furent exacts ; mais le pauvre Corot dormait sur son pliant, dodelinant du corps, brusquement réveillé chaque fois que son nez butait contre la toile. Il s'efforçait alors de se remettre d'aplomb, et donnait machinalement quelques coups de pinceau jusqu'à ce que le sommeil l'envahît de nouveau.

Je ne saurais dire s'il acheva son étude ; mais elle ne fut

certainement pas de celles qu'à ses réceptions du mercredi, il apportait triomphalement sur le chevalet, en disant, avec ce bruit des lèvres particulier aux gourmets : « Hein ? Elle est fameuse, celle-là ! »

XVIII.

Rendez-vous pris avec Daubigny et Ziem, nous nous
trouvâmes, tous trois, par un beau matin de juin, à la gare
de l'Est. Quelle agréable surprise et quelles exclamations
joyeuses quand, dans la salle d'attente, nous nous vîmes
face à face avec le papa Corot qui se rendait à Luzancy.
On cherche bien vite un wagon où de fumer en paix on
ait la liberté. Le train allait s'ébranler et nous nous croyions
déjà maîtres de notre compartiment, lorsque la portière
s'ouvre et livre passage à une pauvre malade qu'on installe
avec mille difficultés, à grand renfort de châles et de
coussins. Voilà les fumeurs bien empêchés. Plus moyen
d'allumer « la pipette », de manœuvrer librement les
vasistas, de rire, de causer... La physionomie mobile de
Corot passe en un instant par toutes les nuances du dépit ;
mais les traits émaciés de la pauvre femme, la sollicitude
attendrie de la personne qui lui donne ses soins, — sa fille
sans doute — son empressement à prévenir tous les désirs
de la malade, tout cela captive bientôt son attention et le
voilà intéressé, enthousiasmé, conquis. Il ne perd aucun

détail de ce petit drame touchant. Un revirement soudain s’opère en lui. Sa physionomie a repris sa sérénité et son épanouissement habituels.

— Vois, dit-il à Daubigny, comme cette tête est belle dans la souffrance ! et la fille, comme ses attitudes sont justes et expressives ! Quel sentiment ! Quel tableau ! etc., etc. Il avait totalement oublié sa pipette.

Voici encore un trait qui peint exactement sa facilité de caractère et son accommodante humeur.

De l’atelier de la rue de Paradis-Poissonnière où nous avons vu défiler, devant le bonhomme en blouse et en bonnet de coton rayé, tant de visiteurs de toutes conditions, de tout âge et de tout rang, on entendait les cris aigus, les rires éclatants, tout le tapage d’une petite école de filles qui, aux heures des récréations, prenaient leurs ébats sous ses fenêtres. Un visiteur mal inspiré s’avisa de le plaindre de ce voisinage.

— Ah ! ça, mais j’y tiens, à mes fillettes, s’écria-t-il vertement. Les premières fois, cela m’a bien un peu gêné ; mais maintenant leur bruit m’est nécessaire. Il me manque quelque chose quand elles ont congé. C’est un peu de jeunesse qu’elles envoient à mes cheveux blancs... Et puis, ajouta-t-il en riant, elles me sonnent l’heure. Quand elles s’échappent de la classe comme un essaim de petits oiseaux, je sais qu’il est midi et qu’il est temps de manger la soupe.

Quelle leçon pour tous les névrosés de la génération nouvelle qui ne peuvent plus rien supporter, qu’affole le pli d’une feuille de rose, ingénieux à se faire souffrir et fiers de leur sensibilité maladive qu’ils tiennent pour la marque d’un appareil organique supérieur et perfectionné. Bons apôtres qui condamnent le rire comme égoïste et point « humain », qui méprisent la santé parce qu’elle est vulgaire, et qui, du haut de leurs dédains, diraient volontiers aux gens qui se portent bien : « Vous n’êtes pas de votre siècle ! »

Bien obligé ! Corot n’avait pas honte de sa mine fleurie et de sa solide carrure. Il ne s’est jamais piqué de

modernité sous ce rapport. Il réalisait, à doses heureusement combinées, cette alliance un peu démodée aujourd'hui,
mais toujours précieuse : « Mens sana in corpore sano ».
Je n'ai jamais connu homme mieux équilibré. Tourmenté
comme tous les artistes dans les phases d'élaboration de ses
œuvres, il redevenait gai, enjoué, aussitôt qu'il avait déposé
la palette. Aussi, quand, chaque année, au renouveau, il
recommençait ce qu'il appelait : « Son tour de France »,
tous ses amis, — et Dieu sait s'ils étaient nombreux ! — se
disputaient l'avantage de le posséder quelques jours ; car il
était bien le plus facile des pensionnaires, et le soir, il
dédommageait ses hôtes, par sa verve intarissable et sa
bonne humeur, de ses longues absences de la journée.

Riche au-delà de ce qu'exigeaient ses goûts modestes, la
bienfaisance était son seul luxe. Sa nature expansive trouvait sa joie dans le bonheur des autres. Sa belle âme simple
respirait dans les fraîches et suaves compositions que créait
son imagination. Soit qu'il conduisît la ronde des nymphes
sous les grands arbres solennels ; soit qu'il se plût à redire
les amours d'Orphée et d'Eurydice dans ses paysages
élyséens, ses pastorales et ses élégies faisaient songer à
Fénelon pour leur grâce et leur douceur.

Nul n'a su mieux lire le grand livre de la nature. Nul n'a
plus varié ses conceptions et ses formules. Il a possédé,
sous ce rapport, un registre plus étendu qu'aucun de ses
confrères. Il a tiré des tableaux charmants de coins devant
lesquels ses camarades eussent passé sans rien voir. Tantôt
il les rendait dans toute leur vérité naïve, tantôt il idéali-
sait les plus humbles motifs qui prenaient sous son pinceau
je ne sais quelle allure virgilienne.

Au-dessus du médaillon, modelé par Geoffroy Dechaume,
pour le monument érigé au maître par ses admirateurs et
ses élèves, sur le bord de l'étang de Ville-d'Avray, près de
la maison familiale où son cœur le ramenait toujours, on
a bien fait d'écrire cette simple devise : « Veri diligentia ».
Toute la vie et toute l'esthétique de Corot tiennent dans
ces deux mots. On a bien fait aussi d'orner le fronton, d'un

petit oiseau chantant dans les branches. C'est une heureuse allusion à la passion du peintre pour les oiseaux. Il aimait à les écouter jaser sous la feuillée pendant qu'il peignait; il aurait voulu qu'on les entendît chanter dans ses paysages. C'est pour cela qu'il s'attachait à y mettre toujours plus d'air. D'une toile lourde et sans profondeur, il disait : Les petits oiseaux ne pourraient pas vivre là-dedans. »

<h2 style="text-align:center">XIX.</h2>

Les voyageurs pour Saint-Valery, en voiture ! Je montai
en wagon, me faisant d'avance un régal de passer sur le
pont de bois, long de près de deux kilomètres, établi sur
l'estuaire de la Somme, et qui de Noyelles, où l'on quitte
la ligne de Boulogne, conduit le touriste jusque sur le quai
de Saint-Valery. Mon instinct me disait que le panorama
dont on jouit pendant cette courte traversée m'impression-
nerait vivement, et mon instinct ne me trompait pas. Rien
de grandiose comme ces grèves qui s'étendent à perte de
vue, et où courent, comme des rubans d'argent, des filets
d'eau attardés. Cette vaste plaine de sable est fermée à
gauche par la silhouette bleue du vieux Saint-Valery, et
va mourir, là-bas, dans l'infini, avec mille dégradations et
modulations d'une finesse insaisissable.

Mon compagnon de voyage — un jeune magistrat
d'Abbeville — regrettait vivement, dans mon intérêt, que
nous fissions la traversée à marée basse. Le spectacle est
bien plus imposant encore, disait-il, quand l'eau couvre

toute la baie et que les flots viennent battre les pilotis sur lesquels nous courions.

— Pourquoi nous désoler, répliquais-je, et nous gâter notre plaisir avec d'inutiles regrets ? N'est-ce pas magnifique comme cela ? Laisse-moi jouir de ce que je vois, pleinement, largement. Ai-je besoin de savoir si c'est plus beau à une autre heure ? C'est tout simplement splendide, cela me suffit. Il faut prendre la mer comme elle est et le temps comme il vient...

Il ne devait pas tarder à mettre ma philosophie à l'épreuve, le temps. Le ciel était resté depuis le matin incertain et boudeur, et nous avions à peine mis le pied sur le quai, que la pluie commençait à tomber, accompagnée d'un refroidissement très sensible de la température. Le vent se mit bientôt de la partie. Plus moyen de songer à travailler, et pourtant rien n'est plus pénible que de rentrer bredouille après avoir promené inutilement pendant toute une journée un bagage non moins incommode que disgracieux. Pour éviter ce lamentable fiasco, il n'est pas d'imprudences que le peintre ne soit disposé à commettre.

Les circonstances me servirent à souhait. J'avisai une cabine à bain et m'y blottis. Le tableau qui s'inscrivait dans le cadre de la porte grande ouverte offrait un ensemble de lignes merveilleusement rythmées. A gauche, une côte boisée s'infléchissait vers la mer avec de gracieuses ondulations. Au loin, la pointe du Hourdel, à peine visible dans les blancheurs nacrées de la pluie. Devant moi, une prairie échancrée de flaques d'eau apportées par la marée, et, au premier plan, une sorte de crique assez vaste et assez profonde pour qu'on y installât le service des bains. Ce jour-là, le temps était si mauvais, et la saison d'ailleurs si avancée, que le bain était désert, — ce qui m'avait permis de m'emparer sans scrupule de ma guérite protectrice.

J'ai déjà dit à quel point, dans l'ardeur du travail d'après nature, le peintre, passé à l'état de mécanisme inconscient, devient étranger à tout ce qui se passe autour de lui. Après le fait qu'il me reste à raconter, on peut, je crois, tirer l'échelle.

Je m'escrimais depuis quelque temps sur ma toile, lorsqu'un bruissement léger dans la cabine contiguë à la mienne me fit instinctivement tourner la tête. A travers les ais mal joints des planches, j'eus la sensation rapide de chatoiements soyeux, j'entrevis des blancheurs rosées qui projetaient dans la cabine voisine comme de blondes lueurs d'aurore. Sans plus approfondir la cause de ce phénomène lumineux, je rebaissai aussitôt le nez sur mon ouvrage. Quelques instants après, une jeune femme en costume de laine noire bordé d'une ganse cerise passa devant mes yeux, descendit l'escalier du baignage et se plongea crânement dans l'eau boueuse et clapotante ; il y a d'enragées naïades parisiennes que rien n'arrête. Après cinq minutes d'immersion et d'ébats, elle regagna sa cabine le vêtement collé sur la peau, frissonnante, pelotonnée sur elle-même, les deux bras ramenés sur la poitrine à la façon de la Vénus pudique.

Pour revenir de cet état amphibie à la tenue correcte sous laquelle elle reparut ensuite sur la plage, sa toilette dut subir diverses phases qui eussent certainement piqué la curiosité d'un désœuvré. Je ne suis pas plus discret qu'un autre, ni plus qu'un autre insensible au montant de certains tableaux, d'autant plus affriolants qu'on les a plus traîtreusement et plus lâchement surpris. Eh ! bien, foi de paysagiste ! Je n'ai ni levé la tête, ni tourné les yeux. Et j'y ai peu de mérite, j'en conviens, car j'étais à mille lieues de songer à ce qui se passait derrière la cloison. Ce n'est qu'après coup et en me rémémorant les petits incidents de ma séance que je reconstituai la scène et le tableau.

Je perdis là une belle occasion de me livrer à une étude qui, pour me sortir un moment de ma spécialité, ne m'en eût point paru moins attrayante ; mais j'ai l'avantage de pouvoir disputer désormais à Scipion le monopole de la continence, et de rendre des points à saint Antoine lui-même.

Le bon ermite était obligé de se réfugier au pied de la
croix et de s'abimer dans la prière pour dissiper les trou-
blantes visions qui le hantaient. Il me suffit à moi d'avoir
le pinceau à la main pour être incombustible et invulné-
rable : « Perinde ac cadaver ».

LE

VIEUX CHEMIN DE MÉRY

I

JEAN LA FONTAINE

Il est de tradition de montrer, à tout étranger qui visite la maison natale de Jean La Fontaine à Château-Thierry, le cabinet de travail du fabuliste, ou du moins ce qu'il en reste. Cette pièce a subi diverses mutilations qui, d'exigue qu'elle a toujours été, en ont fait un réduit insignifiant. Située au premier étage, à l'extrémité de l'aile en retour d'équerre qui venait aboutir à la rue (1), on y accédait, de

(1) Cette rue s'est appelée successivement rue de Beauvais, rue des Cordeliers, rue du District, et définitivement rue Jean La Fontaine.

l'intérieur, par les appartements, et de l'extérieur, c'est-à-dire
de la cour, par un escalier pratiqué dans une construction
accolée au corps de logis et qui faisait saillie sur la cour.
« Cette sorte de tourelle, dont l'extrémité supérieure dépas-
sait le toit de la maison et lui donnait une certaine apparence
de castel, a été détruite vers 1820 (1), sans doute pour éviter
des frais de réparations, » dit M. Barbey, dans une intéres-
sante notice sur la maison de Jean La Fontaine, publiée au
*Bulletin de la Société historique et archéologique de Château-
Thierry*, année 1870-1871, pages 53 et suivantes). Puis vers
1872, ce qui subsistait de cette annexe a disparu, et le
cabinet du poète, le joyau de l'édifice que la Société se
proposait de conserver précieusement, a eu à peu près le
même sort que la tourelle. Pourquoi ces destructions
sacrilèges ? C'est que la voirie urbaine, s'appuyant sur un
arrêté municipal d'il y a quelque cinquante ans, avait mis
sans plus de façon la maison de Jean La Fontaine à
reculement..... ; car il n'y a ni gloire ni souvenirs qui
tiennent devant les ukases des bureaux.

L'immeuble était solide. S'il était resté propriété particulière, nous le verrions sans doute encore dans l'état où nous
l'avons connu. Mais quand la ville l'eut reçu des mains du
comité qui en avait opéré le rachat au moyen d'une souscription publique, rien ne s'opposant plus à l'exécution
immédiate du plan rectificatif de la rue, la municipalité se
hâta de procéder à ce prétendu embellissement. En sorte
que l'acquisition de la maison, acquisition à laquelle nous
avons tous coucouru, loin d'en assurer la conservation,
comme on l'espérait, lui a été à certains égards préjudiciable.
Comment se fait-il que des voix autorisées ne se soient pas
élevées pour protester contre cet acte de vandalisme et
demander la modification du tracé aux dépens de la maison
d'en face ? Cela eût coûté une expropriation si l'on tenait

(1) On voit cette tourelle, arasée au niveau du toit, dans la planche lithogra-
phiée de l'album d'Ed. Pingret : monuments, établissements, et sites les plus
remarquables du département de l'Aisne ; Paris, Engelmann, 1821.

à mener rondement les choses, mais Château-Thierry aurait sauvé le plus curieux de ses souvenirs, celui que se fait indiquer tout d'abord le touriste qui met le pied dans la ville.

On a donc sacrifié au culte de la ligne droite l'escalier à vis et la tourelle, les trois quarts du cabinet et la porte cochère qui donnait à la demeure du poète l'aspect grave et silencieux d'un vieil hôtel bourgeois (1). S'il était absolument impossible d'échapper aux exigences administratives, ne pouvait-on du moins conserver au berceau de La Fontaine sa physionomie traditionnelle en reportant la grande porte à la distance imposée, au lieu de la remplacer par une grille en fonte de fer qui est bien par elle-même le plus criant des anachronismes, et que tout le monde regarde aujourd'hui comme une erreur des plus regrettables, même les personnes, mieux intentionnées que bien inspirées, qui ont poussé à cette déplorable substitution. Enfin pour qu'aucun outrage ne manquât au vieil hôtel, au lieu de faire gratter la façade avec soin et rejointoyer les pierres qui se désagrègent, l'édilité actuelle s'est mise récemment en frais d'un badigeon économique qui achève de dénaturer le caractère de l'édifice.

Le zèle des municipalités les fourvoie quelquefois, et la ligne droite est tout naturellement, par la grâce professionnelle, l'idéal du service de la voirie. Qu'on élargisse et qu'on aligne les artères principales d'une ville pour y faciliter la circulation, pour y développer l'activité et la vie, tout le monde approuvera ; mais la rue Jean La Fontaine est loin de se trouver dans ses conditions, et quand il s'agit d'une relique historique comme celle que la ville de Château-Thierry est fière de posséder, ce n'est point le monument qui doit céder le pas, c'est l'agent-voyer.

Mais j'ai hâte de clore cette digression et je reviens au

____

(1) Cette porte n'était pas de la même époque que la maison qui date de la seconde moitié du xvie siècle, mais elle était du xviie siècle et par conséquent contemporaine de La Fontaine.

cabinet de travail du fabuliste. Tout étroit qu'il fût, il
devait lui être cher. C'est dans cette paisible retraite qu'il
fuyait les tracas du ménage. Tous les bruits du dehors
venaient expirer au seuil de cet asile sacré où jamais ne
pénétrèrent le balai et le plumeau qui peut-être n'eussent
pas suffisamment respecté le désordre de ses papiers. Ce
n'était pas pourtant qu'il s'y tînt assidûment et qu'il y tra-
vaillât beaucoup. La muse de La Fontaine, capricieuse et
primesautière, courait volontiers les champs. Avec ses
ailes légères, elle n'aimait guère à s'asseoir longtemps à un
bureau, à s'emprisonner dans les quatre murs d'une chambre. « Les vers de La Fontaine, dit fort justement M. André
Theuriet dans le *Journal de Tristan* (1), ne sentent pas le
renfermé. On respire en les lisant ; car il y a des mots sou-
dains qui éclatent comme un rayon de soleil et fleurent
bon comme la nature. »

La Fontaine travaillait donc de préférence en plein air,
au grand soleil, dans les champs, prêt à profiter de tous
les hasards heureux de la promenade, butinant comme
l'abeille toutes les fleurs du chemin, regardant vivre les
choses, écoutant chanter la nature. Il était de ceux chez qui
la locomotion active les facultés créatrices. Ses biographes
et ses historiens ne nous le diraient pas qu'on le devinerait
à la fraîcheur de ses tableaux dont beaucoup sentent le
thym et la rosée, à la connaissance, plutôt intime et senti-
mentale que scientifique, des animaux qu'il met en scène.
« La Fontaine, dit Sainte-Beuve, ne se met à conter et à
peindre que quand il a vu : Son tableau lui échappe pour
ainsi dire, et nous fait tout voir. »

Tous les endroits lui étaient bons pour travailler, un
tronc d'arbre, le talus d'une route, la clairière d'un bois,
le bord de la rivière, car tous les endroits lui étaient bons
pour observer. Quel cabinet de travail vaut la promenade
solitaire et méditative par les chemins ombreux ? Il construi-
sait dans sa pensée ses courts poèmes, les versifiait menta-

---

(1) *Le Journal de Tristan*, par André THEURIET ; Paris, Charpentier, 1883.

lement et les écrivait en rentrant, — quand il n'oubliait pas de rentrer (1).

Cette façon de composer explique ses distractions. Elle exigeait un grand effort de concentration qui l'isolait de la société des autres hommes. Quand on lui adressait la parole, il semblait qu'il s'éveillât d'un songe d'or, et c'est alors que, pris à l'improviste et ramené soudain sur notre vulgaire planète, il répondait machinalement et rarement à propos.

A une époque où les poètes ne voyaient encore la nature qu'à travers les personnifications de la mythologie, La Fontaine est peut-être le seul qui ait été sensible au charme du paysage, qui en ait noté *de visu* les accidents et les particularités, qui en ait goûté la poésie simple et familière. Il est le premier qui ait travaillé, comme on dit aujourd'hui, d'après nature. Il n'y avait pas seulement en lui un moraliste, un conteur, il y avait, dans une certaine mesure, un paysagiste ; non qu'il se soit complu à ces papillottages descriptifs dont on abuse de nos jours, mais il avait de ces mots qui font image et qui illuminent tout un paysage.

C'est si bien le sentiment du lecteur qu'instinctivement, celui-ci prétend reconnaître, ici ou là, le pays dépeint par le fabuliste dans tel ou tel de ses apologues. C'est ainsi que l'on montre près Château-Thierry, non loin de la ferme de la Tuéterie qui appartenait à La Fontaine, l'endroit où il a conçu la fable XV du livre X : *Le Chasseur à l'affût et les Lapins*. Quelquefois, l'amour-propre de clocher s'en mêlant, il n'est pas rare de voir plusieurs localités se prévaloir concurremment d'avoir inspiré le bonhomme. C'est ce qui est arrivé notamment pour la fable *le Coche et la Mouche*, une des plus populaires du poète, parce qu'il y raille ces brouillons importants, ces sots affairés dont, malgré la leçon du

(1) Un soir qu'il avait des amis à dîner, on s'inquiétait de ne point le voir revenir. Quand il reparut, il raconta naïvement qu'il avait regardé attentivement le mouvement d'une fourmilière. Le temps avait passé sans qu'il en eût conscience.

moraliste, la race est éternelle et dont le peuple est toujours la dupe.

Plusieurs villages des côteaux qui environnent Château-
Thierry, Nesles, les Chesneaux, Courteau, se disputent
l'honneur d'avoir fourni à La Fontaine, je ne dirai pas le
sujet de cette fable, car il avait été traité déjà par Ésope,
Phèdre et Lockman, mais les détails exquis de ce petit chef-
d'œuvre. Aux environs de Meaux, le village de Montceau
qui possède un château fameux par les souvenirs de Cathe-
rine de Médicis et de Gabrielle d'Estrées, et qui est situé
dans les conditions visées par La Fontaine, émet les mêmes
prétentions. Un autre petit pays encore revendique l'avantage d'avoir donné au poète le cadre du *Coche et la Mouche*,
c'est Méry-sur-Marne. J'ai eu la bonne fortune de recueillir,
au cours de mes périgrinations de paysagiste, la tradition
locale que se transmettent les anciens du pays, et je la donne
ici telle que je l'ai reçue.

Par un bel après-midi de septembre, à l'heure où le
soleil descend et va disparaître derrière les coteaux de
Montmenars, je peignais au bas du vieux chemin de Méry
que la route laisse de côté sur sa droite, à peu près en face
du bac, — je puis dire aujourd'hui du pont de Saâcy. Je
travaillais là, *per amica silentia*, lorsque je fus accosté par
un habitant du pays, sorte de cultivateur aisé qui n'était
pas dépourvu lui-même d'une certaine culture, ainsi qu'on
va en juger.

— Vous ne vous doutez certainement pas que, là où vous
êtes, s'est assis, il y a bientôt deux cents ans, le bon La
Fontaine, et que c'est devant cette grimpette qu'il a conçu
le Coche et la Mouche.

L'exorde avait porté. Il continua :

— Voilà bien le chemin dépeint par La Fontaine. Le
sable n'y manque pas, comme vous voyez. Il est au midi et
« de tous les côtés au soleil exposé ». Il y a une vingtaine
d'années, vous auriez pu voir la pierre sur laquelle s'est
reposé le bonhomme. On raconte encore que, pendant que
l'attelage suait, soufflait, Jean aurait dessiné le site qu'il

avait sous les yeux. M. le marquis de Méry affirmait avoir
vu ce dessin à Château-Thierry, entre les mains du marquis
de Vidranges, oncle de la première femme de M. de Méry,
née de Champlion.

J'écarte tout d'abord le conte ridicule de La Fontaine
dessinateur ; car nulle part il n'est fait mention qu'il eût
jamais crayonné. Le propos de M. de Méry aura été altéré
en circulant. Il a pu dire que La Fontaine avait décrit,
désigné le site, et la pièce qu'il a pu voir entre les mains
de M. de Vidranges était sans doute, non pas un dessin,
mais un autographe.

Quoi qu'il en soit, M. de Méry était tellement convaincu
de l'intérêt historique de cette pierre qu'il avait l'intention
de la faire entourer d'une clôture et qu'il projetait déjà
une inauguration solennelle du monument ; mais il comptait
sans le Conseil municipal. Les édiles ruraux vendirent la
pierre à des meuliers de La Ferté-sous-Jouarre, soit qu'ils
voulussent faire pièce à M. de Méry, soit qu'ils crussent
mieux servir les intérêts communaux en convertissant ce
rocher en gros sous. Il y a bien des utilitaires qui voudraient
qu'on plantât des pommes de terre dans le jardin des Tuileries !

Le marquis de Méry ne se serait certainement pas engagé
à ce point sans de sérieuses et décisives raisons. Malheureusement, il a emporté son secret avec lui dans la tombe, et
il faut nous contenter aujourd'hui de simples conjectures.
Mais ces conjectures sont du moins des plus plausibles et
présentent un grand caractère de probabilité.

Au dix-septième siècle, la grande route d'Allemagne passait par Méry. Depuis Château-Thierry jusqu'à La Ferté,
elle suivait la vallée de la Marne. Elle gagnait Chézy-
l'Abbaye par Nogentel, franchissait un pont à Nogent, longeait alors la rive droite, traversait Charly, Nanteuil, Méry
et reprenait la rive gauche au bac ou pont de Luzancy
jusqu'à La Ferté et même jusqu'à Meaux. Ce ne fut que
plus tard et à l'instigation de Madame de Pompadour, qui
possédait une terre à Marigny, qu'on traça la route par

Vaux et Montreuil-aux-Lions. La côte de Méry était la plus longue et la plus pénible que le coche rencontrait jusqu'à La Ferté, et La Fontaine connaissait, pour l'avoir maintes fois pratiqué, ce passage difficile ; car il faisait fréquemment le trajet de Château-Thierry à Paris, et *vice versa*, soit seul, soit avec ses amis Racine, Boileau, Chapelle qui aimaient à venir boire à Château-Thierry « le petit vin de Brie » dont il est question dans *le Festin ridicule.*

Dans une de ces haltes où tous les voyageurs mettaient pied à terre, il a pu parfaire le petit poème qui occupait sa pensée. Il a vu les nerveux coups de collier de l'attelage ; il a entendu les jurons du conducteur, excitant ses chevaux à grands coups de fouet. Pendant que « le char péniblement chemine », que le moine suit en lisant son bréviaire, qu'une femme insoucieuse cueille une fleur ou jette au vent ses chansons, La Fontaine observe et médite. Il médite si bien que lorsqu'il revient au sentiment de la réalité, la massive voiture est hors de vue. Le voilà fort en peine. Heureusement, le château est à deux pas. Il y trouvera des hôtes empressés à le dédommager de sa mésaventure. Aussi bien, il est là en pays de connaissance. Par sa femme, Marie Hericart, de La Ferté-Milon (souche des Hericart de Thury), il était en relations d'amitié avec les Méry de Montferrand, relations que scellèrent plus tard des alliances entre les deux familles. Il n'est donc pas téméraire de supposer que La Fontaine fréquentait de temps en temps chez les châtelains de Méry.

Sensible comme il l'était aux charmes du paysage, il devait aimer ce château de Méry fièrement planté sur son coteau comme un vieux burg des bords du Rhin. Il devait se plaire à l'air salubre de sa terrasse d'où l'on jouit d'un si merveilleux panorama. Il a dû y séjourner, y battre les sentiers, y travailler enfin. Il a vu plus d'une fois le lourd équipage gravir en haletant le monticule escarpé, et cela dans les meilleures conditions pour être impressionné ; c'est-à-dire non plus à titre de voyageur faisant partie de l'effectif, mais à titre de spectateur désintéressé.

Ce ne sont là que des présomptions, j'en conviens ; mais quel pays, autre que Méry, en fournit de mieux fondées, de plus concordantes ? Jusqu'à preuve contraire, il y a donc lieu de croire que le petit chef-d'œuvre du livre XII des *Fables* est né à Méry, ou tout au moins qu'il y a pris sa forme définitive.

II

COROT

Je n'aime guère les conjectures dans l'histoire, même dans l'histoire anecdotique, et peut être, après m'être diverti un instant des propos de mon interlocuteur, ne m'en serais-je soucié, non plus que des neiges d'antan, si, à deux siècles de distance, dans ce même chemin où l'on croit saisir encore la trace du bonhomme La Fontaine, un peintre fameux, le bonhomme Corot, n'était venu s'asseoir, lui aussi, et peindre un petit chef-d'œuvre qui figura au

Salon de 1863, sous ce titre modeste : « Étude à Méry, près La Ferté-sous-Jouarre. »

Quels rapprochements ingénieux, quelles piquantes coïncidences arrange parfois le hasard ! Plein de santé et de belle humeur, d'esprit libre et sage, Corot, comme le grand fabuliste avec lequel son talent a plus d'une analogie, aimait le simple et le naturel. Comme il y avait un paysagiste dans le poète, il y a un poète dans le paysagiste. Tous deux ont donné à leurs tableaux le charme naïf et familier des choses vues et senties. Comme La Fontaine, Corot a su rester vrai jusque dans ses conceptions d'art les plus idéales, où je ne sais quelle grâce antique se mêlait aux fraîches senteurs des champs. Tous deux avaient une sensibilité exquise devant la nature et l'aimaient d'un sentiment particulièrement tendre.

Je ne poursuis pas plus loin le parallèle ; car il pourrait tourner à la confusion du fablier, chez qui la raison ne réglait pas toujours, comme chez Corot, les écarts de la folle du logis. Corot était à la fois, chose rare, un poète et un sage. Doué d'un sens pratique de la vie très sûr, il comprit qu'on ne peut servir deux maîtres à la fois, et ne se maria point. Que La Fontaine n'en fit-il autant ! Corot est donc, je ne dis pas le plus grand, mais le mieux équilibré des deux.

Nous retrouvons encore la trace de Corot, tout près de Château-Thierry, dans ce bois Pierre où selon une tradition locale, La Fontaine aurait imaginé la fable du *Chasseur et des Lapins*. L'exquis paysagiste a exécuté en 1864, une vue du moulin Mocsouris, aux Evaux, commune de Blesmes, tout proche ce bois pittoresque. Cette excellente étude a été très remarquée à l'exposition posthume du maître, à l'École de Beaux-Arts (mai-juin 1875). Corot a dû en faire une répétition qu'il a offerte à la meunière, Madame Lefranc. A la mort de celle-ci, le meunier l'a donnée à sa belle-sœur, Madame Gérard (d'Ay), qui la possède encore.

— Tu gardes le moulin, avait dit celle-ci à son beau-frère, tu peux bien m'en laisser l'image » ; et M. Lefranc avait souscrit à cela sans penser qu'en certains cas l'effigie peut avoir plus de valeur que l'immeuble lui-même.

Bien qu'il soit déjà venu antérieurement dans nos contrées, à Essômes, chez M. Hébert, ancien fabricant de châles, gendre de M. Pougin, c'est vers 1863 que Corot s'est créé des relations intimes à Château-Thierry, à l'occasion du mariage d'un de ses neveux, M. Jules Chamouillet, avec une jeune fille d'une ancienne et honorable famille de la ville, (18 avril 1863). Par suite de cette circonstance, Corot a fait plusieurs séjours à Château-Thierry, chez des amis dont la cordiale hospitalité lui laissait la liberté de ses allures. Il a peint dans notre pays un certain nombre d'études. En voici la liste aussi complète qu'il nous a été possible de l'établir :

N° 1. — Le moulin des Évaux dont nous venons de parler (0^{m}30 de haut sur 0^{m}32 de large — 1864). L'étude princeps a figuré à l'exposition posthume de l'œuvre du maître à l'École des Beaux-Arts, n° 87 du catalogue, sous cette dénomination aussi bizarre qu'insuffisante : *Maisons en tuiles*. Elle est notée comme appartenant à M. Verdier ; M. Henri Rouard en possède une répétition.

N° 2. — Vue de la ville de Château-Thierry, prise de la croix de la Blanchirie (0^m19 de haut sur 0^m34 de large — 1864) ; appartient à M. Jules Chamouillet.

N° 3. — Autre vue de la ville, prise cent mètres environ plus loin que la croix de la Blanchirie (0^m21 de haut sur 0^m44 de large — 1864), n° 132 du catalogue de la vente posthume qui eut lieu à l'hôtel Drouot, le 26 mai 1875 ; appartient à M. Dolfus.

N° 4. — Vue de Château-Thierry, prise du bas de l'usine à gaz. A travers des saules qui n'existent plus aujourd'hui, on aperçoit la Marne et quelques maisons du quai de la Poterne. C'est M. A. Barbey, Président de la Société archéologique de Château-Thierry et peintre à ses heures, qui m'a signalé cette étude. Il a accompagné Corot à cette séance. Il se rappelle ce détail plaisant : Le maître avait oublié sa toile ; il a peint son étude sur le fond de sa boîte à couleurs qu'il a dû faire démonter pour tirer parti de son œuvre. « C'est égal, dit-il joyeusement en rentrant déjeuner, voilà mes petits cinq cents francs de gagnés ! » Brave Corot ! C'était surtout pour l'honneur qu'il tenait à ce que ses œuvres fussent côtées ; car jamais homme ne fut plus désintéressé.

N° 5. — Vue prise, à Château-Thierry, de la promenade des remparts dite *la Place*, avec une des tours du vieux château à droite, et le clocher de Saint-Crépin dans le fond. Signée et datée avril 1863 (0^m33 de haut sur 0^m45 de large). Voir la vignette de la page 133.

N°s 6-7. — Études au rû Fondu et au village Saint-Martin.

N° 8. — Le rû des Évaux, vue prise aux abords du moulin Mocsouris, au pied du pont sur lequel passe la route d'Allemagne.

N° 9. — Motif pris aux Évaux. Deux arbres aux ramures vigoureuses occupent la partie droite du tableau et font opposition à de sveltes bouleaux qui s'élèvent à gauche. Sur le terrain bossué sont assis une femme et un enfant. Cette peinture (0^m41 de haut sur 0^m60 de large) m'a été signalée par M. Alfred Robaut qui en a pris un croquis.

N° 10. — Vue de l'église d'Essômes, prise de la propriété de M. Hébert-Pougin. Signée et datée de juin 1856 (0^m24 de haut sur 0^m33 de large); appartient à M. Hébert.

Fermons cette longue parenthèse et revenons à *l'Étude à Méry* qui fait particulièrement l'objet de ce travail. Nous avons dit qu'elle figura au Salon de 1863. Elle y fit sensation, et les fervents de Corot ne l'ont pas oubliée. M. Émile Vernier, paysagiste habile et lithographe excellent, en a donné une reproduction fidèle et sentie dans la remarquable suite de dix-huit planches, d'après Corot, qu'il a publiée, en 1870, chez Marion-Lemaître, éditeur, 18, rue Bonaparte (1). M. Robaut a bien voulu faire pour nous, d'après cette toile célèbre, le charmant dessin qui figure en tête de de cette étude.

Sur un chemin montant qui conduit aux premières maisons d'un village, devisent trois commères. Une quatrième, au premier plan, lourdement chargée, regagne péniblement le hameau. A gauche, une file de grisards tordent bizarrement leurs troncs rageurs. A droite, les toits de quelques habitations émergent des buissons. Rien de plus simple, n'est-ce pas ? Mais Corot avait exprimé le caractère propre du motif avec un sentiment si pénétrant qu'il nous semblait voir les nuages se mouvoir dans le grand ciel clair, et frissonner au vent le feuillage gris des trembles. Corot reçut plus de quinze demandes d'acquisition. Il triomphait de ce succès avec une candeur étonnée. Bien que célèbre depuis longtemps déjà, il avait dû se contenter jusqu'alors d'une gloire peu substantielle, et il se faisait une joie naïve de penser qu'il aurait pu vivre de son tra-

---

(1) Émile Vernier, né à Lons-le-Saunier, est mort le 24 mai 1887, âgé de 56 ans. Il avait été fait chevalier de la Légion d'honneur en 1881

vail, si la Providence ne lui avait fait la grâce de l'affranchir de ce souci. Quel est aujourd'hui l'heureux possesseur de cette toile exceptionnelle dans l'œuvre du maître ? M. Alfred Robaut lui-même, le Dangeau de Corot, M. Robaut qui a si minutieusement noté tant de documents inestimables qu'il tarde trop à publier, n'a pu nous renseigner sur ce point. Heureusement, les chefs-d'œuvre se retrouvent toujours un jour ou l'autre. Restons sur cette pensée consolante (1).

Le site que Corot a si supérieurement interprété en 1862, est aujourd'hui tout dénaturé. Les choses d'ici-bas se modifient si vite ! Les grisards aux torsions étranges ont été abattus, des broussailles sont devenues des arbres ; mais l'âme du maître flotte encore là, et le vieux chemin de Méry nous reste cher, à nous tous, ses élèves et ses amis. Pendant que j'y venais, moi aussi, chercher Corot, j'y ai rencontré La Fontaine. Cette seconde légende double l'intérêt qui s'attachait à ce coin charmeur, et les peintres ne seront pas les seuls qui viendront désormais y faire un pieux pèlerinage.

Il ne se passe pas d'année, en effet, sans qu'un peintre, de ceux que la belle saison ramène annuellement dans nos parages, ne vienne planter son chevalet sur le vieux chemin de Méry, dans l'espoir de saisir l'âme mystérieuse de la nature sous le patronage du bon Corot. Alexandre Bouché, le Giotto de Messy, un hameau voisin, s'y est escrimé plus de cent fois avec une ténacité qui a porté ses fruits.

Le nom de Corot est d'ailleurs populaire dans ces contrées. Tous les ans, à jour fixe, — car il réglait le programme de sa saison avec une précision rigoureuse qui

---

(1) *L'Étude à Méry* a figuré à l'exposition posthume de Corot sous le n° 70. Elle appartenait alors à M. Briand (rue Bonaparte, 5). Corot en a fait une répétition pour M. Camus, d'Arras. Nous tenons ces détails de M. Robaut à l'obligeance de qui il faut toujours recourir quand il s'agit de notre grand paysagiste.

explique la somme prodigieuse de travail qu'il a produite ;
— tous les ans, dis-je, Corot venait faire un court séjour
à Luzancy, chez un ami d'enfance qui avait été son compagnon de chaîne dans la maison de gros par où il avait
passé, et son camarade d'atelier, chez Victor Bertin.
M. Remy était un peintre soigneux, resté fidèle à Rémond
et à Lapito, pendant que Corot, cherchant dans des voies
nouvelles un mode d'expression nouveau, devenait tout
simplement, comme dit Alfred Stevens, le plus moderne
des peintres du xixᵉ siècle (1).

M. et Madame Remy passaient l'été à Luzancy, dans une
petite maison qui en était restée au confortable bourgeois
de 1830 : le type de la maison du sage qui sait simplifier
sa vie. Assise sur un petit tertre au-dessus des murs du château, entourée sur trois de ses côtés d'arbres séculaires
dépendant de ce domaine, retirée, silencieuse, mais point
isolée, à deux pas de la rue, des bois, de l'église, de la
rivière, elle offrait à Corot, sous l'œil attentif de l'amitié,
une douce retraite où il trouvait la paix, la fraîcheur, le
repos — repos tout relatif bien entendu, car il eut dit comme
Titus s'il n'avait chaque jour brossé quelqu'ébauche. Cela
répandit dans l'atmosphère ambiante des germes d'art qui
guettaient la première occasion de se développer.

Un jeune ouvrier meulier, que nous avons nommé tout
à l'heure, Alexandre Bouché, sentit naître sa vocation à
regarder peindre le maître et vint un jour en tremblant lui
montrer ses essais. Corot qu'intéresssaient toujours les
tâtonnement naïfs des commençants, l'accueillit avec une
encourageante bonhomie, l'emmena travailler avec lui,
l'initia à son esthétique, car il avait reconnu un garçon
intelligent, plein d'ardeur à s'instruire. C'est ainsi que Corot
forma un élève à Luzancy. Ce disciple lui a fait honneur.
Tout en profitant des leçons du maître, Bouché a conservé
sa rudesse de terroir et sa personnalité robuste. Il aurait

____

(1) *Impressions sur la Peinture*, par Alfred Stevens ; Paris, Jouaust, 1886.

depuis longtemps la médaille s'il vivait plus près du soleil,
— des coteries, veux-je dire. Plus que jamais, les absents
ont tort ; mais les connaisseurs estiment Bouché à sa valeur :
dédommagement trop platonique, hélas !

Bouché a fait à Luzancy souche de paysagistes. Son
élève, Julien Massé (de Meaux), est un peintre d'un talent
moins musclé que le sien, mais plus tendre en sa note un
peu mélancolique. Marcelin de Groiseilliez, mort si jeune,
Mouillon, Jundt, disparus eux aussi, Vazeilles, Louis
Lemaire, Edmond Yon, Victor Binet et d'autres encore
ont passé par là. Luzancy a son auberge-musée, ni plus ni
moins que Marlotte ou Barbizon. Un graveur, Portier de
Beaulieu, fit élection de domicile dans ce joli village. Les
graveurs ne sont pas oiseaux de passage comme les peintres ;
Portier possédait, tout à l'entrée du pays, au débouché du
pont, un gentil domaine que, toujours modeste et spirituel,
il avait baptisé *la Loge ;* — loge nichée dans les fleurs et la
verdure, loge hospitalière, où l'on tirait toujours de la
meilleure grâce le cordon aux vieux amis, où l'on causait,
où l'on travaillait, où l'on s'entraînait, où le pot-au-feu
faisait sagement l'équilibre à l'idéal. Hélas ! tout cela n'est
déjà plus que souvenirs. Quelles bonnes journées j'ai passées à La Loge ! Et quelles belles promenades à Montmenars, à la Charbonnière, à Courtaran, à Lisbonne, au
Tillet, à Courcelles-Saint-Aulde ! Et les excursions dans les
Jardinets, le soir, aux blondes clartés de la lune, et les visites
à l'atelier de Bouché, à Messy !

De la Ferté-sous-Jouarre à Mont-Saint-Père, et au-delà,
est-il un bouquet d'arbres, un groupe de maisons, un sentier, un puits, une plâtrière ou un moulin que je n'aie
explorés ! Est-il une sinuosité de la rivière, une ligne d'horizon, une forme de colline qui ne me soient familières !
Et dans chacun des villages échelonnés le long de la
gracieuse vallée, ne trouvé-je pas comme à Luzancy,
un seuil qui s'ouvre devant moi et des visages qui me
sourient ?

A Nanteuil, c'est Édouard Tailland, un graveur expert

dans toutes les pratiques de son métier. C'est Alfred Delauney, un aquafortiste chevronné dont les séries documentaires sur le vieux Paris, et la belle suite des « Cathédrales de France » seront toujours recherchées. Son riant cottage est tout un petit musée où l'on sent la main d'une femme chez qui le goût est un héritage de famille.

Tout près de là, à Crouttes, voici l'aimable colonie des Varin, cruellement réduite par la mort d'Amédée, son chef regretté. Son frère Eugène continue, à la villa Varin, les traditions hospitalières de la maison et fait toujours aux visiteurs, avec la bonne grâce d'autrefois, les honneurs de ses cartons, de ses vitrines, des peintures, faïences et bibelots divers qui débordent jusque dans les escaliers.

A Essômes, c'est Henri Pille, l'humoriste au crayon intarissable servi par une mémoire encyclopédique; un « *Tout-Paris* » qui a gardé l'accent de son vignoble, fumiste à froid, sans méchanceté sinon sans malice, concentré et fuyant, que tout le monde tutoie, mais que personne ne peut se vanter de connaître.

A Mont-Saint-Père, c'est Léon Lhermitte que je n'appellerai pas « le Peintre de la vie rustique » de peur de le diminuer, car ses travaux pour la Sorbonne : « Claude Bernard » et « Sainte-Claire-Deville », ont prouvé que son talent est d'assez large envergure pour ne pas s'enfermer, dans la spécialité que ses succès lui ont faite. Il a l'amour de son village natal et se plaît à peindre les travailleurs de la terre tels qu'il les a sous les yeux, en ajoutant à leur beauté propre ce tour et cette beauté supérieurs qu'on appelle le style. Dessinateur par don de nature, il est peintre aussi avec son fusain non moins autant qu'avec son pinceau ; avec le crayon coloré du pastelliste comme avec la pointe du graveur.

Les eaux-fortes de Lhermitte ! Bien avisés les collectionneurs qui les mettent en portefeuille. Malheureusement la série de ses eaux-fortes paraît close. Il faut avoir du temps à perdre pour s'amuser à ces petits chefs-d'œuvre qu'on fait surtout pour soi et dont précisément pour cela la postérité est si friande, et moins que jamais, Lhermitte n'a de temps à perdre.

L'élève de Lhermitte, Germain David-Nillet, — un élève qui a déjà donné des gages de talent au salon de 1889 et à l'Exposition nationale du Champ de Mars en 1890, — a suivi le maître jusque dans son vignoble Champenois et, par amour de l'art, s'est naturalisé citoyen de Mont-Saint-Père.

Et Chézy-l'Abbaye ! Hier encore, du fond de son vieux manoir des Tournelles, Léon Godefroid me tendait affectueusement une main à jamais glacée maintenant ! Dilettante passionné, élève et ami de Félicien David, Godefroy avait réussi à grouper autour de lui une véritable colonie musicale où sa mort (il avait 47 ans) a laissé un grand vide. Et quelle colonie ! C'est d'abord Mademoiselle Louise Godefroy à la jolie voix de mezzo-soprano ; Mademoiselle de La Blanchetaie que des attaches de famille ramènent chaque été à Chézy. C'est son éminent professeur, Madame Rosine Laborde qui fut jadis une des étoiles de l'Opéra. Madame Farre, ex-prima-donna du théâtre de Reims, vouée aujourd'hui à l'enseignement, s'est aménagé à Chézy un ravissant cottage, gracieusement ouvert à ses amis rémois. M. et Madame Degoria qui se reposent sur les lauriers cueillis dans leur brillante carrière théâtrale, viennent y rejoindre leur amie Madame Farre. M. Georges Marty, premier prix de Rome pour la composition musicale, s'est souvenu que Chézy lui a donné, non pas le jour, comme dit la chanson de Frédéric Bérat, mais le lait vivifiant qui a nourri son enfance, et il y fait, chaque année, sa villégiature, heureux d'y retrouver son gai compagnon de la villa Médicis, le graveur Émile Buland.

Chézy est devenu un conservatoire au petit pied, une oasis de verdure pleine de trilles et d'arpèges où la plus fine essence parisienne se mêle au doux laisser-aller de la vie campagnarde. Les beaux soirs d'été, par les fenêtres ouvertes, s'échappent de larges accords ou de de brillantes vocalises. Ce ne sont que fêtes et réceptions ; car la musique pousse à la sociabilité comme la peinture porte à l'isolement. C'est un démon intérieur qui tourmente le peintre, tandis que le musicien — j'entends l'exécutant — ne demande qu'à sortir de soi-même, à se livrer, à prodiguer sa vie, ses nerfs, son âme. Il a besoin d'un auditoire, d'un public pour produire utilement les manifestations essentiellement fugitives de son art. Voilà pourquoi le musicien est, généralement, un mondain, tandis que le peintre garde le plus souvent quelque chose du paysan du Danube. En dehors des intimités qui rassurent sa confiance, il se renferme en lui-même, car il n'entend rien aux petits mensonges de la politesse, et la stratégie offensive et défensive des salons lui est odieuse.

Si la musique est mondaine, elle n'est pas pour cela profane. Le bon curé de Chézy en sait quelque chose ; car, à sa grande joie, et pour le plus grand profit de ses pauvres, des concerts spirituels s'organisent souvent dans sa modeste église. Ces jours là, le dilettantisme des environs accourt de tous côtés, et à voir l'élégante assistance qui se presse dans le saint lieu, on se croirait pour le moins à Trouville ou à Vichy. Alors les voix pures des gracieuses artistes que j'ai nommées montent sous les voûtes sacrées, avec la fumée de l'encens, pour la plus grande gloire de Dieu, puisqu'aussi bien le dernier mot de l'art musical, — j'en atteste Mozart, Gounod et Rossini, — c'est l'adoration et la prière.

Me voici bien loin du chemin de Méry, mais comment ne pas faire un peu l'école buissonnière, quand, partout, je sens des cœurs d'artistes battre à l'unisson du mien ! Comment résister à ces appels sympathiques qui m'arrivent de tous les points de la vallée, comme si elle était peuplée de mes amis ? Le chemin de Méry lui-même, en évoquant le souvenir de Corot, me rappelle encore un ami, puisque le maître voulait bien me donner ce nom, à moi le plus humble de ses disciples ; et quand il est question d'amitié, le nom de La Fontaine ne se présente-t-il pas tout naturellement à la pensée, lui qui a mérité qu'on le citât toujours comme un exemple mémorable de la constance dans l'affection et de la fidélité au malheur ?

Me voici donc ramené, par les caprices mêmes de mes digressions, à mon point de départ, à ce vieux chemin de Méry où l'écho répétera longtemps encore ces deux noms fameux : La Fontaine, Corot.

LE PRESBYTÈRE

D'OULCHY - LE - CHATEAU

I.

Dans mes tournées de paysagiste, j'ai quelquefois été
l'hôte de bons curés de campagne. Les heures que j'ai
passées à leur foyer paisible sont des meilleures qu'il me
souvienne ; mais le presbytère d'Oulchy tient le premier
rang dans le mémorial de ma reconnaissance. C'est qu'indépendamment de l'accueil cordial que j'y ai reçu, tout
concourt à en faire un lieu d'élection pour l'artiste : sa
situation pittoresque sur un monticule escarpé d'où il
domine tout le pays, ses grands airs de château du vieux
temps, l'espèce de relent monastique qui se dégage de ses

longs corridors froids, et jusqu'à son délabrement actuel qui contraste lamentablement avec les derniers vestiges de sa splendeur évanouie.

Une plate-forme gazonnée, plantée de tilleuls, où se tiennent les fêtes civiques et patronales du pays, précède l'édifice décanal. Les piétons arrivent à cette esplanade par des escaliers qui leur évitent le long détour imposé aux voitures.

Une porte cochère d'aspect grave, discret, monacal, donne accès dans une vaste cour déserte et silencieuse. L'herbe y croît, grasse et drue, comme en un lieu voué désormais à la solitude. Des marronniers, pleins de rires autrefois, quand leur ombrage protégeait les ébats d'une jeunesse aussi bruyante que studieuse, muets aujourd'hui, ajoutent encore à l'impression de tristesse qui saisit dès que l'on a franchi ce seuil austère. A droite de ce préau, s'élèvent les murs noircis de la vieille église ; à gauche, les bâtiments de service ; en face le corps de logis principal. La façade, au lieu d'avoir son entrée au milieu de son développement, selon l'usage, est percée de deux portes qui n'ont rien de symétrique, et ne se correspondent ni comme place, ni comme proportions, ni comme ornementation. Mais ce sont deux petits bijoux architectoniques d'une fantaisie charmante qui récréent la vue, et jettent comme un sourire au milieu de toutes ces sévérités. On me permettra de m'y arrêter un instant.

La porte de gauche, d'un goût très pur, à cintre surbaissé fermé d'une clef saillante, est flanquée de chaque côté par trois sveltes colonnettes cannelées à chapiteaux corinthiens. L'entablement est surmonté d'un fronton triangulaire percé d'un oculus. Un escalier en fer à cheval, d'un dessin des plus gracieux, lui sert de soubassement. Ce petit portail a toute l'élégance d'un morceau de la Renaissance. Je le crois néanmoins du XVIIe siècle, non à cause du soleil emblématique que l'on voit dans l'angle supérieur du tympan ; — il aurait pu y avoir été introduit postérieurement, — mais à cause de l'analogie que présen-

tent ses délicates colonnettes avec celles du frontispice
voisin dont la construction, comme nous le verrons tout
à l'heure, doit être placée entre les années 1632 et 1664.

Le frontispice de droite est d'une composition plus riche,
sinon plus heureuse. Surélevée sur un escalier à triple
emmarchement, la porte est à plein cintre, accompagnée
à droite et à gauche de deux colonnes accouplées, cannelées
dans les deux tiers supérieurs de leur hauteur et fleuries
à leur sommet d'un élégant chapiteau d'ordre corinthien. La
frise est ornée de modillons fleuronnés où l'on déchiffre les
lettres D. A. L. H. Y. E. C'est le monogramme d'Antoine
de La Haye, religieux de Saint-Jean-des-Vignes qui fut
prieur d'Oulchy depuis 1632 jusqu'à sa mort en 1664. C'est
à lui sans doute que l'on doit la construction de cette porte
dont le style concorde avec le temps où il gouverna le
chapitre. Ce personnage nous intéresse encore à un autre

titre. Il était petit-fils de dame Claude Desmoulins, sœur
de Marie Desmoulins, aïeule de Racine ; par conséquent
l'oncle à la mode de Bretagne du poëte. Il était aussi son
grand oncle du côté des Sconin (1).

Le motif principal est complété par deux niches assistées
de pilastres également cannelés. Deux frontons coupés,
couronnés eux-mêmes par un fronton central percé d'un
large œil-de-bœuf, brochent sur le tout. Je crois cette
seconde porte un peu plus récente que la première, quoique
plus détériorée. Il va sans dire que tout cela : stybolates,
fûts de colonnes, chapiteaux, frise, corniche, a beaucoup
souffert des injures du temps. La pierre est mordue,
rongée, maculée, cassée en maints endroits ; mais le
pittoresque n'y perd rien, ni la couleur non plus ; au
contraire. C'est un attrait de plus pour l'artiste de deviner
sous la ruine d'à présent le goût et la science des architectes
d'antan. L'imagination se plaît singulièrement à ces sortes
de restitutions.

A l'intérieur règne, de part en part, au rez-de-chaussée
comme au premier étage, un large corridor sur lequel
ouvrent toutes les pièces, disposition commune à la plupart
des couvents. Je n'y vois de remarquable que la rampe en
fer forgé du grand escalier, en style du xviiie siècle, où le
chiffre F. R. B., monogramme du prieur François-René
Baudoin, mort vers 1780, s'enlace à d'élégants rinceaux,
et, dans l'âtre d'une cheminée au premier étage, des carreaux
de faïence émaillée de forme oblongne sexagonale à décor

---

(1) On s'est un peu trop hâté de conclure de cette parenté que Jean Racine
a été pendant ses jeunes années l'hôte et peut être l'élève des religieux d'Oulchy.
M. l'abbé Hazard, curé de Saint-Nicolas de La Ferté-Milon, qui fait autorité pour
tout ce qui concerne Racine et sa famille, prouve, par raisons démonstratives, que
ce n'est là qu'une légende. Jean Racine a commencé ses études chez son oncle
Regnault, à La Ferté-Milon ; il les a poursuivies à Beauvais et achevées à Port-
Royal. Il alla ensuite étudier la théologie au séminaire d'Uzès (Gard), chez son
oncle Antoine Sconin. On a donc confondu Uzès avec Oulchy et l'oncle Antoine
Sconin avec l'oncle Antoine de La Haye.

(Voir sur ce sujet : Notice biographique de J. Racine, par Paul Mesnard,
pages 44 et suivantes)

prolychrome. Les couleurs en sont vives et franches. Ce sont le bleu, le vert, le jaune clair et l'orangé. J'ai montré un dessin colorié de ces briquettes à mon ami Alfred Darcel, directeur du Musée de Cluny, qui, à en juger par le ton des émaux et le caractère du dessin, les croit italiennes du xvie siècle.

Dans un autre ordre d'idées, on signale encore, dans le corps de logis de gauche, près de l'entrée de service et des cuisines, un puits qui n'est pas de dimensions ordinaires. La largeur de son orifice mesure 1 mètre 30 et sa profondeur est de 24 mètres. On ne saurait se pencher sur ce gouffre béant et noir, sur cette « mystérieuse bouche d'ombre », comme n'eût pas manqué de dire Victor Hugo, sans se sentir pris d'un horrible vertige. Une nappe d'eau souterraine l'alimente, dit-on, et ressort au pied de la montagne en un jet abondant qui pourvoit à la consommation du lavoir dit « Lavoir du Moulin ». On assure que des menues-pailles, jetées dans ce puits, reparaissent peu de temps après, au goulot de la fontaine. Je donne cette tradition locale pour ce qu'elle vaut, n'ayant pas personnellement vérifié le fait.

Le Presbytère communique avec l'église de style roman du xie siècle. Elle a été restaurée récemment, avec plus de zèle que de goût ; témoins le portail malencontreusement plaqué sur l'ancienne baie et les deux grandes fenêtres flamboyantes du transept qu'on a lourdement et sommairement réparées sans leur restituer leurs fins meneaux. Cette église, de belles proportions, se termine par une abside carrée qui pourrait bien n'être pas l'abside primitive, car l'on voit encore extérieurement des vestiges de construction de nature à faire croire que le monument se prolongeait au-delà de ses limites actuelles. L'église se terminait-elle originairement par un chevet circulaire ? Ou plutôt existait-il un cloître qui permettait aux religieux de faire le tour du sanctuaire sans sortir de l'église ? Des traces d'arcatures, visibles encore, derrière les autels de sainte Anne et de la sainte Vierge, autorisent cette supposition.

Le chœur où l'on voit encore les stalles en bois sculpté des religieux (xvᵉ siècle), et les bas-côtés correspondants sont complètement dépourvus de fenêtres. Cela tient à ce que les bâtiments du château viennent, à gauche, se ressouder à cette partie de l'église et que le massif du clocher s'y appuie à droite. Cette disposition rompt un peu l'unité du monument ; mais ces passages sombres donnent à l'édifice plus de gravité, de mystère, et font mieux valoir les clartés triomphantes du sanctuaire.

Cette partie de l'église, fort endommagée, au cours des guerres qui désolèrent le xvᵉ siècle, a été reconstruite avec les pierres provenant du vieux château démantelé. Le caractère ogival de ses voûtes atteste cette reconstruction. Le doyen me fit remarquer plusieurs chapiteaux gravés en creux, représentant des oiseaux affrontés et adossés qui ont servi de type lors des récentes réparations, et me montra aussi quelques pierres tombales de prieurs dont l'une porte la date de 1583.

La chaire, en bois sculpté, est remarquable. Elle provient du réfectoire du couvent de Saint-Jean des Vignes de Soissons. Elle a été achetée par M. l'abbé Hurillon à un menuisier de Saint-Remy-Blanzy qui l'avait eue pour 8 francs et l'a recédée pour 36 francs. Disons à ce propos que la chaire de l'église de Saint-Jean des Vignes et les boiseries du chœur se trouvent aussi dans le canton d'Oulchy : la première dans l'église de Muret, les secondes à Saint-Remy.

La tour, accolée au transept méridional, a trois étages de baies géminées, avec bandeau, moulures et colonnettes. C'est sans contredit le morceau le plus intéressant du monument. Un toit en bâtière remplace aujourd'hui la flèche flanquée de quatre clochetons qui s'élançait autrefois vers le ciel, dans l'allégresse d'un perpétuel hosanna.

L'église, le presbytère et ses dépendances occupent l'emplacement d'un château-fort bâti par les comtes de Champagne antérieurement au xᵉ siècle, et dont on voit encore les murs d'enceinte qui servent de limites et de clôture au

jardin. Souvent, au moyen-âge, les seigneurs établissaient
des collégiales dans ceux de leurs châteaux où ils ne
résidaient pas. C'est ainsi qu'en 1075 Thibaut III fonda un
chapitre de chanoines à Oulchy. C'est de cette époque que
date vraisemblablement la construction de l'église. En
1122, son fils Thibaut IV introduisit à Oulchy les religieux
Augustins de Saint-Jean-des-Vignes de Soissons appelés
Johannistes du nom de leur abbaye. Au xvᵉ siècle, le
château eut fort à souffrir du fait des Bourguignons et des
Armagnacs qui se le disputèrent avec acharnement, et sa
ruine fut définitivement consommée sous Louis XII (1).
Avec les matériaux qui en provenaient, l'on restaura l'église
et l'on construisit le bâtiment qui nous est arrivé défiguré
par des réparations et remaniements successifs, à ce point
qu'il n'a guère conservé de son origine — ou peu s'en
faut — que les deux portes dont nous avons parlé.

Après tous ces orages, nous retrouvons les Johannistes
dans le château réédifié. Ils y restèrent jusqu'à la Révolution. Au moment du Concordat, l'église fut érigée en
paroisse et ce fut l'abbé Lefèvre, ancien procureur de
Saint-Jean-des-Vignes, qui en devint le premier curé.
L'abbé Hurillon, son successeur, désireux d'utiliser, *ad
majorem gloriam Dei,* les locaux inoccupés de son vaste
presbytère, y ouvrit un petit séminaire en 1819 sous
l'épiscopat de Mgr Leblanc de Beaulieu. Cet établissement
dura jusqu'au mois d'août 1850. A cette époque, par suite
de l'ouverture du séminaire de Saint-Léger à Soissons et de
combinaisons que nous n'avons point à juger, il fut
supprimé au grand détriment des intérêts du pays auquel il
donnait un peu de vie et de mouvement.

Après s'être fait mon obligeant cicerone à travers l'église
et la cure, l'excellent doyen me fit les honneurs de ses
vastes jardins. Ils s'étendent devant la façade-est du château.
Cette façade, où la brique se marie par endroits à la pierre,
n'offre d'intéressant qu'un œil-de-bœuf encadré de feuillages

---

(1) Melleville, Histoire du Département de l'Aisne ; Paris 1866.

largement fouillés, et un motif central en style du xviiie siècle, avec un fronton dont le tympan présente un écusson effrité où il m'a semblé voir la Vierge tenant l'enfant Jésus dans ses bras ; ce qui s'explique d'autant mieux que l'église a pour vocable l'Assomption de Notre-Dame.

Nous nous promenâmes d'abord dans un immense potager dont les longues allées rectilignes se prêtent à merveille à la récitation du bréviaire. A droite, sur la ligne de prolongement de l'église, une file de marronniers plantés en bordure laissent voir, sous leurs arceaux de feuillages, le val où court un ruisseau tributaire de l'Ourcq, et sur le versant de face, un ancien fief transformé en une opulente habitation bourgeoise, d'aspect patriarcal, ombragée d'arbres plusieurs fois séculaires. C'est la demeure d'une honorable famille, où l'on a toujours le cœur et la main ouverts, quand il y a une infortune à soulager ou quelque service à rendre au pays.

A gauche du potager, des terrasses s'échelonnent en amphithéâtre, et au fond, vis-à-vis le presbytère, un petit bois offre son ombre et sa fraîcheur au digne curé qui prépare là ses sermons toujours courts, mais substantiels. Le bois se prolonge et s'escarpe à gauche. A travers des sentiers embroussaillés et des escaliers disjoints et moussus, nous arrivâmes à un massif de pierre de construction ancienne, couronné au sommet d'une statue de la Vierge. De là nous gagnâmes, par les terrasses, un verger tout pétillant de verdure et de soleil. A travers les ramures des pommiers, on voyait luire les grands toits du presbytère, caressés d'un glacis de laque dorée, et dans le fond, l'église coiffée de son clocher roman, s'estompait dans une ombre fine, reflétée, transparente.

— Je tiens mon tableau ! m'écriai-je au grand ébahissement du bon curé qui me crut frappé d'un subit accès d'aliénation mentale.

C'était tout simplement le paysagiste qui s'éveillait. Quelques instants après, j'étais au travail.

II

Le lendemain, je revins à la même heure prendre séance au même endroit, et tout heureux d'être déjà sorti des premiers tâtonnements de la mise en place de mon tableau, je laissais allègrement courir mon pinceau sur la toile dans l'indicible volupté du travail en plein azur qui est comme le privilège des paysagistes. Tout à coup, troublant la quiétude du silence ambiant, éclata, dans les airs étonnés, une musique triomphale. C'étaient les voix de bronze du clocher qui s'envolaient dans l'espace et dans la lumière en un rythme joyeux ; une sonnerie folle, rapide, endiablée, à réveiller les morts qui dormaient au pied de la basilique. Le clocher en trépidait. A peine un air était-il achevé, qu'un autre commençait plus entraînant et plus vif. Tout le répertoire du sonneur y passa. Je jouissais de ce tapage comme tout à l'heure je savourais le silence, non moins charmé que surpris de cette soudaine explosion de notes claires, vibrantes, argentines.

— C'est le père Alexis qui carillonne un mariage, me dit le brave Lepage, le jardinier du curé.

— On peut dire qu'il y va gaiement...

— Et il donne toujours la bonne mesure. C'est pas étonnant, il est si heureux de secouer ses cloches !

Le fait est que le père Alexis n'épargnait pas ses peines. Avec quel nerf il faisait chanter à son ingrat instrument l'épithalame des jeunes époux. Il fallait l'entendre pour s'en faire une idée. Si les « noceux » restent insensibles à ces véhéments appels à la joie, s'ils ne se livrent pas jusqu'au lendemain à des chorégraphies insensées, s'ils ne font pas mille grosses farces aux rires sonores, ce ne sera pas la faute du pauvre virtuose de village. C'était d'une gaieté si débordante, si contagieuse, que je chantais avec les cloches, m'agitant en mesure avec elles, pris d'un frétillement irrésistible. Peu s'en fallut que je tombasse à la renverse avec le frêle édifice de mon pliant-chevalet, tant ces rythmes fous agissaient sur mon système nerveux. Cela l'emportait sur ces carillons monotones dont nos villes du Nord sont si fières, comme l'art qui vit l'emporte sur le mécanisme le mieux réglé.

Oh ! ces carillons flamands qui répètent à satiété leur éternel petit air — comme un perroquet sa leçon, — aux quarts, aux demies, aux heures, quel est le touriste qui, après s'en être amusé un instant, ne les envoie bien vite à tous les diables ! Ils vous poursuivent, vous obsèdent, vous exaspèrent, et il n'y a pas à crier : assez. Quand le rouage est monté, — cric, crac, — il se dévide inexorablement. C'est à Dinan, en Belgique, que j'ai pour la première fois subi cette persécution. Mon hôtel se trouvait tout contre l'église ; juste sous les abat-sons du clocher. Mon ami Loret et moi, n'avons pu fermer l'œil de la nuit. Heureusement, nous prîmes le parti d'en rire en accablant la manivelle dinantaise d'imprécations qui distançaient effroyablement celles de Camille elle-même. Quant aux indigènes, ils sont tellement habitués à ce tapage qu'ils ne l'entendent plus. De toutes façons, ces instruments compliqués, à ressort et à cylindre, ne valent pas ce qu'ils coûtent, tandis qu'un simple jeu de cloches, manié comme à Oulchy-le-Château, d'une main experte, dans les grandes circonstances, et non à tout propos, répand la joie dans l'air et met tout le monde en liesse.

Je voulus voir l'habile homme qui m'avait si agréablement distrait pendant ma séance, et ce fut un premier étonnement pour moi de me trouver en présence d'un individu de soixante-treize ans, vert encore et qui n'avait d'un vieillard qu'un léger dodelinement de la tête contracté sans doute dans l'exercice de ses bruyantes fonctions de sonneur. Mille petits plis malicieux bridaient son œil narquois, et sa bouche, grande, — il n'y a pas à le dissimuler, — était en même temps rieuse, sensuelle et bon enfant. Il était vêtu d'un gilet de drap noir à manches de finette et coiffé d'une casquette qu'il échangeait, à la sacristie, contre une calotte d'allure plus cléricale.

J'avais été surpris qu'un homme de cet âge pût déployer tant de vigueur. Je le fus bien plus encore quand le père Alexis m'affirma qu'il avait fait tout ce concert avec trois cloches seulement ; qu'il ne disposait que de trois notes, « do, ré, mi. » C'est en variant ingénieusement ces trois notes, en les doublant, les triplant et surtout en pressant la mesure, qu'il nous donne l'illusion d'airs plus compliqués.

Nous montâmes dans le clocher, et il me montra comment il opère. Il commence par « brider » ses cloches. Cela veut dire qu'il attache le battant à la corde, de façon à laisser seulement deux ou trois centimètres de jeu entre ce battant et le bord de la cloche. Il s'en rend ainsi le maître et elles obéiront maintenant à la plus légère impulsion qu'il leur donnera ; puis il descend à l'étage inférieur, et placé sur une sorte de plate-forme en planches, adossé aux charpentes du beffroi, il saisit une corde de chaque main, assujettit la troisième à son pied et fermant les yeux pour mieux entendre au milieu des vibrations qui emplissent la tour, il entre en mouvement avec ses cloches qui s'animent, vivent de sa vie, et ne font avec lui qu'un seul et même être. Il faut le voir alors, déchaînant le vacarme et le réglant tout ensemble, emporté lui-même dans cette tempête de sons qui le grise, et le laisse haletant, brisé, ruisselant. Ah ! comme on comprend alors la locution populaire : « Boire comme un sonneur ! »

Comme je m'émerveillais de lui voir obtenir un résultat si prodigieux avec d'aussi pauvres moyens :

— Ah ! dit-il, *s'ils* avaient voulu m'écouter ; sans beaucoup de frais, j'aurais pu tirer de mes trois cloches une octave complète, et avec mes huit notes et les demi-tons, je jouerais tous les morceaux que l'on voudrait, sacrés et profanes. Les samedis soirs et veilles de grandes fêtes, j'exécuterais avec mes cloches les hymnes, proses, motets qu'on chanterait le lendemain à la messe, à vêpres et à complies. Ce serait bien facile. Il s'agirait tout uniment d'établir un certain nombre de marteaux qui, en frappant chaque cloche à divers endroits déterminés, donneraient des tons différents. Huit marteaux suffiraient ; trois pour ma petite cloche, trois pour ma moyenne, et deux pour ma grosse. J'aurais ainsi ma gamme entière. Je n'aurais plus qu'à faire correspondre les marteaux à un clavier que je toucherais comme celui d'un harmonium ou d'un piano. Mais le Conseil de fabrique m'a envoyé..... sonner, sous prétexte de besoins plus urgents. Le Conseil municipal a fait la sourde oreille, et je mourrai sans avoir pu montrer ce que je saurais faire,... — car je suis musicien, Monsieur, c'est moi qui ai créé, organisé la fanfare du pays, et j'ai réussi à en faire une des bonnes musiques de la contrée. Je chante au lutrin, je joue de l'ophicléïde, je connais le contrepoint et je ne serais pas embarrassé pour composer une marche, un andante, un allegro.

Le bonhomme s'emballait... — « Mais, ajouta-t-il, avec son gai sourire, mon instrument favori, celui auquel je reviens toujours, et sur lequel je ne crains pas de rival, c'est mes cloches... Il y a plus de cinquante ans que je les connais, que je les pratique ; malheureusement, elles sont

comme la plus belle fille du monde ; elles ne peuvent me
donner que ce qu'elles ont, et elles n'ont qu'une note.
Do, ré, mi ; mi, ré, do : je ne peux pas sortir de là... »

Il est fâcheux que le pays ait reculé devant le minime
sacrifice qui eût permis au père Alexis de déployer les
ressources de son talent ; et pourtant on ne saurait en faire
un reproche au Conseil municipal. Il était dans son rôle
en refusant une dépense de pure fantaisie qui, le père
Alexis disparu, eût été complètement perdue. Mais le
sonneur n'eût pas dû se tenir pour battu. Avec un peu
d'initiative, il eût peut-être obtenu de ses concitoyens
l'argent nécessaire aux perfectionnements qu'il méditait ;
car les habitants d'Oulchy sont très fiers de leur sonneur,
et ils ont raison. Les virtuoses du carillon se font rares.
C'est un art qui s'en va ; et si l'on s'avisait d'ouvrir un
concours de sonneries, à l'instar des concours de fanfares
et d'orphéons qui pullulent de tous côtés, le père Alexis
aurait de grandes chances d'en être le lauréat.

Faute de cette gloire qu'il ne connaîtra pas, je me plais à
rendre ici témoignage de son talent. Je n'oublierai jamais
le concert qu'il me donna dans le verger du presbytère, et
dont les lointains échos vibrent encore à mon oreille.

Le père Alexis a bien voulu noter pour moi les principaux airs de son répertoire ; voici ce document à titre de
pièce justificative :

Nr 7
Nr 8
Nr 9
Nr 10

ARTISTES D'HIER & D'AUJOURD'HUI.

I.

Les morts vont vite, dit la ballade ; et les vivants donc!
Dans le vaste creuset où l'humanité s'agite, en perpétuelle
ébullition, les institutions et les mœurs, les coutumes et les
costumes, les idées et le langage se modifient, se renouvellent avec une rapidité décuplée par le progrès lui-même ;
car les conquêtes de la science, en supprimant le temps, les
distances, les obstacles accélèrent encore la vitesse qui nous
emporte. Quand, à plus d'à moitié chemin de la vie, l'on

se retourne un instant pour jeter les yeux derrière soi, on reste confondu des changements survenus. Pour m'en tenir à la variété sociale qu'il m'a été donné de voir d'un peu près, si je compare l'artiste moderne à façons de gentleman, avec le peintre d'il y a quarante ans, je suis forcé de reconnaître qu'un abîme les sépare.

La transformation ne saurait être en effet plus complète. Autrefois l'artiste vivait séparé du monde, dans la sacro-sainte horreur du « bourgeois »; il aimait à souligner son isolement par la singularité de son accoutrement et de son idiôme. Le paletot sac, les longs cheveux, le feutre mou à larges bords étaient comme l'emblème de son indépendance. Mais cet aspect farouche, qui faisait l'effroi des « Philistins », cachait souvent beaucoup de timidité et de candeur; et dans le sentiment de mutuelle défiance qui tenait l'artiste et l'homme du monde à distance l'un de l'autre, comme les deux faux ours du fameux vaudeville de Scribe, ce n'était pas toujours le bourgeois qui avait le plus peur.

Aujourd'hui l'artiste a renoncé aux puériles excentricités du costume. Il tient à se faire accepter partout, à vivre de la vie générale. Il n'y a plus que les vaudevillistes à flonflons qui l'affublent encore du chapeau pointu; à peine rencontre-t-on, de loin en loin, un spécimen attardé de cette coiffure irrégulière et tapageuse aux abords de l'école des beaux-arts. L'artiste s'habille maintenant comme tout le monde. Pour me servir d'un mot cher au formalisme parlementaire, il est correct. Je ne vois plus guère à présent que le peintre tombé en photographie qui ressemble à un artiste. Encore y met-il une affectation et des enjolivements de mauvais gout — jabot, manchettes, chaîne d'or etc., — qui sentent le collodion à trente pas.

Si la différence entre l'ancienne et la nouvelle génération artistique se bornait là, elle serait tout à l'avantage de l'artiste moderne; mais en se mêlant aux autres classes de la société, il en accepte l'esprit, les idées, les lois. A force de vivre avec tout le monde, il ne tarde pas à sentir, à penser comme tout le monde, et il perd bien vite dans ce milieu incolore quelque chose de son originalité et de son relief. L'artiste est un être d'exception, un déclassé de l'intelligence, qui est toujours en delà ou en deçà du diapason général, qui n'est jamais à l'alignement, et qui, pour cette raison, a tout à gagner à faire bande à part. Doué d'une aptitude spéciale, d'une faculté maîtresse qu'il exerce exclusivement, sur laquelle il se concentre, il a, sur tous les autres points, des indifférences, des ignorances superbes. Ne lui demandez pas cette culture générale et superficielle qui est la prétention de l'homme du monde, et qui aide à la sociabilité, autant que les habitudes d'esprit de l'artiste le prédisposent à se renfermer dans son milieu particulier.

Il y a donc entre le monde et l'artiste une sorte d'incompatibilité, et cette incompatibilité ne peut cesser que par une série de concessions qui sont pour l'artiste autant de rapetissements. Les points de vue moyens, les horizons sagement bornés qui constituent la caractéristique bourgeoise, le gagneront insensiblement. Le bourgeois — et je ne lui en fais pas un crime, puisqu'il n'a point d'autre échelle d'appréciation — mesure le talent aux profits matériels qu'il procure. Ne pouvant juger le mérite intrinsèque des choses, il évalue les résultats. De là cette idolatrie de la réussite qui fait le fonds de la morale sociale. Quand l'artiste a prêté l'oreille à ces vulgaires théories du succès qui sont la négation même de l'art, il est perdu. Il dirige son talent dans les voies de la mode pour mériter les applaudissements des gens qui l'entourent. Il préfère, comme plus substantiels, les avantages viagers du succès, non seulement aux lointaines promesses de la postérité que son scepticisme traite de chimères, mais même à son propre suffrage et à sa propre estime. Au lieu de poursuivre, dans son fier isolement, l'idéal qu'il a conçu, il veut, lui aussi, « arriver » ; il ne voit dans l'art qu'un moyen comme un autre de « faire son chemin ».

Que nous sommes loin de ce culte désintéressé de l'art

qui enthousiasmait l'artiste, il y a quarante ans ! On entrait alors en peinture comme on entre en religion, en fermant derrière soi la porte qui ouvre sur le monde, en rompant avec la famille irritée ; car « faire de l'art » il y a un demi siècle, c'était « mal tourner » ; et la crainte salutaire de cette sorte d'excommunication retenait les vocations douteuses et les caractères pusillanimes. Les jeunes gens riches y regardaient à deux fois avant de se réduire délibérément à la portion congrue, et à l'exhérédation finale. Aujourd'hui que l'on peut impunément barbouiller sans encourir les malédictions paternelles, il est presque de mode, parmi les beaux-fils, de s'improviser « artiste », parce que c'est la plus agréable façon de ne pas faire grand chose, et la plus commode sans contredit des positions sociales. Ils prennent seulement, de l'art, les fleurs qu'on peut cueillir sans se déchirer les doigts. Ce ne sont pas eux qui se laisseront jamais labourer le cœur par le tourment de l'idéal, et qui suivront la voie douloureuse qui mène aux initiations suprêmes !

Puis, quand sonne la quarantaine, quand on atteint cet âge critique, où, comme me disait un de ces mondains, « il devient ridicule de se présenter dans un salon sans un bout de ruban à la boutonnière », notre artiste, toujours un peu mâtiné de bourgeois, se prend d'ambition. Grâce à ses relations dans tous les mondes, grâce à sa souplesse aimable, grâce à l'habileté avec laquelle il exploite un mince talent qu'il s'est facilement assimilé dans quelqu'atelier en vogue ; grâce aux coups d'épaule de ceux qui vous hissent pour arriver à leur tour, on décroche les timbales officielles, aidé des clairons du journalisme, et l'on est un grand peintre... sur le boulevard, dans quelques salons de la finance, et dans certains boudoirs interlopes.

Certes, le steeple-chase des médailles et du ruban est couru avec plus de fièvre et d'âpreté que jamais : cela cote un homme à une époque où l'on juge de la valeur d'un peintre en regardant à sa boutonnière. Mais il est juste de reconnaitre que les artistes doués des avantages de la fortune, se montrent précisément les plus ardents à cette course plate, et ne sont pas non plus les moins empressés à placer leurs « produits ». Règle générale : avec quatre ou cinq mille francs de rentes, l'artiste est indépendant et désintéressé ; avec cinquante mille livres de revenus, il a absolument besoin de vendre...

Pauvres diables ou millionnaires, c'est à qui conquerra la médaille. Chacun a mille bonnes raisons à faire valoir. — « Cela me serait bien utile... à cause de mon bureau », me disait un peintre-bureaucrate que ses collègues refusaient sans doute de prendre au sérieux. Pour obtenir le précieux talisman, on met tout en jeu : démarches, intrigues, obsessions. Je sais un jeune paysagiste qui a remué ciel et terre ; ses titres étaient péremptoires ; jugez-en plutôt : L'heureux gaillard devait épouser une jeune héritière de bonne bourgeoisie, et son futur beau-père, — un véritable beau-père de comédie — subordonnait son consentement à cette condition expresse que le prétendant obtiendrait préalablement la médaille. — « Jamais, non, jamais, disait ce nouveau Joseph Prudhomme, ma fille ne sera la femme d'un vulgaire barbouilleur... » Le cas était singulier ; le peintre n'était pas sans talent ; le Jury se laissa fléchir. Voilà donc notre jeune paysagiste primé, marié et... content. Ah ! bien oui ! Déjà notre solliciteur se remet en campagne. Il avait demandé la médaille parce qu'il allait se marier ; il demande maintenant la croix parce qu'il l'est... marié, et qu'il a absolument besoin de la considération que donne le ruban dans le monde que son mariage lui a ouvert... Cette seconde timbale — est plus facile encore à décrocher que la première, pour peu que la femme soit jolie...

II.

Les cercles qui réunissent dans une aimable intimité,
peintres et amateurs — l'atelier, le théâtre et la finance, —
sont nés de ces préoccupations mondaines de l'artiste
contemporain. Les jeunes peintres bien rentés, se créent
là des relations agréables ; les autres espèrent s'y faire des
relations utiles, et saisir des occasions de publicité et de
réclames qui ne viendraient pas les trouver à l'atelier.
C'est le souci de leurs intérêts plus que le gout du plaisir
qui les y conduit, comme si le travail, l'effort persévé-

rant n'étaient pas le meilleur des calculs ! Cet artiste au-
devant duquel un laquais poudré se précipite le soir,
pour le débarrasser de son paletot, fera demain matin sa soupe et le ménage de l'atelier. S'il a le cœur
vaillant et la tête solide, il rira du contraste ; mais, plus
souvent, la vie somptueuse du club lui fera trouver plus
lourd et plus pénible le fardeau quotidien. Il contractera
des besoins de confortable, il éprouvera des velléités
d'élégance qui l'entraîneront dans un terrible engrenage. Il
se croira « lancé » parce qu'il lui faut désormais l'atmosphère du boulevard, parce qu'il est à la poignée de main
avec des milliers d'indifférents et qu'il se montre de loin en
loin à une « première » le gardenia à la boutonnière ; vie
de mensonges et d'expédients qui se dénoue trop souvent
par le revolver ou la maison de santé.

Les agapes hebdomadaires ou mensuelles recrutent aussi,
sous des noms divers, — dîner de ceci, dîner de cela —
un personnel mi-partie peintres et hommes de lettres.
C'est encore là un des moyens nouvellement imaginés
pour faire prime sur la place ; car, — ô triomphe du
reportage — ces fastes gastronomiques ont leurs historio-
graphes. Les compères du journal livrent le lendemain, au
lecteur naïf, les noms de ces héros de la fourchette ; et c'est
à qui figurera dans ces dénombrements homériques. Les
artistes dînent beaucoup depuis quelques années. Il paraît
que c'est le meilleur moyen de ne pas mourir de faim...
Cela n'est pas sans agrément, j'en conviens, de faire son
chemin... à table, et puisqu'il faut lutter, de lutter la
fourchette à la main ; mais je ne crois pas qu'on y gagne
autre chose que de l'embonpoint. Il est des peintres-dîneurs
qui exhibent des pectoraux de ténors développés à souhait
pour faire valoir le ruban qu'ils attendent. Un régime plus
frugal serait peut-être plus favorable à l'essor du talent.
L'inspiration aime les travailleurs solitaires. O soupe de
Corot, qui, chaque jour, à midi, remplissais l'atelier de ta
fumée odorante, tu réparais les forces du maître, sans
alourdir son cerveau ; pourquoi n'es-tu donc plus aujour-

d'hui qu'une légende ! Et quand, le soir, le bon Corot
dînait ; — car il dînait, lui aussi, et fort gaiement, je vous
jure, — ce n'était pas devant un de ces menus savants des
cabarets à la mode, mais devant un bon gros plat, résis-
tant et vulgaire, qu'il s'attablait avec quelques amis,
Daubigny, Geoffroy-Dechaume, Daumier, Eugène Lavieille,
J. Desbrosses, J. de la Rochenoire, quelques autres encore.
Etait-ce du bœuf ou du mouton qu'ils dévoraient de si bel
appétit ? Ils eussent été bien en peine de le dire. Car ces
modestes repas n'étaient qu'un prétexte à causer art, peinture, gloire — un mot bien démodé aujourd'hui —
jusqu'à minuit, les coudes sur la table... Oh ! les belles
discussions esthétiques qui s'envolaient dans la fumée des
pipes ! Elles déraillaient bien parfois un peu ; car Daubigny — le plus doux des hommes — concluait invariablement en demandant la tête des confrères qui font de la
mauvaise peinture. Mais jamais elles ne tombaient dans
les questions mercantiles. Ce ne sont pas les prix fabuleux,
colportés par les journaux, pour le plus grand profit d'un
spéculateur avisé, qui les eussent troublés. Ce ne sont pas
les luxueux hôtels de l'avenue de Villiers qui les empê-
chaient de dormir. Que messieurs les spéculateurs,
courtiers, commissionnaires, accapareurs et autres tripo-
teurs fassent la hausse et la baisse à la Bourse des tableaux,
cela ne les regardait pas ; et si la Fée des contes d'autrefois
leur avait demandé ce qu'ils préféraient pour l'œuvre née
de leur cerveau, sortie de leurs entrailles, qu'on la couvrît
de banknotes ou qu'on la plaçât un jour, au Louvre, à côté
des vieux maîtres, tous eussent répondu : « Le Louvre ! »

En ce temps là ; c'était la communauté des convictions
qui faisait les cénacles artistiques. L'intérêt seul crée les
groupes disparates qui se fondent aujourd'hui, et réunit
ces chevaliers de la courte échelle qui s'épaulent, se poussent, donnent l'assaut ensemble pour gravir, en s'entr'aidant
tous les degrés de la carrière. L'art a aussi ses politiciens.
Combien usent le meilleur de leurs forces à ces poursuites
vaines, à ces ambitions vulgaires, inquiets, préoccupés,

soucieux, flairant la piste et cherchant les courants !
L'artiste de la nouvelle couche a perdu la belle humeur
d'autrefois. Il est lugubre. Sans doute l'art a toujours eu
ses blessés ; mais le rire était près des larmes ; car la vie
de l'artiste était comme un ciel déchiré d'orages qui
retrouve bien vite, sous les brises de l'espérance, l'azur et
la sérénité. Le moyen d'être gai aujourd'hui que les
théories brutales de « la lutte pour la vie », ont remplacé
les consolantes chimères d'autrefois et que nous sentons
peser sur nous la loi implacable des temps nouveaux :
« écrasez-vous les uns les autres. » Finis ton rêve, pauvre
artiste, et joue des coudes ; tout est là.

LE CABARET DU PÈRE BONVIN

I.

Aux beaux temps de l'école de droit, hanté déjà par la turlutaine du paysage, j'avais mille peines à concilier mes devoirs d'étudiant avec mon goût prononcé pour les libres horizons, et loin de me montrer assidu aux cours, je succombais souvent à de soudaines et coupables tentations d'école buissonnière. Les jours de pluie, j'appartenais volontiers à Gaïus et à Justinien ; mais quand, traversant le vitrage de l'amphithéâtre où le professeur nous infusait la science juridique, le soleil venait lutiner les disciples de Cujas courbés sur leurs cahiers, il n'en fallait pas plus pour me donner les plus irrésistibles distractions. Je voyais le rayon provocateur glisser avec ses paillettes d'or sur la muraille circulaire, se poser comme un feu follet, tantôt sur une tête blonde, tantôt sur un front furtivement illuminé, et je suivais du regard les accidents capricieux de sa marche réglée. Bientôt je ne percevais plus la voix du professeur que comme un bruit monotone et berceur. Mon esprit prenait la clef des champs, et quand j'avais bien décidément perdu le fil de sa démonstration, j'escaladais légèrement les gradins et m'esquivais sans bruit.

Avec quelle indicible volupté je fuyais alors la lourde atmosphère du cours et cette salle à plafond de verre sous lequel mûrissaient les légistes de l'avenir comme des cucurbitacées sous une cloche. Tantôt je suivais les quais admirant les splendides toiles de fond que déroule incessamment la Seine — et cela me conduisait parfois fort loin ; — tantôt je gagnais les boulevards extérieurs et les barrières. Je marchais droit devant moi ; j'allais toujours jusqu'à ce que je visse finir les interminables files de maisons du Géant-Paris, et apparaître les vastes espaces libres où circulait un air plus vif et plus pur.

Cette transition de la grand'ville qui meurt à la campagne qui commence, offrait mille détails pittoresques : hangars, cabarets borgnes, échoppes en planches, masures sinistres, constructions bizarres de maraîchers, où mon œil trouvait à satisfaire son insatiable curiosité.

L'aspect misérable de ces bâtisses incohérentes m'impressionnait précisément par leur contraste avec les lignes placides du paysage. Et quel ragoût d'eau-forte tout cela vous avait ! Aussi, combien je préférais ces explorations vagabondes aux promenades consacrées de la fashion, devant le café de Paris, dans l'allée de droite des Champs-Élysées, où tels et tels de mes camarades qui visaient au dandysme, ne manquaient pas de se montrer chaque jour, à heure fixe.

La jeunesse ne doute de rien. Sous le prétexte que j'avais fait quelques visites au musée du Louvre et du Luxembourg, quelques stations au cabinet des estampes, j'avais, d'un cœur léger, assumé la tâche — responsabilité qui m'effrayerait aujourd'hui — d'écrire pour un journal de musique — c'est peut-être là mon excuse — un compte-rendu du Salon du 1850-51 qui eut lieu, cette année-là, en plein hiver, dans la cour et les appartements du Palais-Royal. Je m'efforçais de suppléer à ma déplorable insuffisance par le zèle consciencieux avec lequel je regardais jusqu'au moindre tableautin, et je découvris, dans l'angle obscur d'une petite salle, une toile signée « Léon Loire » qui m'arrêta longtemps. Cela représentait deux peintres dans la campagne. L'un, chez qui rien d'excentrique dans le costume et les allures ne trahissait l'artiste, travaillait devant la nature avec une attention respectueuse et forte ; l'autre, type de rapin à longs cheveux, à la moustache romantique, au chapeau pointu, au pantalon à la houssarde, nonchalamment étendu sur l'herbe, à côté de ses outils immaculés, dissertait sur le beau au lieu d'agir. Cette plaisante antithèse était justement observée et heureusement rendue par un pinceau jeune et sincère. Plusieurs fois je revins voir la petite toile. Je me mettais mentalement au lieu et place du paysagiste laborieux, amoureux comme lui de la nature, et, comme lui, essayant de la traduire dans sa simplicité naïve. Quelque chose de ce sentiment transpira-t-il dans mon article ? C'est probable ; car quelques jours plus tard, un jeune homme d'un aspect fort régulier se présenta dans ma chambrette d'étudiant ; c'était Léon Loire. Il venait, disait-il, me remercier des lignes bienveillantes que..., etc. Il suffit d'un quart d'heure de conversation pour que le peintre et le soi-disant critique d'art devinssent les meilleurs amis du monde. Loire me fit promettre de l'aller voir à Vaugirard, où il habitait en famille, et nous nous quittâmes en nous disant : « A bientôt ! »

M'introduire dans un atelier, voir les études pendues à la muraille, les chevalets, les toiles ébauchées, les cartons gonflés de croquis, quelle fête ! Le modeste intérieur du peintre, qui vivait entre sa mère, sa femme et son enfant, avait une bonne senteur d'honnêteté provinciale qui me rappelait ma famille. A cette époque-là Vaugirard n'était pas Paris. Je doute même qu'il le soit tout à fait devenu depuis l'annexion, car il a conservé quand même son arrière-goût de banlieue. C'était donc sortir de Paris, se donner l'illusion d'une partie de campagne que de courir à Vaugirard, et depuis ma liaison avec Léon Loire, c'était toujours dans cette direction que je m'élançais lorsque je me mettais en rupture de cours.

Vaugirard comptait un petit groupe d'artistes que je connus bientôt pour la plupart. Loire, par qui j'entrai en relation avec les autres, avait appris à dessiner à l'atelier de David d'Angers. Il fournissait les éditeurs de musique de lithographies pour les frontispices de leurs publications. C'était là son « pot au feu ». Comme peintre de genre, il signa nombre de toiles d'un bon sentiment de couleur et d'une exécution consciencieuse, dont plusieurs furent remarquées à nos salons. C'est un laborieux qui ne connaît pas le découragement, bien qu'il ne soit plus de la génération qui a part à la cimaise et aux faveurs. Il est aujourd'hui un des habiles professeurs de dessin des écoles municipales de Paris.

Hippolyte Noël était l'oiseau chanteur de la bande. Gai comme on ne l'est plus, expansif, insouciant, étourdi à plaisir, Noël jetait à tous les vents son rire et son esprit qui ne mordait jamais, parce que, chez lui, l'esprit venait du cœur. Il gaspillait en enfant prodigue des dons charmants, abordant tous les genres, passant des fleurs au paysage, du printemps à l'hiver, et traitant les effets de neige avec l'expérience d'un spécialiste. Il a emprunté à la Beauce les sujets de plusieurs de ses tableaux ; mais c'est Vaugirard — son berceau — qui lui a inspiré ses meilleures choses.

Ses neiges des Salons de 1867 et 1869, « vues prises à Vaugirard », resteront comme des modèles du genre. L'âge venant, Hippolyte Noël s'est rangé dans un modeste emploi de dessinateur au Jardin des plantes, où il sait faire apprécier son caractère et son talent.

Eugène Villain était aussi une des colonnes de l'école de Vaugirard. Sans rival dans le genre auquel il s'est consacré, les natures mortes, Villain est un type d'un relief particulier. Il appartient tout entier à son art ; l'univers se résume pour lui dans la peinture et la peinture dans le petit tableau qu'il est en train d'exécuter ; mais, grâce à cette intensité de concentration, le petit tableau est souvent un chef-d'œuvre. Comme artiste, Villain est agité, inquiet, fiévreux : comme homme, il s'est fait un petit bonheur d'ours philosophe qui se plaît dans sa tanière et y trouve la sérénité et l'indépendance. Son exubérante vitalité a besoin, pour se dépenser, du bruit et du mouvement. Il parle avec une vobubilité aidée d'une mimique expressive ; mais il fuit son interlocuteur et lui échappe constamment. Il a tout à la fois le grain nécessaire à l'artiste et un fonds de solide bon sens par où il se rattache à la génération disparue. On a peine à savoir au juste ce qui domine, chez lui, de la bonhomie ou de la finesse ; et ce qu'il y a de certain, c'est qu'il n'est pas toujours aussi paysan du Danube qu'il affecte de le paraître.

C'était encore Reverchon, l'habile graveur de camées ; Charles Levée, un artiste de goût qui modelait la cire, pétrissait la glaise, taillait le bois et le marbre pour le compte de statuaires en réputation ; Fauvelet, qui eut son heure de célébrité et que l'on compara un instant à Meissonier. D'une nature droite, mais facile au découragement, les marchandages des courtiers d'art l'écœurèrent, et il s'enfuit en province, à Chartres, où la municipalité lui avait proposé l'emploi de professeur de dessin, et où il est mort infirme, triste et oublié ; Jobbé-Duval, fourvoyé dans la politique, qui mourut dans la peau d'un édile de la ville de Paris ; Valadon, de l'atelier Cogniet, un ravagé qui a le front dans les nuages, un tourmenté qui court après « l'Idée », comme le bonhomme de la fable après la Fortune, un obstiné lutteur, souvent déçu, jamais lassé, qui compte beaucoup de campagnes, pas mal de blessures et quelques brillants coups de pinceau qui ont mérité d'être cités à l'ordre du jour. Enfin, le plus célèbre de tous, François Bonvin, un sage qui a trouvé sa voie et n'en a pas dévié ; un maître apparenté aux plus illustres, à Rembrandt, à Pierre de Hooghe, à Chardin, aux Lenain. Il

a pris à ceux-là le rayon d'or qui illumine leurs toiles, à
ceux-ci leur sentiment intime et pénétrant. Ce n'est pas
un primesautier qui va où le papillon de la fantaisie
l'appelle ; c'est un doctrinaire, chez qui tout est médité,
raisonné, voulu. Bonvin s'est fait le peintre des intérieurs
hospitaliers et monastiques. Il aime à nous montrer les
bonnes sœurs distribuant des soupes aux malheureux,
instruisant les enfants de l'ouvrier, passant silencieuses et
graves, à demi cachées sous leurs cornettes, dans les longs
corridors froids, ou bien se croisant dans le vaste escalier
de pierre du couvent à la rampe en fer forgé, vaquant aux
soins du service, priant dans le demi-jour endormi de
la chapelle.

Coloriste sobre et sévère, il éclaire d'une lumière discrète,
claustrale, dirais-je, ces paisibles épisodes de la vie spiri-
tuelle. Personne n'a mieux rendu que Bonvin le calme, la
sérénité, l'atmosphère *sui generis* de ces asiles bénis de la
prière et du renoncement. Esprit libre, mais point sectaire,
il n'a jamais abandonné un ordre de sujets qui convenaient
à son talent. Quels que puissent être les sentiments parti-
culiers du peintre, c'est, de sa part, une preuve d'indépendance et d'intelligence artistique d'être resté fidèle
à lui-même en dépit des revirements d'écureuil de l'opinion,
et d'avoir osé montré que l'art se meut dans une sphère
supérieure aux mobilités et aux contingences de la politique.

Bonvin était le chef écouté de la petite école de Vaugirard. C'était un esthéticien qui frappait les mots comme
des médailles, et dont on se répétait, comme paroles
d'Evangile, les rigoureuses formules et les arrêts cassants.

Bonvin, qui habita un peu partout dans sa vie aventu-
reuse, avait à Vaugirard des attaches de famille qui l'y
ramenaient fréquemment. Son père y cumulait les fonctions
de garde champêtre de la commune avec l'exploitation
d'un petit fonds de marchand de vin dans la plaine de
Vaugirard. Grand, sec, légèrement voûté, le père Bonvin
avait les allures et le zèle professionnel d'un vieux militaire
esclave du devoir. Il était la terreur des gamins en ma-

raude et n'était pas moins redouté des vagabonds, repris
de justice, malfaiteurs de la pire espèce, qu'il pourchassait
et traquait dans les carrières, où il fit plus d'une capture
importante.

Le cabaret du père Bonvin était bien connu de la petite
colonie artistique de Vaugirard ; plus d'un poète et d'un
écrivain, amis du sans-façon de la barrière, Baudelaire,
Privat d'Anglemont, les deux Bocourt, Portier de Beaulieu,
Jules Claye, Henri Monnier, etc., y venaient, comme chez
la mère Saguet, fêter en manches de chemise la gibelotte
et le petit bleu. C'est là que je mangeai ma première
omelette de paysagiste ; et si je consigne ici ce souvenir
tout personnel, c'est qu'il me rappelle le drame mystérieux qui devait suivre de peu d'années la scène que je vais
raconter, et montrer les envers douloureux de l'art, dont
la foule ne voit que les apothéoses.

II.

Par un beau jour d'école buissonnière, où Loire, Noël
et moi, nous avions battu les sentiers de Vaugirard à Issy,
de Vanves à Clamart, fouillé les moindres accidents de
terrain, exploré les carrières que signalaient, au loin, leurs
grandes roues cabalistiques, noté tous les effets que les
phénomènes lumineux du ciel faisaient courir sur la plaine,
et considérablement discouru sur les colorations, les lignes,
les plans et les valeurs, nous revenions, le soir, harassés,
fourbus, l'estomac dans les talons, lorsque surgit à l'horizon le petit cabaret sauveur du père Bonvin. Nous le
saluâmes tous d'un commun élan, alléchés par de réjouis-
santes perspectives d'omelette au lard et de lapin sauté.
L'oasis n'apparaît pas plus consolante au voyageur du
désert. Je vois encore la pauvre masure aux murs noircis,
et, tout autour, la plaine morne et nue, les savarts coupés
de fondrières, et de place en place, un champ de luzerne
accentuant d'une note plus verte la dominante grise du

paysage. Plus loin, de longs cordons de murs au delà desquels se développait la ligne sombre des maisons de Vaugirard.

Le bâtiment se composait d'une partie centrale et de deux annexes de hauteur inégale. Au rez-de-chaussée, trois pièces, au-dessus desquelles régnaient deux ou trois chambrettes et un grenier dont la lucarne entaillait la muraille jusqu'au plafond de l'étage inférieur. Sur la face latérale, regardant Paris, assez haut pour que cet appel tentateur frappât de loin les carriers allant à leurs travaux, on lisait cette devise, imitée des armes parlantes de nos vieux gentilshommes : « *A bon vin*, point d'enseigne. » Un jardinet clos de haies vives, aux nombreuses trouées bouchées d'épines sèches, essayait d'affrioler les consommateurs avec ses maigres tonnelles mal protégées contre les ardeurs du soleil couchant par quelques arbres poudreux et rachitiques. C'est là que nous nous attablâmes gaiement, persuadés que nous étions « à la campagne » ; et, de fait, pour nous tous qui rompions avec nos chaînes quotidiennes, c'était l'espace, le grand air, la nature enfin, dont on sentait déjà les âpres effluves à travers les misères des faubourgs.

En dépit des pauvretés de la zone suburbaine, ces terrains pelés et plats, aux végétations souffreteuses, avaient des charmes infinis pour nous autres, férus de la passion des tons fins. C'était le temps où Montmartre devenait à la mode dans les ateliers, où Michel commençait à prendre faveur, où Ch. Jacque, Chintreuil, Hoguet, Hervier, Lavieille réhabilitaient la banlieue.

Nous faisions honneur de notre mieux à la piètre cuisine du lieu, lorsque les accords d'un orgue harmonium résonnèrent dans le silence grave de la plaine. Instinctivement, je tournai la tête, cherchant d'où sortaient ces arpèges insolites. Il n'y avait pas à douter. C'était bien par la fenêtre ouverte du cabaret que nous arrivait cette soudaine explosion de sonorités. Une phrase musicale, d'un rythme lent et mélancolique, succéda bientôt au bruyant réveil du clavier. Cette caresse mélodique si inattendue prenait, dans ce cadre étrange, une valeur et un relief si singuliers que jamais, salle Herz ou salle Erard, préludes de virtuoses ne m'impressionnèrent plus vivement. Je restai là, surpris et silencieux, la fourchette levée, l'oreille attentive.

« C'est Léon Bonvin que vous entendez là, me dit Hippolyte Noël, — le frère du peintre que vous connaissez. Il est né musicien et s'est formé tout seul. Sauf un vieil invalide mélomane qui lui donna quelques notions élémentaires, en venant boire son demi-setier tous les dimanches, on peut dire que Léon n'a jamais eu de maître. Ce fut un beau jour pour lui que celui où cet instrument entra dans la maison. C'est son frère et Bressant qui le lui procurèrent ; Bressant est très lié avec le peintre, et l'élégant marquis des comédies de Marivaux ne dédaigne pas de venir parfois dîner ici, sous la tonnelle, les coudes sur la table. Quant à Léon Bonvin, le brave garçon va de son orgue à la cave et à ses fourneaux sans se faire prier. Il interrompt son morceau pour servir la pratique, qui, d'ailleurs, est assez rare, les dimanches et lundis exceptés. Mais vous n'êtes pas au bout de vos étonnements. »

Noël frappa son verre de la lame de son couteau. Aussitôt l'orgue fit silence et un grand garçon parut. A le voir, avec sa serpillière agrafée derrière le dos par-dessus sa blouse bleue, l'air doux, timide, embarrassé, on eût dit le garçon tonnelier du tableau bien connu de Chardin.

« Tu serais bien aimable de nous montrer tes dessins, cela fera plaisir à mon ami, qui t'apprécie déjà comme musicien et désire maintenant faire connaissance avec le peintre.

Léon Bonvin rougit un peu, disparut, et revint avec un carton bourré de ses œuvres. C'étaient des fusains, des aquarelles dessinées à la plume avant la pose des tons. Il y avait des objets de cuisine, des fruits, des légumes, des fleurs, des plantes, des bouts de paysage vus par un œil candide et rendus d'une main patiente. Cela touchait au caractère à force de sincérité et de naïveté. C'était intéres-

sant comme promesse, mais incomplet comme résultat.
Bien qu'elles rappelassent certains hollandais par leur
recherche minutieuse, ses aquarelles, auxquelles il donnait
trop uniformément des fonds noirs, semblaient bien le
produit spontané de ce cerveau méditatif et solitaire. Soit
que cette tendance au noir lui appartînt en propre, soit
qu'il la tînt de son frère, qui attacha toujours plus d'importance à la justesse des valeurs de tons qu'aux recherches du coloris, on peut dire de Léon Bonvin qu'il voyait
sombre.

Je ne me lassais pas de feuilleter le carton ; c'était tantôt
un arbre découpé avec la précision d'une silhouette sur un
ciel d'un bleu profond ; tantôt un chardon, un bouillon blanc
étudié avec la curiosité d'un botaniste ; tantôt une tendre
fleurette émergeant, toute fraîche et odorante, de son lit de
mousses et de graminées ; tantôt quelques objets de ménage
empruntés au vulgaire mobilier du cabaret ; toujours des
choses vues, longtemps regardées, prises dans l'étroit rayon
de sa vie de tous les jours. Tout cela avait l'intimité d'une
confidence ; on y sentait l'effort solitaire, concentré, d'une
âme contemplative et refoulée.

Je remerciai chaleureusement le jeune artiste, avec des
compliments sincères et, par cela même, mesurés.

« Vous êtes heureux, ajoutai-je, de partager votre temps
entre un métier qui vous assure le pain quotidien et l'art
que vous aimez...

— Oh ! monsieur, me répondit-il avec un accent d'a-
mertume qui me frappa, ce n'est pas un partage, mais une
lutte ; et, dans cette lutte, c'est toujours le métier qui tue
l'art. »

Pauvre garçon, pensai-je, encore une victime des fatalités
de la vocation ! N'y a-t-il pas, en effet, entre la vie réelle
que le destin lui a faite et sa vie imaginaire, un désaccord
qui prendra dans l'avenir un caractère de plus en plus
aigu ? Pourquoi le tourment de l'idéal a-t-il troublé cette
âme simple de travailleur ? Il y a des dons qui sont comme
une perfidie du sort. Ce n'est pas impunément que l'on

trempe les lèvres à la coupe des voluptés supérieures de
l'intelligence. Quand, des pays du rêve où l'imagination
s'égare, il faut retomber au comptoir de zinc et aux
casseroles du gargotier, la chute est trop douloureuse et
l'on s'y brise.

Les choses allèrent tant bien que mal tant que le père,
homme sévère et rigide, vécut. A sa mort, François Bonvin fit tout ce qu'il put pour décider Léon à laisser vendre
l'établissement, persuadé que ce grand garçon moutonnier,
passif, sans ressort, qui avait toujours besoin d'un guide et
d'un appui, était hors d'état de se tirer d'affaire.

« Viens avec moi, lui disait-il, je te trouverai un emploi
d'organiste dans quelque chapelle, et si tu veux suivre la
route que je te tracerai, tu vendras tes dessins et tu feras
ton trou comme un autre ».

Mais le malheureux préféra se marier et reprendre
l'établissement qui ne tarda pas à péricliter. Le petit
cabaret perdit cet air ordonné et propret qui constituait
tout son luxe. Pour consacrer plus de temps au dessin,
Léon Bonvin prit un garçon de cave à deux francs par
jour. C'était courir à la ruine. Les échéances se succédaient
et la caisse était vide. Léon s'en alla timidement, son
carton sous le bras, offrir ses dessins aux marchands de la
rue du Bac et de la rue Laffitte, qui les lui payaient dix
francs. Encore n'en eussent-ils voulu à aucun prix, si le
pauvre garçon n'avait bénéficié de la notoriété que le talent
de son frère avait déjà donnée au nom de Bonvin. Il fallut
plus d'une fois l'intervention directe du peintre pour vaincre
leur mauvais vouloir. Mais enfin, Léon « vendait » !
N'était-il pas sauvé ? Hélas ! il était perdu, car cela donnait
une base à ses illusions, lui faisait trouver plus lourd le
boulet quotidien, et lui préparait de cruels mécomptes.

Les marchands ne sont pas des philanthropes. Rien ne
les oblige à acheter un « article » que la clientèle ne leur
demande pas. Or, si les productions de Léon Bonvin pouvaient toucher quelques délicats, qui goûtent d'une œuvre
d'art jusqu'aux défauts qui en affinent la saveur ; si elles

empruntaient je ne sais quelle grâce ingénue à leurs gau-
cheries et à leurs inexpériences, elles restaient lettre close
pour le grand public, le public qui paye. Sans doute, le
don naturel est l'élément essentiel, supérieur et divin.
Encore faut-il que l'artiste sache le mettre en œuvre. Les
marchands, eux, ne font pas d'esthétique. Ils ne vous
forcent pas à être poètes, mais ils tiennent à ce que l'on
sache son métier. Voilà pourquoi ils se montrèrent de
moins en moins bien disposés pour des « choses qui,
disaient-ils, n'étaient pas de défaite » ; aussi ne tardèrent-ils
pas à fermer définitivement leur caisse.

Léon Bonvin se sentit bientôt acculé, anéanti, perdu.
Ajoutez, à toutes ces amertumes, des chagrins domestiques,
les souffrances d'une nature supérieure à son milieu, les
heurts d'une âme rêveuse aux prises avec les réalités brutales de la vie, et vous entreverrez avec effroi le lugubre
dénouement qui termina ces luttes sourdes et ces longues
angoisses...

Des maraîchers qui portaient aux halles leurs fruits et
leurs légumes pour le déjeuner de Paris, virent, le matin
du 10 février 1866, en traversant le bois de Meudon, un
cadavre qui se balançait sinistrement à la branche d'un
arbre... C'était le pauvre Léon Bonvin !. . . . . .

Il y avait cinq jours qu'il avait quitté sa maison, laissant
un état de sa situation qui ne faisait que trop pressentir sa
funeste résolution : cinq jours d'anxiétés et de douleurs
pour ceux qui le cherchaient. Né à Vaugirard en 1833,
Léon Bonvin avait trente-deux ans.

A cette époque, la statistique du suicide n'avait pas encore
pris les proportions qu'elle atteint aujourdhui, grâce au
souffle de désespérance que propagent d'odieuses théories,
et cette lamentable histoire fit sensation. Léon Bonvin
laissait sans ressources plusieurs enfants ; François Bonvin,
qui portait à son frère une affection profonde, organisa
une vente des dessins de Léon, à laquelle les artistes s'em-
pressèrent d'apporter leur concours. Elle eut lieu le 24 mai
1866. Où sont-ils allés, tous ces naïfs et intéressants

dessins ? Qui les a recueillis ? Je songeais à leur mystérieux destin lorsqu'en visitant l'exposition dite « des dessins du siècle », à l'école des beaux-arts, je ne fus pas peu surpris de trouver la réponse à ces questions. J'y découvris, en effet, et en excellente compagnie, un joli dessin de Léon Bonvin, daté de 1861 : une branche de pommier dans sa toilette printanière de fleurs et de boutons, enchâssés dans leurs collerettes de feuilles d'un vert tendre. Ce frais rameau s'enlève sur un fond de verdure d'un ton sourd et puissant. Ce curieux spécimen du talent de Léon Bonvin appartenait à Ph. Burty.

J'ai noté encore, dans les salles du quai Malaquais, trois autres dessins-aquarelles qui font partie de la collection de M. Boussaton : un petit paysage, « le Chêne de Chaville », où le peintre a poussé le souci du détail à un point qui rappelle De La Berge ; une nature morte, et un Intérieur de cabaret offert par F. Bonvin à M. Boussaton, commissaire-priseur, qui avait prêté à la vente son ministère désintéressé. François Bonvin possédait aussi plusieurs souvenirs du regretté Léon, entre autres : une étude d'arrosoirs en cuivre traitée avec une largeur inaccoutumée ; des coins du jardinet et de la maisonnette, le soir, avec la fenêtre éclairée du cabaret, et un portrait au fusain du père Bonvin. C'est la tête osseuse, énergique, sévère d'un honnête homme.

Je reviens à « l'Intérieur de cabaret » dont je parlais il y a un instant. N'eût-il produit que ce petit chef-d'œuvre, Léon Bonvin mériterait qu'on ne l'oubliât pas. C'est un Lenain, par sa pénétrante intimité. C'est un Pierre de Hooghe par la vive et vraie lumière qui flotte et circule dans l'humble logis et met chaque objet absolument à sa place. La mère du peintre, vue de dos, manipule ses litres à son comptoir d'étain. Dans le fond de la pièce, voici l'armoire à linge, et l'horloge-coucou près de la porte de l'arrière-salle où devisent trois consommateurs debout. C'est étonnamment vivant, réel et lumineux. On peut dire de cette page exquise, selon le terme à la mode, quelle

a été vécue. Car c'est là, entre les quatre murs du pauvre
cabaret, qu'a grandi, senti et souffert le doux et inoffensif
martyr de l'art. Il était tout naturel qu'il se surpassât en le
peignant. Grâce à l'exposition de l'école des beaux-arts,
voilà le remarquable petit tableau désormais signalé, connu,
classé. Décidément, rien de ce qui est beau ne se perd.
Cela console un peu. L'artiste meurt à la peine, mais son
œuvre survit. N'était-ce pas là surtout ce qu'il ambition-
nait ?

Quant au petit cabaret borgne et au maigre enclos qu'en-
soleillait la joie de nos vingt ans, ils ont disparu, eux
aussi, ou du moins ils ont été complètement défigurés. La
bâtisse a été surélevée et prolongée aux dépens du jardinet,
dont le surplus forme une cour humide et malpropre. Cette
construction sans solidité, affectée à des logements ouvriers,
se trouve située rue de Dantzig (aujourd'hui rue François
Bonvin) vis-à-vis la rue des Morillons. Bientôt sans doute
elle fera place à une de ces maisons-casernes comme il s'en
construit tous les jours dans le réseau de rues que l'édilité
parisienne a tracé en tous sens dans la plaine annexée.
C'est la grande ville qui déborde, qui s'étale, qui dévore
le paysage, qui dévorera le pays et dont les grossissements
monstrueux semblent un désordre social qui inquiète la
pensée.

EUGÈNE VILLAIN

I.

C'est à une œuvre de justice et de réparation que je
veux travailler aujourd'hui, en cherchant à tirer, de la
pénombre où on le laisse, un artiste digne de la célébrité
dont jouissent ses confrères qui n'ont certes ni son mérite,
ni ses longs et solides états de services. Dans le genre
spécial où il excelle, dans la peinture de natures mortes,
Eugène Villain peut trouver des égaux, mais pas de supérieur. D'où vient que le grand public ne le connaît pas ?
C'est que ce nom n'est consacré par aucune de ces distinc-
tions officielles qui gardent un prestige souverain sur la
foule, bien que le savoir-faire et la camaraderie y aient
souvent plus de part que le véritable talent. Villain n'a
jamais eu ni rubans ni médailles, ni faveurs ni honneurs.

C'est un « oublié » dont l'heure est passée ; c'est plus exactement encore un délaissé, — peut-être parce qu'il est un indépendant.

Quiconque aujourd'hui ne s'enrôle pas dans un groupe, ne s'affilie point à quelqu'une de ces sociétés de la courte échelle qui fabriquent les réputations au plus juste prix, est implacablement tenu pour suspect, et, pour me servir de l'argot du jour, considéré comme un « gêneur ». Villain ne se gêne guère en effet pour dégonfler les réputations surfaites et traiter avec la plus entière irrévérence les auréoles de fer blanc. En voilà assez pour le faire mettre à l'index par les « malins » qui cultivent avant tout l'art de se pousser. J'ajouterai qu'il s'est un peu mis de côté lui-même en restant étranger, par goût et par caractère, au mouvement des nouvelles couches artistiques. Villain est demeuré rigoureusement conforme au type de 1840, à vareuse et chapeau mou. Ce n'est pas sa faute si, pendant qu'il travaillait à son chevalet, loin du tapage parisien, — à Vaugirard — tout se renouvelait autour de lui, mœurs, idées, costume, langage. Avec ses libres et franches allures, il est comme dépaysé au milieu de la génération artistique actuelle à façons de gentleman. C'est une sorte de Flamand, non seulement par la curiosité de son œil et la délicatesse de son sens coloriste, mais aussi par sa vie simple, honnête, sans besoins, ennemie de la pose et de la contrainte.

Pour établir la modeste généalogie d'Eugène Villain, il nous faut remonter à l'époque où s'introduisit en France l'invention de l'allemand Senefelder connue sous le nom de lithographie, c'est-à-dire vers 1815. Au nombre des imprimeries qui se fondèrent alors pour l'exploitation du procédé nouveau de reproduction, se distinguait celle de François Villain (1). Il n'est pas un collectionneur qui n'ait lu ce nom au bas de ces lithographies originales signées des deux Vernet, Karl et Horace, de Géricault, de Charlet,

(1) François Villain est l'aïeul d'Henri Villain, le sympathique pensionnaire de la Comédie Française.

d'Eugène Delacroix, pièces si recherchées aujourd'hui. François Villain avait pour premier ouvrier son frère Constant. Celui-ci était un homme au cœur ferme dont les annales du bien ont conservé le souvenir. Il avait fait la campagne de France dans les hussards Chamboran du général Ducis, et, rentré dans la vie civile, il y continua les traditions de courage et de dévoûment dont il avait contracté l'habitude à l'armée. Il se signala par de nombreux faits de sauvetage qui lui valurent toutes sortes de médailles et la croix de la Légion-d'Honneur. C'est à l'honnête foyer de cet homme de bien que naquit, rue de Sèvres 19, le 15 avril 1821, le peintre Eugène Villain.

Eugène Villain est donc en quelque sorte un enfant de la balle. Il suffisait qu'il se laissât vivre dans son milieu, qu'il ne résistât point à sa prédestination pour qu'un beau jour il se réveillât peintre sans qu'il sût pourquoi ni comment, et sans qu'il soit possible aujourd'hui d'assigner à sa vocation une cause déterminante, un point de départ précis. Il joua tout enfant avec les essais des lithographies de Charlet, Decamps, H. Bellangé, Bonington, Isabey, etc. Il faisait son régal des épreuves de rebut, et ce fut dans cet abécédaire qu'il apprit à lire les éléments des formes et des valeurs de tons. Le sens de la vue fut donc le premier exercé chez lui, et l'œil de l'enfant contracta de bonne heure un rare degré de sensibilité et de justesse.

L'enfant rencontrait souvent à l'imprimerie de son oncle les maîtres que nous venons de nommer et qui prenaient plaisir à caresser un instant, d'une main amicale, les boucles frisées du petit blondin. C'était aussi une fête pour lui quand il pouvait se glisser derrière son père dans l'atelier du peintre d'histoire Heim pour qui Constant Villain, en voisin complaisant, posait tantôt un musculeux biceps, tantôt de solides pectoraux qu'eussent enviés les modèles de profession. Les toiles, les ébauches, les chevalets, les palettes chargées de couleurs, les portefeuilles bourrés de dessins ; tout ce bric-à-brac artistique, entrevu confusément, frappait singulièrement l'imagination de l'enfant.

Des nombreux artistes que leurs travaux amenaient journellement à l'imprimerie, Charlet qui demeurait dans le quartier, (passage Santerre, rue de Vaugirard), était l'un des plus assidus. Il était devenu d'ailleurs, comme Constant Villain, sous l'ordre de choses inauguré par « les trois glorieuses, » un garde national zélé, et la camaraderie de l'épaulette les rapprochait naturellement. Seulement les deux capitaines ne s'accordaient pas toujours ; car pour le père Villain, qui n'y entendait pas malice, la garde nationale avait pour mission essentielle de défendre les institutions, tandis que Charlet au contraire voyait au besoin, dans la milice citoyenne, un moyen de les combattre.

Un beau jour, Charlet proposa au père Villain de prendre à son atelier ce grand garçon à qui l'école primaire avait enseigné les rudiments indispensables, et Eugène ne se fit pas prier ; mais par suite peut-être des petits dissentiments politiques dont nous venons de parler, et qui ne laissèrent pas d'amener quelque refroidissement entre les deux bonnets à poil, l'élève quitta l'atelier de Charlet pour celui de Léon Cogniet, dont le père, ferblantier rue de Seine, était depuis longtemps en relations de bon voisinage avec la famille Villain. Eugène eut pour condisciples dans ces deux ateliers Ginain, Valerio, Lalaisse, Cham, qui a su apporter dans la caricature le spirituel bon sens, la gaîté sans fiel et presque l'urbanité ; Pezous, Thiollet, deux bons peintres qui sont goûtés surtout par les peintres ; Alfred Arago, Lapostolet, un de nos paysagistes les plus lumineux et les plus chatoyants (1).

Bien que les questions littéraires fussent la moindre des préoccupations d'Eugène Villain, il s'affilia, à l'exemple de quelques-uns de ses camarades, au petit cénacle des « buveurs d'eau », qui se réunissait chez Henri Murger, rue de la Tour d'Auvergne, ou, plus à proximité des néophytes,

---

(1) Charles Lapostolet, né à Velars (Côte-d'Or), le 26 sept. 1824, est mort à Domène (Isère) chez sa sœur où il était en villégiature, le 24 juillet 1890, âgé de 66 ans.

chez les frères Desbrosses, rue du Cherche Midi. Villain rencontrait là Baudelaire, Champfleury, Tabar, Chintreuil, Ch. Laujol de Lafage, Bisson tombé en photographie, Schanne, le Schaunard de « la vie de Bohême », Wastine, etc. Ce Wastine faisait, la nuit, à l'imprimerie Lemercier, les tirages du journal *le Charivari*, et suivait, le jour, les cours de l'école des Beaux-Arts. Il semblait, au dire de ses amis, organisé pour le grand art ; mais le pauvre garçon, si courageux, mourut à la peine, usé par le travail et les privations.

Il va sans dire que c'était par résignation, et non par goût, que les sociétaires, — la fleur de la Bohême d'alors, — s'étaient voués à l'eau claire. Villain pour sa part n'eut jamais un enthousiasme déréglé pour ce breuvage philosophique, mais débilitant. Il n'a jamais connu le luxe ni les privations. Son père, avec ses façons de bourru bienfaisant, régala plus d'un buveur d'eau d'un bon verre de vin, et fit souvent manger la soupe aux poètes faméliques et aux pauvres diables d'artistes qu'Eugène amenait au logis.

Le soir, Villain allait peindre d'après le modèle dans cet atelier de Suisse par où passa toute notre génération artistique. Il y connut Courbet, Guillemin, Jules Breton Péquègnot, le bachelier de la bande, gai comme on ne l'est plus, doué d'aptitudes très diverses qui eussent fait de lui, selon les circonstances, un peintre, un écrivain, voire un mathématicien ; mais ce spirituel original avait trop ri de tout pour ne pas douter de lui-même, et il contracta avec la gravure un mariage de raison qui lui assura la table et le logement et lui fit la vie douce et facile. (1)

---

(1) Péquègnot (Auguste), né à Versailles en 1819, fils d'un officier de l'Empire, neveu par sa mère de l'historien Th. Lavallée, fit ses études au Prytanée de La Flèche et au lycée de Versailles. Élève de Ciceri, il a débuté par des aquarelles librement traitées et contribué à la renaissance de l'eau-forte par une série de planches pittoresques sur les vieux quartiers de Paris, 1845-1850. Il a publié un savant traité de perspective, et un ouvrage considérable intitulé « ornements, vases, et décorations d'après les maitres ». Cet ouvrage se compose de 800 pl. gravées en fac-simile qui forment une vaste encyclopédie de l'art décoratif. Péquègnot était, depuis 1863, professeur de dessin à l'école commerciale de la rue Trudaine. Il mourut le 17 décembre 1878.

Ce fut avec Bonvin que Villain se lia le plus intimement, soit qu'une certaine similitude de tempérament les
rapprochât, soit que Bonvin le dominât par la rigueur de
ses formules esthétiques. Peut-être serait-il juste de dire
que si Charlet et Cogniet enseignèrent à Villain les rudiments de l'art, c'est Bonvin qui lui en révéla l'esprit. Il y
avait d'ailleurs une raison d'un autre ordre pour qu'ils
ne se perdissent pas de vue. Villain, aussitôt son mariage,
alla habiter auprès des parents de sa femme, à Vaugirard,
et Bonvin était, comme on sait, un enfant de ces quartiers
suburbains.

II

Eugène Villain exposa, pour la première fois, en 1846.
En digne élève de Léon Cogniet, ce fut par des portraits
qu'il débuta. Il exécuta pour le salon de 1849 le portrait
de son père en uniforme de la garde-nationale. L'Exposition eut lieu cette année-là au château des Tuileries, et le
capitaine Villain dut être quelque peu surpris et mal à
l'aise de parader en habit militaire dans ce palais désert
dont l'hôte exilé méditait sans doute sur les retours de la
faveur populaire en général, et en particulier sur la fidélité
des milices citoyennes.

On sait l'itinéraire compliqué que suivit l'Exposition
des artistes vivants avant de prendre possession du Palais
de l'Industrie. La révolution de 1848 rendit à l'art et aux
artistes le service de débarrasser le Louvre de l'Exposition
qui confisquait, pendant trois ou quatre mois de l'année,
la grande galerie du musée, et de démolir l'affreuse galerie
de bois qui cachait la façade du monument sur la cour du
Carrousel, encombrée alors de palissades, de baraques, de
d'échoppes de tout genre. Le salon de 1848 était en prépa-
ration lorsque la révolution éclata. Il fut le dernier qui
logea au Louvre. En 1849, comme nous venons de le voir,

il alla demander un asile momentané aux Tuileries qui n'étaient rien moins que propres à cette destination, et il campa l'année suivante dans les appartements et la cour du Palais Royal aménagée à cet usage par des constructions en planches. (1)

Ce fut à ce salon de 1850-51 — il ouvrit le 30 décembre 1850 — que Villain commença à se signaler comme un peintre d'avenir. Il s'y essaya dans la peinture de genre, dans le portrait, dans le paysage et dans la nature morte où il atteignit d'emblée la perfection. Il avait peint une timbale d'argent, flanquée d'une assiettée de pommes, d'une cafetière en cuivre, et relié ces divers objets par une étoffe de soie à rayures jaunes et roses. Les fines harmonies de ce frais bouquet de tons, la conscience avec laquelle l'artiste s'était complu à étudier sur la surface polie de l'argent les reflets confus des objets voisins, attestaient un œil d'une rare délicatesse.

Villain attribuait si peu d'importance à sa toile qu'il l'avait vendue, avant le salon, à un marchand de couleurs de la rue de Sèvres pour la bagatelle d'un louis. Quel ne fut pas son désappointement quand il vit se présenter chez lui un amateur authentique, porteur d'offres sérieuses ! Il ne put que le renvoyer au Mécène de la rue de Sèvres qui céda la timbale pour deux cents francs. L'heureux possesseur du tableau, désolé que son argent n'entrât point dans la poche du peintre, lui en commanda immédiatement un second comme fiche de consolation. La timbale portait décidément bonheur à l'artiste. Elle fut le point de

(1) Disons pour compléter cette odyssée de nos Expositions, que le Salon n'eut lieu que deux fois au Palais-Royal, en 1850-51 et en 1852. Il quitta ce palais en 1853 pour se transporter dans les bâtiments des « Menus-plaisirs », au faubourg Poissonnière. C'étaient des ateliers et magasins dépendant du garde-meuble, sur l'emplacement desquels passe aujourd'hui la rue du Conservatoire. Nouvelle émigration en 1855 avenue Montaigne, où vint converger de tous les points de l'Europe la plus splendide collection qui fut jamais des chefs-d'œuvres de l'art contemporain ; et en 1857 prise de possession du Palais des Champs-Elysées. Notons que de 1853 à 1865, les Expositions furent bis-annuelles.

départ de sa réputation — dans le monde des ateliers tout au moins, — et l'origine de relations aussi avantageuses qu'agréables ; car l'amateur en question — qui n'était autre que M. Jules Claye, l'imprimeur — devint bientôt pour Villain un client fidèle, un protecteur et un ami.

La « timbale d'argent » révéla donc à Villain ses véritables aptitudes, et bien qu'il ne renonçât point à la peinture de genre où la finesse de sa couleur et la franchise de sa touche l'ont fait souvent réussir, surtout dans les compositions de petites dimensions, il fut classé désormais, de par son succès même, parmi les peintres de natures mortes. Tout le prédisposait en effet à prendre, dans cette spécialité un peu étroite, un rang distingué. Son idéal artistique, borné à la perfection du rendu, écarte, comme étranger à cet objet, tout ce qui est du domaine de l'imagination. Villain a beaucoup regardé pendant sa vie ; il a peu lu, et ce n'est pas à travers les livres qu'il a appris à voir la nature. Le champ de ses notions et de ses aspirations esthétiques en est moins étendu. Il est d'une souveraine indifférence pour tout ce qui dépasse les horizons du praticien : « Ça, dit-il dédaigneusement, c'est de la poésie... » Mais, en concentrant ses facultés sur un point unique, en s'attachant à exercer exclusivement l'organe-agent de ces sortes de qualités, c'est-à-dire l'œil, Villain a fait du sien cet outil merveilleux, cet instrument perfectionné qui résume tout entier ce maître-ouvrier.

Je ne disconviens pas que la peinture de natures mortes est un genre secondaire en ce qu'elle ne met pas en œuvre, de la part du peintre, comme les genres héroïques, les facultés de l'imagination créatrice, la science de la grande composition, et qu'elle n'a rien à voir avec les deux difficultés suprêmes de l'art, le mouvement et l'expression. C'est l'art sous sa forme la plus matérielle et la moins élevée. Dans la représentation des natures mortes, l'artiste n'a pas besoin d'aller au-delà du modèle qui pose sous ses yeux, comme le peintre d'histoire. Il n'a pas d'idées générales à exprimer. Il n'a qu'un but, l'imitation ; mais il a le devoir de la pousser jusqu'à son plus haut degré de perfection.

Je n'attache pas une importance exagérée à la classification tant soit peu pédante des genres, et je préfère une
peinture d'un genre dit secondaire qui donne le maximum
des qualités qu'elle comporte, à une œuvre de plus haute
visée qui s'arrête à moitié chemin. Ces groupes d'objets
immobiles, improprement appelés natures mortes, car il
suffit d'un rayon lumineux pour les faire vibrer et vivre ;
ces tableaux qui parlent exclusivement peinture ont bien
des séductions pour qui aime la peinture avec passion. La
nature morte n'a-t-elle pas son Livre d'or où nous lisons
les noms de Sneyders, de Kalf, de Héda, de Desportes,
d'Oudry, de Chardin ! Pourquoi, à la suite de ces noms
glorieux, la postérité n'inscrirait-elle pas le nom de Villain ?

La nature morte n'a donc véritablement d'intérêt que par
la valeur de l'exécution, et le choix des objets à représenter
est à peu près indifférent. Pourvu qu'ils ne soient pas
trop disparates, on n'en demande pas davantage. Laissons
les méchants peintres suppléer, comme ils peuvent, à leur
insuffisance, par une recherche et une ingéniosité lourdement soulignées au moyen de titres piquants. Je ne connais
rien de plus fastidieux que la nature morte à intentions
spirituelles. Le véritable artiste n'a qu'un souci : juxtaposer
des objets dont les lignes se combinent agréablement et
dont les colorations se fassent respectivement valoir.

Eugène Villain n'a jamais fait autre chose, et ses compositions sont des plus simples. Elles consistent en un objet
principal, faisant un centre lumineux autour duquel se
groupent quelques ustensiles harmoniquement subordonnés.
Il en emprunte les éléments au mobilier usuel de la cuisine
ou de l'office ; et en cela il reste dans la tradition et dans
l'esprit du genre, parce que les objets les plus vulgaires,
les plus rudimentaires comme forme et ornementation, sont
généralement les plus pittoresques, et qu'ils présentent,
sous le rapport de la couleur, de larges et simples localités.
Ce sont ceux d'ailleurs que la vie familière met chaque jour

sous ses yeux et sous sa main. Il n'a chez lui ni armes damas-
quinées, ni potiches coûteuses, ni tapis d'Orient, ni bahuts
sculptés. Son magasin d'accessoires se borne à quelques
cuivres de galbes divers, quelques vieux plats de Rouen,
quelques assiettes de bas Nevers gaiement enluminées.
C'est là qu'il prend les objets qu'il dispose, avec une entente
si juste de l'échelle chromatique, autour du pivot de ses
compositions. Ce pivot, ce morceau de résistance est tantôt
un poulet, à la chair bleutée, tout préparé pour la broche,
tantôt une côte de bœuf qu'attend le pot-au-feu, tantôt un
succulent gigot, tantôt un fromage à la pâte crémeuse, aux
blancheurs lactées, tantôt des huitres nacrées nageant dans
leur eau savoureuse, sans compter les fleurs qu'il fixe sur la
toile, dans tout leur éclat et leur parfum ; les pêches aux
velours opulents, les pommes à la pelure dorée, tachée de
réveillons rouges ; les prunes aux juteuses transparences ;
les biscuits, les jambonneaux, les pâtés, les brioches sortant
du four, toutes chaudes encore et suintant le beurre ; les
raisins secs et les chasselas ambrés, les citrons à demi
pelés, les cuivres sur lesquels la lumière allume des paillettes
d'or ou de belles flammes rouges ; les bocaux irisés, les
verres où luit le Malaga, etc., etc.

Villain ne prémédite pas ses compositions. Quand la
ménagère rentre du marché, s'il avise dans le panier aux
provisions quelque pièce qui tente son pinceau, il s'en
empare et la peint aussitôt avant de la livrer à la rôtissoire
ou à la casserole. — « Je ne me ruine pas en modèles et
en bibelots, dit-il, et avec moi, rien n'est perdu. Si je peins
un poulet ? je le mange, mon entre-côte de 1876, je l'ai
mangée ; mangés mon jambonneau et mon pâté ; mes
huitres elles-mêmes, je les ai avalées ». Cela montre, par
parenthèse, avec quelle rapidité Villain exécute quand il est
en verve. Il livre la bataille et la gagne dans la journée, et
ses morceaux les plus vivement enlevés sont les mieux
réussis. Mais cet effort exige tant de vigueur, une telle
tension de tous les muscles de l'œil et du cerveau, qu'il
en est, le soir, ruisselant et brisé. Il appelle cela : « prendre

son bain de vapeur. » Le combat est si rude que Villain hésite longtemps à l'engager, car il n'est pas homme à se contenter d'une demi réussite, et il a toujours peur avant l'action, tant il la veut vigoureuse et décisive.

III

Villain a plusieurs fois répété, à quelques variantes près,
les mêmes arrangements, notamment son « poulet » de
l'Exposition de 1855, qu'il a réédité en 1877 et en 1880.
Le poulet de 1855 a fait date dans sa vie. Villain lui doit
un des plus beaux succès de sa carrière. Le jury lui décerna
une mention honorable ; l'État en fit acquisition, et l'en-
voya au musée d'Orléans où son très zélé conservateur,
M. E. Marcille, l'appréciait à l'égal de ses meilleures toiles.
Dans l'épanouissement de sa joie, Villain apostrophait
invariablement chacun par ces mots : « as-tu vu mon
poulet ? » et pendant longtemps, cette merveilleuse année
1855 ne fut pour notre brave artiste que « l'année de son
» poulet... »

S'il est vrai que Villain a peu varié ses compositions, il
est juste d'ajouter qu'il les renouvelle par la curiosité toujours éveillée de son œil. Il n'a jamais tiré de son expérience un argument pour sa paresse. Il aborde toujours sa

toile avec une émotion inquiète, avec cet indéfinissable sentiment de crainte que connaissent particulièrement les artistes primesautiers. Ces biscuits, ces raisins qu'il sait par cœur, il les regarde encore et les fouille avec la même candeur et la même naïveté que s'il les peignait pour la première fois. Il a cette conscience d'oublier son habileté et de se faire, à chaque œuvre nouvelle, aussi sincère, aussi respectueux, aussi craintif qu'un débutant. C'est pour cela qu'il ne se crée pas d'habitudes et que sa peinture garde cette fleur de jeunesse, ce charme que l'aplomb triomphant ne saurait donner, car l'aplomb peut étonner un moment, mais il ne touche jamais.

« Faire de la peinture honnête », c'est-à-dire respectueuse de la nature, désintéressée de la mode et du succès d'argent, tel est le premier article de son « Credo. » Le second souci qui tourmente incessamment Villain, c'est..., — je me sers à dessein de ses formules, — de « faire fin, frais, lumineux... » Il appelle cela « être distingué. » Il faut prendre bien entendu ce mot dans un sens tout relatif que je ferai comprendre en disant que, sous le pinceau d'un artiste, une poêle et un chaudron peuvent être distingués, tandis qu'un vase du Japon, un coffret précieux peuvent être absolument communs, puisque c'est la qualité du ton et non la nature de l'objet qui fait la distinction artistique.

Pour obtenir la finesse, la fraîcheur, la lumière, Villain pose les tons purs et les lie en modelant. Il distribue sur la toile les taches les plus vives comme s'il y semait des fleurs. Puis, quand il a donné à ses ombres et à ses lumières leurs valeurs relatives, il en adoucit les passages au moyen de demi-tons imperceptibles pour un œil moins subtil que le sien. Ce sont ces transitions si délicatement observées qui donnent l'enveloppe, l'atmosphère, et font que chaque objet participe de ceux qui l'avoisinent par des échos et des rappels heureusement ménagés. Il repeint plusieurs fois, d'une pâte grasse et limpide, les parties qui doivent donner une sensation d'épaisseur, car il ne redoute rien tant que « d'être mince et creux » ; mais il n'a pas moins horreur de la peinture fatiguée, et il aime mieux recommencer que retoucher les parties parce qu'une œuvre d'art a, pour premier devoir, selon lui, d'être franche, et de paraître venue sans effort et de premier jet.

Dans la fièvre du travail, son œuvre lui apparaît splendide et puissante comme il l'a rêvée ; il voit sur la toile ce qu'il a dans son imagination, et il triomphe ; mais la nuit n'est pas passée que déjà le doute l'assiège, le déchire. Il a hâte de consulter des yeux neufs pour juger sa peinture à travers l'impression de ses confrères. Comme il épie anxieusement alors l'expression de leur sentiment ! Comme il les presse de questions ! « Est-ce fin ? est-ce blond ? C'est puissant, n'est-ce pas ? Ça sonne ? ça vaut-il mon poulet ? ça vaut-il mon fromage mou ? » Il ne vous laisse pas respirer. Combien on préférerait jouir en paix et en silence du plaisir que procurent ses œuvres ! Mais il faut prendre les artistes comme ils sont. Ce sont des névrosiques que je voudrais traiter avec la douceur d'un ami et la délicatesse d'un spécialiste qui connaît leurs maladies et leurs souffrances. On a souvent plaisanté l'amour-propre de Villain ; j'en connais de plus féroces, sinon de plus intempérants. S'il sollicite les compliments avec une avidité naïve, c'est qu'il a besoin de calmer l'éternelle inquiétude qui le poursuit, c'est qu'il veut s'assurer qu'il n'a pas dévié de la bonne route, qu'il voit toujours juste, et que ses « homélies » ne sont pas encore à leur déclin.

Vilain est un raffiné d'art sous une enveloppe un peu inculte. Tous les habitués de nos Salons connaissent ce gros garçon, portant ses soixante ans avec une verdeur toute juvénile, le teint fleuri, l'air bonhomme, l'œil narquois, la bouche moqueuse, bruyant, familier, tutoyeur, se livrant à une mimique excessive, tour à tour grave et loustic, virulent ou railleur, lançant de salle en salle ses boutades sanglantes, vengeant la peinture « honnête » des dédains de la foule, et déchirant à belles dents les succès de mauvais aloi qu'échafaudent la camaraderie, le journalisme, les boursiers et les cocottes.

Tous les ans, Villain a une sorte de crise nerveuse qui
dure ce que dure le Salon. L'exposition fermée, on ne le
voit plus nulle part, si ce n'est de loin en loin au Louvre. Là
il regarde, il étudie, il se réconforte, et il se remet à son
chevalet plus vaillant, plus convaincu que jamais. Trouvant
son bien-être dans son intérieur, ne convoitant rien au-delà,
il ne donne pas une heure de son temps aux relations
agréables ou utiles. Le matin, il dessine pendant une heure
sur l'ardoise, d'après quelqu'antique, car il aime la forme,
la tournure. Cet exercice fortifiant entretient la santé de
son talent comme l'escrime et l'équitation favorisent l'hygiène du corps. Il n'a jamais qu'une toile en cours d'exécution ; et cette toile l'absorbe, l'obsède à un tel point qu'il
lui serait impossible de penser à quoi que ce soit d'étranger
à l'œuvre qui l'occupe. Le tableau achevé, il « reporte
l'ouvrage... » Puis il s'octroie quelques jours de congé.
Comme ces bons ménages ouvriers qui s'offrent, le dimanche, le luxe d'une promenade à la campagne, Villain et sa
femme s'en vont respirer dans les bois de Clamart et de
Meudon. Villain s'y régale de bonnes senteurs champêtres
qui rafraîchissent son cerveau et détendent son système nerveux. Il a, devant la nature, l'admiration expansive et
bruyante : « Il en fera du paysage, et Messieurs les paysagistes n'ont qu'à bien se tenir etc... » mais rentré au logis,
un cuivre, une faïence heureusement éclairés frappent son
petit œil clignotant et fureteur ; avec sa mobilité d'oiseau, il
oublie ses résolutions d'il y a un instant : il attaque une
nouvelle étude de nature morte et retombe dans ses habitudes casanières.

Mais où sont les promenades d'antan ! Une belle et blonde
enfant égayait autrefois de son rire sonore ces innocentes
équipées. Elle était la joie et l'espoir de la maison. Elle
donnait un but aux efforts du peintre. S'il éprouva, au
moment où sévit parmi les artistes la contagion du pro-
priétarisme, le besoin d'avoir son immeuble à lui, et de
payer force contributions ; s'il acheta un terrain dans la
plaine de Vaugirard ; s'il fit bâtir, c'est parce que tout ne

devait pas finir avec lui, c'est parce qu'il espérait se survivre dans sa fille. Les années heureuses de sa vie s'écoulèrent dans cette maisonnette qu'il a, en grande partie, payée en tableaux, car les entrepreneurs étaient les premiers à lui proposer ce mode de règlement, et prenaient ses toiles comme une valeur d'avenir qu'on peut mettre en porte-feuille les yeux fermés. Le vaste atelier dont il avait savamment combiné les jours, le jardin qu'il avait pratique-ment dessiné en jardin de presbytère, furent témoins de ses meilleures joies. Mais ce fut là aussi que le frappa la grande épreuve de sa vie, là qu'il perdit sa fille. Il voulut fuir à jamais cette maison où sa vie s'était brisée. Comment les pauvres parents se redressèrent-ils sous ce coup de foudre ? Ce fut, chez Villain, le travail, chez sa femme, le dévoue-ment qui leur en donnèrent la force. Ils vivent avec leur douleur incurable ; et cette douleur si profonde, si touchante, — chrétienne, dirai-je, — ne connaît d'autre adoucisse-ment que le souvenir et l'espérance.

Ce grand chagrin avait laissé Villain dans un état d'acca-blement, de prostration qui inquiétait ses amis. Il ne voulait plus peindre et restait sourd à tous les conseils, à toutes les prières. Comment le réconcilier avec la vie, avec son art ? Une femme de cœur, qui portait à Villain l'intérêt le plus affectueux, madame Larochelle, opéra cette cure délicate. Elle s'occupait alors de la décoration et de l'ameu-blement de la spendide villa que son mari, le sympathique et heureux directeur du théâtre de la Porte-Saint-Martin, a fait construire à Meudon. Elle appela le peintre : — « Mon cher Villain, lui dit elle, j'ai à vous demander un service que vous ne me refuserez pas. J'ai besoin de panneaux pour ma salle à manger ; je ne veux pas qu'ils soient d'un autre que vous. Je vous offre 6,000 francs, comme entrée de jeu, et nous verrons après... »

Le brave Villain, que l'administration n'avait jamais gâté de commandes (1), qui en était encore à écouler ses tableaux

(1) Le musée de Toulouse possède un tableau « attributs de musique », acheté

par le magasin « du Bon marché », resta ébloui, muet
d'émotion. L'artiste reparut aussitôt, entrevoyant déjà une
occasion de se surpasser, et aucun travail ne lui fait plus
d'honneur que les quatre panneaux qui composent cette
décoration. Ils s'harmonisent avec la tonalité fauve et sou-
tenue de la pièce, non en s'y subordonnant, mais en la
dominant par leur puissance et leur éclat. Rien de plus
agréablement, de plus librement arrangé que ces gibiers,
ces fruits, ce fromage blanc, et cette côte de bœuf, prodigieuse de relief et de vérité. M. et Mme Larochelle se féli-
citaient d'avoir appliqué, sur la plaie vive du pauvre artiste,
le baume souverain du travail, et ils prirent la douce habitude de se faire pour lui une Providence vigilante et inépuisable. Mme Larochelle possède aujourd'hui la meilleure
partie de l'œuvre de Villain : les poulets des Salons de
1877 et 1880, la dinde du Salon de 1878, les pêches et
raisins du Salon de 1870, ainsi que « les joueurs », une
erreur romantique dont le peintre a déjà dit son *meâ culpâ* ;
le fromage de brie et la brioche du Salon de 1881 ; des
fleurs, pétunias et géraniums ; un potager normand, souvenir de Crillebœuf, etc., etc. Toutes ces peintures tiennent
brillamment leur place, à côté des statues de marbre de
MM. Delaplanche, d'Epinay, etc., dans ce somptueux hôtel,
dont le goût des propriétaires a su faire un musée charmant.

A Meudon, comme à Crillebœuf où M. Larochelle
possédait un élégant cottage, Villain était reçu sur le pied de
la plus aimable intimité, et il était bien entendu qu'on lui
laissait, en tout, la liberté la plus entière. — « Je ne veux
pas qu'on tourmente Villain », répétait Mme Larochelle qui
traitait son peintre comme autrefois Mme de la Sablière traitait son fabuliste. Mais on avait, malgré cela, milles peines à

à Villain, par le ministère, en juin 1870, et le musée de Marseille, une copie de
« l'Intérieur hollandais » de Pierre de Hooghe. La Chambre de commerce de
Saint-Quentin a fait, en 1880, l'acquisition du tableau de nature morte qu'il avait
envoyé à l'exposition organisée par la Société des amis des arts de cette ville.

l'arracher à son intérieur et à son chevalet ; car il ne saurait
oublier, même pour quelques heures, son perpétuel tourment d'artiste. Peindre ou parler peinture, c'est véritablement toute sa vie ; hors de là, plus rien ni personne.

IV

S'il ne fallait que du talent pour avoir des médailles, il
y a longtemps que Villain serait hors concours. Mais cela
ne suffit pas. D'abord les médailles vont de préférence, par
une pente toute naturelle, aux artistes qui sortent de l'école
des Beaux-Arts ou de l'atelier d'un des gros Bonnat, —
bonnets, veux-je dire, — du Jury. Puis, et c'est là le point
essentiel, il faut faire « le tableau à médaille ». C'est-à-dire,
poser ostensiblement sa candidature en produisant une
œuvre qui atteste, sinon des qualités originales sur lesquelles d'ailleurs on disputerait à perte de vue, au moins
un effort visible et tangible. Or, comme la question d'effort
arrive le plus souvent, dans la pratique, à se résoudre par
la question de dimension, la compétition des médailles
nous vaut cette plaie des grandes toiles vides et sans souffle
qui envahissent nos salons, de la cimaise au cintre, et y
jettent comme un voile épais de tristesse et d'ennui.

En dépit du précepte : « ne forçons point notre talent »,
chacun se surmène pour aborder le grand tableau, et
comme la recette est infaillible, comme le Jury en revient
toujours un peu à juger la peinture au mètre, par difficulté
de s'entendre, et pour sortir d'embarras, c'est à qui, parmi
les coureurs de médailles, pondra la plus grande machine.
Je me demande si Chardin lui-même, avec ses toiles de
proportions si modestes, d'un goût si discret, obtiendrait
aujourd'hui une troisième médaille. Etonnez-vous donc
après cela que Villain attende encore la sienne !

Villain est un dilettante à sa façon, un primesautier, un
sincère qui a besoin d'être ému pour avoir toute sa saveur

et qui ne peindra jamais à la toise. Il envoie, chaque année, une petite toile qui est un modèle du genre ; combien de fois, n'ai-je pas surpris, le matin, quelque favorisé du jour, voire quelque membre du Jury, méditant devant cette œuvre saine comme devant un exemple et une leçon ! Plus d'une fois vous eussiez entendu prononcer tout bas le mot de chef-d'œuvre, et si, vous armant de cet aveu, vous demandez pourquoi cet artiste si méritant n'est pas à sa vraie place : — Beaucoup de talent sans doute, vous répondra-t-on, mais ça manque d'importance. » Et c'est avec ces mots empruntés au vocabulaire de Joseph Prud'homme qu'on croit justifier de pareils dénis de justice.

L'importance ! Est-il un mot plus bête, plus inconciliable avec la notion du beau et l'essence même de l'art ? Eh bien, aussitôt que vous voulez traiter administrativement l'art par commissions et sous-commissions, la question « d'importance » impose inévitablement son lourd critérium ; car tout corps délibérant et votant est fatalement amené, par une série de transactions réciproques, à se mettre d'accord sur des œuvres moyennes, en tenant compte de mille considérations secondaires, accessoires, niaises qui finissent par prévaloir sur la question d'art. Et voilà comment des jurés que nous tenons tous, chacun pris individuellement, pour des hommes de goût, des esprits distingués et sensibles aux impressions du beau, forment, une fois réunis, une collection de bureaucrates timorés et de magisters à férule ; et comme il en sera toujours ainsi tant qu'il y aura des jurys et des lauréats, le meilleur moyen de faire primer son œuvre est encore de prendre une toile de grande taille et d'y mettre beaucoup .. de bonnes intentions.

Certes, j'admire les grandes toiles quand elles se sont imposées d'élan à l'artiste, comme le champ naturel et nécessaire de sa pensée, — le Radeau de la Méduse, par exemple ; mais lorsque le peintre se place à froid et de propos délibéré devant un chassis de plusieurs mètres carrés avec le parti-pris de forcer l'attention du public et des dispensateurs de lauriers, il va au devant d'un échec certain ;

et la médaille, s'il l'obtient, n'est plus alors que la fiche de consolation du courage malheureux.

Je ne demande pas la suppression des médailles. Ceux qui les décernent, je le sais trop bien, y tiennent au moins autant que ceux qui les reçoivent. Est-ce que nos petits grands hommes n'ont pas plus besoin que jamais de jouer avec les médailles, les rubans, les scrutins, les mandats pour éblouir le public et l'empêcher de prendre leur véritable mesure ! Mais puisqu'il faut, paraît-il, conduire les hommes comme les gamins de l'école primaire, à coups de prix et d'accessits, ne pouvons-nous du moins laisser définitivement le mètre et la toise, et juger les choses d'art d'une façon plus intelligente et plus affinée ? La patience et la volonté ne l'emporteraient plus si fréquemment sur le sentiment génial et les dons naturels. Le format des toiles diminuerait. Les artistes à tempérament délicat ne seraient plus obligés de courir à de douloureux échecs en s'imposant des tâches qui les écrasent, et l'on verrait primer, à côté de l'œuvre de longue haleine, le caprice léger enlevé d'un pinceau alerte et vibrant.

La nature morte, comme le paysage d'ailleurs, ne saurait développer démesurément son cadre sans perdre ce caractère d'intimité qui fait son charme. Le sentiment de l'artiste se refroidit à ces longs remplissages. C'est comme une essence précieuse qui perd par la dilution sa saveur et sa couleur ; c'est un verre de Bordeaux noyé dans une carafe d'eau claire. Villain n'a jamais voulu noyer son verre de Bordeaux. Convaincu que, dans le genre où il excelle, les compositions les plus simples sont les plus intéressantes, parce qu'elles caressent l'œil sans le fatiguer, il a horreur de ces déballages désordonnés d'objets disparates qui sentent le bric à brac de l'hôtel Drouot ou le carreau du Temple. Rien n'est plus commode d'ailleurs que ces accumulations confuses pour dissimuler les faiblesses de l'exécution. Une assiettée de prunes ne prouve-t-elle pas autant, de la part du peintre, que ces profusions de reines-claudes suffisantes à l'approvisionnement des halles centrales ? C'est pécher contre le goût que de dépasser la mesure au delà de laquelle l'appétence cesse, où la satiété commence, où les sens surmenés se désintéressent. Autant nous sommes tentés de mordre dans cette reinette vermeille placée là comme pour nous y inviter, autant nous restons indifférents devant ces formidables arrivages de pommes qui s'amoncellent au mail. Une simple bourriche de giroflées, de chrysanthèmes, de pensées, ne charme-t-elle pas plus sûrement le regard, et peut-être un peu le cœur, que ces charretées de fleurs dont l'œil lassé se hâte de fuir les inextricables complications ? C'était l'esthétique de Chardin qui ne surchargeait jamais ses compositions et ne sortit relativement de ses habitudes que dans ses deux morceaux de réception à l'Académie, « la Raie » et la « Pyramide de fruits. » Encore est-il excusable d'avoir fait un peu d'extra en pareille circonstance, et d'avoir mis, ce jour-là, les petits plats dans les grands.

Villain a fidèlement suivi l'exemple de son maître préféré. En dépit de la médaillomanie qui sévit avec une intensité de plus en plus aiguë, il n'a pas agrandi son format. Il ne s'est pas mis, par des violences de colorations calculées, à l'optique artificielle de nos salons. Au lieu de faire le tableau-décor, comme les habiles, il s'est contenté de montrer, chaque année, une petite toile exquise, souvent inaperçue de la foule parce qu'elle est noyée dans l'assourdissante cacophonie des tableaux environnants. Voilà pourquoi Eugène Villain en est encore, à sa mention honorable de 1855.

Loin d'avoir jamais rien fait pour aller au devant de la médaille, Villain s'est plus d'une fois desservi par l'intempérance de ses propos. Il a le Don Quichottisme de penser tout haut, et ses boutades atteignent souvent de gros messieurs habitués aux apothéoses qui ne lui pardonnent pas aisément ses franchises de paysan du Danube. Devant les mièvreries à la mode, devant les succès de surprise, il a des révoltes qui blessent comme des éclats d'obus ; ou bien il sourit malicieusement au nez des lauréats improvisés ou des peintres fraîchement décorés que son petit œil perçant et railleur met souvent fort mal à leur aise. Mais il applaudit chaleureusement aux récompenses bien données, et il ne fut pas le dernier à féliciter son viel ami Bonvin lorsqu'on lui donna la croix à la suite du Salon de 1870. — « Pourquoi ne l'as-tu pas comme moi ? lui dit celui-ci en lui serrant la main. Tu l'as pourtant gagnée comme les camarades... »

Je n'ajouterai qu'un mot à ce témoignage. Que les confrères de Villain soldent ou non ce long arriéré de compte — cela peut atteindre l'homme dans sa vie et ses intérêts, et c'est un aspect de la question que nous voulons laisser de côté ; — mais cela n'ôte et ne change rien à sa valeur artistique qui est désormais hors de discussion. Sa peinture, saine et loyale, qui n'a rien emprunté à la mode, sera à l'abri de ses retours capricieux. Elle ne vieillira pas. La postérité dédommagera ce peintre de bonne foi qui a eu au plus haut degré l'amour et la probité de son art. Elle placera quelques-unes de ses meilleures toiles au Louvre, à côté de notre excellent Chardin. Le visiteur, qui les admirera, s'inquiétera peu de savoir si l'auteur a eu ou non la médaille. Qui se souviendra alors de ces couvées de lauréats que chaque salon voit éclore, et que le puffisme artistique proclame d'emblée grands peintres, avec un tapage de grosse caisse qui étouffe les protestations du bon sens et du goût ?

Avril 1882.

BONVIN RACONTÉ PAR LUI-MÊME.

I.

Après nous être rencontrés plusieurs fois par hasard —
il y a tantôt quarante ans — chez le graveur Péquégnot et
chez les camarades de Vaugirard, nous nous étions à peu
près perdus de vue, Bonvin et moi, lorsque nos relations se
renouèrent, à l'occasion précisément de la notice qu'on
vient de lire. Ph. Burty, à qui je l'avais envoyée, écrivit
à Bonvin pour la lui signaler, et songeant sans doute à
révéler Eugène Villain au grand public que n'atteignait
pas ma modeste brochure tirée à 150, il ajoutait : —
« Villain est un vieil ami à vous, voudriez vous m'envoyer
sur lui, sur son talent, sur ses débuts, quelques notes
comme vous m'en avez fourni quelquefois ?

Voici la réponse de Bonvin. Il commence par déclarer
qu'il n'a pas connaissance de la brochure en question ; en
quelques traits essentiels, topiques, fortement burinés, il

esquisse la physionomie de Villain et établit la caractéristique de son talent. Il y a, entre les appréciations esthétiques et morales de Bonvin et celles qui sont formulées au chapitre précédent, une entière concordance que j'ai plaisir à constater en passant. Au risque d'exposer ma méchante prose à des comparaisons accablantes, je tiens à mettre, sous les yeux de mes lecteurs, cette maîtresse page d'un tour si incisif et si concis. Bonvin écrit comme il peint, avec la mâle vigueur et la sobriété des forts. C'est bien là le style de l'homme qui aimait à répéter : « C'est le *ça fera bien* qui perd les peintres. » Le *ça fera bien* est souvent aussi l'écueil des écrivains. On trouvera, quelques pages plus loin, le fac-simile de la lettre de Bonvin, à titre de pièce justificative d'abord, et aussi, comme un document plein d'intérêt pour les graphologues.

A l'envoi de ma brochure, Bonvin répondit par une invitation à déjeuner chez lui, à Saint-Germain, un dimanche, — vieille et bonne habitude de travailleur, disait-il, — à midi, l'heure des gens qui peinent dans la journée.

« Vous partirez à dix heures trente, gare Saint-Lazare, et vous me trouverez au port d'armes, à l'arrivée du train... si toutefois madame la Providence le permet. »

Il savait qu'il faut compter avec elle, lui qui venait de sortir, comme par miracle, de la maison des Frères de Saint-Jean-de-Dieu où il avait souffert mille morts.

Donc le dimanche 28 janvier 1883, nous nous trouvâmes réunis, Eugène Villain, quelques amis et moi, devant une table abondamment servie et de l'aspect le plus réjouissant. Au milieu, comme pièce de résistance, un énorme pâté, confectionné pour la circonstance par le maître-queux du pavillon Henri IV. Autour de nous, luisaient les étains sur les dressoirs, brillaient, au-dessus de la cheminée, les faïences de Delft à personnages polychromes ; et dans des cadres à profil Louis XVI, des reproductions de dessins des maîtres, montés comme ceux du Louvre, complétaient cette décoration sobre et de haut goût.

Bonvin rayonnait. — Il avait recouvré la santé — pas pour longtemps, hélas ! — Il était gai, plein de verve ; les souvenirs d'enfance lui remontaient en foule au cœur et aux lèvres. Nous n'eûmes qu'à écouter, et voici ce qu'il nous raconta. Que ne puis-je donner la mimique, l'accent, le trait qui ajoutaient tant de vie et de couleur à son récit.

II.

Mon père a fait toute les campagnes de l'empire. Il entra dans la gendarmerie en 1816. C'est dans la gendarmerie que je suis né, le 22 novembre 1817. Quand on mit mon père à la retraite, en 1828, on le nomma garde-champêtre de la commune de Montrouge d'où il passa bientôt à la commune de Vaugirard.

Je suis donc un gamin de Vaugirard et non des plus sages.

Le père Bonvin était d'une bravoure à toute épreuve et d'une probité rigoureuse. Il pourchassait, nuit et jour, les maraudeurs, les voleurs avec un zèle qui lui valut les meilleures notes à la Préfecture. Aussi quand Paris s'annexa les communes suburbaines, conserva-t-on exceptionnellement mon père, quoique son emploi se trouvât par le fait supprimé, tant ses services étaient appréciés.

Son ardeur était telle que plusieurs fois il procéda tout seul, et non sans péril à l'arrestation, de vagabonds réfugiés dans des carrières. Grâce à sa ferme attitude, il n'avait pas de peine à leur faire croire qu'il avait des hommes de renfort sous la main, et les escarpes se livraient sans résistance. Il lui arriva de poursuivre toute une nuit un maraudeur qui lui avait échappé. Ce fut à Saint-Denis que le vieux dur à cuire mit la main au collet du délinquant épuisé. Son chef à la préfecture, M. Mettetal, disait : « Avec dix hommes comme le père Bonvin, je tiendrais tout Paris. »

Le brave homme, qui était si rigoureux observateur de la loi, était bien heureux que la loi sur l'ivresse n'existât pas de son temps ; car il lui arrivait quelquefois de rentrer avec un plumet qu'il n'empruntait pas toujours à son vieil uniforme de grenadier de la garde. Je me rappelle qu'il fêta les trois glorieuses de 1830 par force libations patriotiques au cri de « Vive Napoléon II ? »

C'était surtout les jours où il faisait une pause chez la mère Saguet qu'il avait à surveiller sa démarche en rentrant sur le territoire de la commune soumise à son autorité et où il devait le bon exemple. La mère Saguet tenait, tout près de la Chaussée du Maine, une petite guinguette avec des tables et des bancs rustiques sous des berceaux où s'accrochaient quelques rares verdures. Ce cabaret était en même temps un cénacle artistique et littéraire. Dans ces temps lointains, tous les artistes et les écrivains qui voulaient fuir un moment le Paris du boulevard allaient y fricoter la gibelotte et y sabler le vin d'argenteuil. Charlet, Chenavard, Henry Monnier, Claye et bien d'autres étaient des habitués de l'établissement. Les poëtes du quartier du Luxembourg, Victor Hugo qui habitait encore la rive gauche, rue de Vaugirard ; David d'Angers, Sainte-Beuve, les Devéria, s'y réunissaient à certains jours. Hugoy remarqua mon père. Ce type de l'homme du devoir, rompu à l'obéissance passive, qui eut été capa ble de s'arrêter luimême s'il s'était cru en faute, frappa le poëte qui s'inspira de ce modèle dans sa création du policier Javert des *Misérables*. On sait que ce roman était, sinon écrit, du moins préparé et établi longtemps avant qu'il parût en librairie.

III.

Il y avait surtout deux choses sur lesquelles le père n'entendait pas la plaisanterie : la probité et la poltronnerie. Si je rapportais à la maison une bille, une toupie, un eustache de deux sous, il me fallait expliquer où, comment ces bagatelles étaient tombées en ma possession. Si je déclarais les avoir trouvées, le brave homme se faisait désigner la place exacte, s'y faisait conduire, ouvrait une enquête en forme, procédait à mon interrogatoire et gare à moi s'il relevait la plus petite contradiction ou le moindre embarras dans mes réponses.

Il est un usage, peu délicat assurément, mais très enraciné chez les bambins des écoles primaires. A la fin de la classe, lorsqu'ils quittent les bancs, ils font main basse sur les gommes, plumes, crayons oubliés sur les pupitres. Cela s'appelle « la rafle ». Le dernier de la rangée est le mieux placé pour se livrer à cet exercice avec quelque chance d'impunité. Un jour je mis prestement la main sur un joli canif à virole d'argent qui avait allumé toutes mes convoitises. Mais il ne me suffisait pas de m'en être emparé ; je voulais en jouir. Je le regardais à la dérobée et le maniais si souvent que mon père le surprit entre mes mains. Vite, voilà les questions qui commencent. — « Je l'ai trouvé près du bassin du Luxembourg ». — « Viens me faire voir la place. » Aussitôt descente sur les lieux, nouvel interrogatoire. « Hum ! Hum ! grommelle le vieux garde champêtre soupçonneux, tout ça n'est pas clair... » et nous regagnons silencieusement Vaugirard.

Je me croyais déjà hors d'affaire lorsque, le lendemain, mon père entre à l'école, parle bas au maître en lui remettant le canif litigieux. Je tremble de tous mes membres. Que va-t-il se passer ? Le maître se lève et d'une voix claire, au milieu d'un grand silence : « Vous voyez ce canif, y a-t-il quelqu'un parmi vous qui le réclame ? » Pas de réponse. Je respire ; mais l'épreuve n'est pas finie. Le maître passe de banc en banc et renouvelle la question à chaque moutard individuellement en lui présentant le canif. De nouveau, je me sens perdu. Je suis avec anxiété cette opération qui me semble interminable. J'épie l'une après l'autre les physionomies de mes camarades, craignant d'y lire mon arrêt. O bonheur ! Tous répondent à la file. « Non, M'sieu ; ce n'est pas à moi. »

Bien sûr, celui qui avait perdu le canif, non moins
troublé que moi par la solennité de l'interrogatoire, se sera
donné de garde de le reconnaître par la bonne raison que
l'ayant chipé lui-même, c'eut été se trahir que le réclamer.
On cherchait un coupable ; on ne le trouva pas, parce qu'il
y en avait deux. J'étais sauvé, doublement sauvé, car
à partir de ce jour je fus pour jamais guéri de la maraude.

Quant à la poltronnerie, le père Bonvin avait pour la
combattre de singuliers moyens thérapeuthiques. Sous le
prétexte qu'un enfant ne doit pas avoir peur de l'eau, il
traversa un jour la Seine à la nage en me mettant sur
ses épaules. Vers le milieu du fleuve, je me sens glisser,
je m'effraye, je me cramponne au cou du père... « Tu
m'étrangles, criait celui-ci, lâche-moi donc le cou et tiens-
moi par les épaules ». Enfin, nous abordâmes à la rive.
J'étais plus mort que vif. Et dire que mon père m'a procuré
ce bain périlleux, uniquement parce qu'il n'aimait pas les
poules mouillées...

La petite maison que mon père habitait à Vaugirard et
où il tenait un débit de vin que mon frère Léon reprit,
pour son malheur, à la mort des parents, était isolée dans
la plaine et le cabaret avait surtout la clientèle des carriers
qui se rendaient à leur travail. Quand la nuit enveloppait la
masure dont la fenêtre et la porte luisaient, dans l'ombre,
comme les deux yeux d'un hibou, il fallait déjà qu'un
enfant eut une certaine dose de courage pour s'aventurer
au dehors. Les gigantesques roues des carrières qui se déta-
chaient sur le ciel livide servaient de point de ralliement
aux pantes, aux vagabonds qui « logeaient à la nuit » dans
les tièdes profondeurs de ces galeries souterraines. Une
bande opérait précisément depuis quelque temps sur les
terroirs de Montrouge, Plaisance, Vanves et Vaugirard.
Elle exploitait les maraîchers et les coquetiers qui se rendaient aux halles avant le jour. Au moyen d'un truc
ingénieux, les voleurs attiraient à eux, sans que les maraîchers ensommeillés s'en doutâssent, une partie des mar-
chandises qui chargeaient l'arrière de la voiture. Cette

bande insaisissable donnait du fil à retordre au vieux limier qui s'entêtait à cette chasse avec passion.

Une nuit, il m'emmena avec lui. Je pouvais avoir de douze à treize ans. Il me mit entre les mains un vieux pistolet chargé, me plaça en observation sous une tonnelle de marchand de vin et me dit : — « Remarque bien la direction qu'ils prendront, et s'ils viennent de ton côté, fais feu. Moi, je vais les aller trouver... » ; et me voilà posté là, en pleine nuit, sans bouger, frissonnant, flageolant. On imagine facilement combien le temps dût me sembler long. Je ne sais ce qui me faisait le plus peur des bruits que je percevais dans l'ombre ou du silence qui m'enveloppait.

Vers le matin, j'eus un redoublement de frayeur. J'entendis un cliquetis inexplicable, un froissement de ferraille, quelque chose comme ces bruits de chaînes qui troublent à minuit, la paix des vieux châteaux légendaires ; et ce tapage indéfinissable, lointain d'abord, s'approchait, venait directement sur moi de plus en plus distinct et terrifiant. Je tremblais de tous mes membres, glacé d'effroi........ ô bonheur ! C'était tout simplement une laitière matinale avec sa grappe de boites qui s'entrechoquaient entre-elles au mouvement cadencé de son pas. Elle déposa, sous la tonnelle, la provision destinée à la maison, aux pratiques du voisinage, et s'éloigna en faisant sonner de nouveau sa ferblanterie avec un tintin clair qui s'éteignit graduellement.

A l'aube, mon père reparut. Il venait relever la sentinelle ; j'étais bien embarrassé, car j'avais complètement oublié mes instructions ; « de quel côté sont-ils allés ? » Je répondis tout affaré : « P'pa. p'pa, de tous les côtés... » — « As-tu tiré ? » — p'pa, y a pas de gâchette au pistolet... » — « Imbécile ! La gâchette sort quand on fait tomber le chien... me voilà bien avancé : J'étais sur la trace du chef ; je vais l'avoir perdue... » et il reprend sa course. C'est ce jour là, je crois, qu'il poursuivit son gibier de cour d'assises jusqu'à Saint-Denis où le voleur hors d'haleine se rendit à discrétion.

IV.

Je n'ai pas encore parlé de ma mère. Je la perdis tout enfant. On devine ce que pouvait être le ménage d'un homme veuf, avec trois enfants, tenu presque toujours, par son service, hors de la maison. On faisait maigre chair, et les mômes ne mangeaient pas toujours à leur appétit. Mais depuis quelque temps mon père se tenait plus soigneusement ; il se faisait beau le dimanche et visitait régulièrement des gens de Vaugirard, possesseurs d'une fille déjà mûre, qui semblait active et entendue. Un dimanche entre autres qu'il allait faire sa cour, il m'emmena avec lui. Il régnait dans la chambre une odeur de soupe au chou qui me châtouillait agréablement les narines. — « Eh bien, mon ami, me dit tout à coup mon père, serais-tu bien content que mademoiselle devint ta maman ? » — « Oh ! oui, p'pa, » que je fais avec empressement, pensant à part moi : « Bonne affaire ! dîner de fiançailles, je mangerai de la soupe au chou... » Mais point ; on s'en revint tristement à la maison, et je dînai ce jour-là d'un morceau de pain et de quelques cerises. « Bah ! me disais-je pour me consoler, quand il y aura une femme dans la maison, tout cela va changer et nous mangerons de la soupe au chou... »

Je perdis bientôt cette illusion. Quand ma belle-mère eut pris la direction du ménage, je lui demandai un jour si elle ne nous ferait pas de la bonne soupe au chou comme celle qui embaumait la maison la première fois que mon père m'avait mené chez elle ?

— « La soupe au chou ? Je ne peux pas la sentir, répondit-elle durement ; on ne mangeait que cela chez ma mère... J'en suis dégoûtée pour toujours... »

Grande, sèche, acariâtre, elle ne tarda pas à réaliser le type accompli de la mégère. Elle eût un enfant qui fut Léon Bonvin, ce qui ne la rendit pas plus tendre pour les aînés. Un jour, dans un subit mouvement de colère, elle

me lança un couteau qui m'atteignit à la cuisse et me fit
une entaille assez profonde. Le sang coulait en abondance.
Stupeur générale. On s'empressa autour de moi. La femme
effrayée des conséquences de sa violence, se demandait
déjà comment les choses se passeraient, quand le père ren-
trerait. J'eus pitié d'elle.

On était au 26 ou 27 juillet 1830, c'est-à-dire en pleine
révolution. Les routes étaient encombrées de régiments de
cavalerie, de troupes de toutes armes que le gouvernement
voulait masser sur Saint-Cloud, puis vers Chartres, et, à la
tête des quelles le Roi avait eu un moment l'intention de
défendre sa couronne. Il me vint une idée et je l'exposai
aussitôt.

— « Vous autres, dis-je à mes petits frères, pas un mot
à papa de ce qui vient de se passer, et dites comme moi. La
route est pleine de hussards ; je raconterai que j'étais sur
la route à tel endroit ; qu'un hussard est venu au galop,
qu'en voulant me garer, je suis tombé sur un tesson de
bouteille, et que c'est comme cela que je me suis blessé... »

Tout le monde approuve le plan, la méchante femme en
tête ; mais comme je connaissais la façon de procéder du
père, je cassai une bouteille que j'allai placer à la place
convenue ; j'emportai pour le répandre à côté du verre, le
sang recueilli dans la cuvette pendant le pansement. Tout
se passa comme je l'avais prévu. Mon père voulut en effet
se faire conduire sur le théâtre de l'accident, et quand il
revint : « Tu as eu une terreur panique » me dit-il.
« Une... Comment dis-tu cela ? » — « Une terreur panique... » — « Peut-être bien, p'pa. - « Maintenant, il
faut aller chercher le médecin, pour qu'il examine la plaie,
car il pourrait bien être resté quelques petits morceaux de
verre dans la blessure... » Le médecin regarda attentivement, déclara qne de petits éclats devaient avoir en effet
pénétré dans les chairs, et il fit une ordonnance pour
indiquer les moyens de les faire sortir.

Inutile de dire que ma belle-mère ne fut pas longtemps
reconnaissante de ma générosité. Ma blessure n'était pas

cicatrisée qu'elle me reprochait déjà aigrement de savoir trop bien mentir.

C'est en 1830 précisément que je fus placé comme apprenti typographe dans les imprimeries Béthunes-Cosson, etc. Une nouvelle d'Henri Berthoud, dans le *Musée des Familles* détermina ma vocation pour la peinture. On imprimait cette *Revue Magazine*, chez Duverger, 4, rue de Verneuil. J'en copiais le dimanche les gravures principales que l'ouvrier pressier me tirait à part. Quelles joies ! et je fis *mon évangile* de l'histoire de Rembrandt dudit Berthoud, la plus fausse et la plus cocasse des histoires du grand peintre qui fut plus tard mon maître de prédilection. Je sortis, en 1839, de chez Jouaust père où j'étais ouvrier typographe, pour entrer à la préfecture de police, heureux de penser que cet emploi me permettrait de suivre les cours du soir à l'école des Gobelins, à l'atelier Suisse, et de revenir à l'étude du dessin et de la peinture, puisque j'étais fatalement prédestiné à faire un peintre.

Quinze ans se sont écoulés depuis l'anecdote que je viens de conter. Je suis devenu un homme. Ma belle-mère est déjà une vieille édentée, au chef branlant, au menton de galoche. — Les méchants vieillissent vite. — Toute la famille est assise autour de la table ; on vient de dîner. Le couteau qui a fait couler mon sang est là, sous mes yeux. Je le reconnais et le passé me revient brusquement à la mémoire.

— Dis-donc, père, te rappelles-tu le jour où je me suis blessé sur la route d'Issy en tombant sur un tesson de bouteille ? Tu as cru que les soldats m'avaient causé une terreur panique ?

— Eh bien ! oui, tu as eu une terreur panique, quoi ! sans cela l'accident ne serait pas arrivé.

— Eh bien ! c'est ce qui te trompe, je n'ai pas eu peur du tout... et en disant cela, j'affectais de jouer avec le couteau comme l'aurait fait Melingue en personne.

— N'est-ce pas, la mère, que je n'ai pas eu peur ? Vous le savez bien, vous.

J'avais pris la voix d'un traitre de mélodrame. La vieille
était au supplice. A mon interpellation directe, elle pensa
défaillir.

— Non ! non ! balbutia-t-elle. Il n'a pas eu peur. C'est
vrai, il n'a pas eu peur...

Je remis en souriant le couteau sur la table. Je me trouvais assez vengé.

V

L'enfance de François Bonvin, déshéritée des soins d'une
mère, et sans cesse refoulée dans ses expansions, explique
tout l'homme. La rudesse de son père lui a trempé vigou-
reusement le caractère. Il tenait en plus du vieux soldat
cette horreur du mensonge et du charlatanisme, cette
probité et ce désintéressement qu'il a apportés dans son
art et dans sa vie. D'autre part, son état de lutte perpétuelle avec une marâtre a donné à son esprit ce tour acerbe,
amer, âpre, mordant, qui mettait mal à l'aise ceux qui ne
le connaissaient pas jusqu'à l'intimité. Il semblait toujours
se tenir sur la défensive vis-à-vis de ceux qui l'approchaient
par occasion. Surtout, il avait horreur des poseurs, comme
X..., par exemple, dont les ridicules prétentions à l'élégance lui faisaient hausser les épaules.

— Vous connaissez le peintre X... ? lui disait-on.

— Oui ; mais nous ne nous fréquentons pas. Il y a
trop de distance entre nous... Pensez-donc ! Mon père était
cabaretier et sa mère limonadière...

Il vécut à l'écart. Ses confrères, pour lesquels il se montrait souvent rien moins que tendre redoutaient ses mots
à l'emporte-pièce. Ils admiraient volontiers son talent,
mais ils avaient de la peine à lui pardonner son esprit.

Le métier de typographe affina de bonne heure l'intelligence de Bonvin. Il lut, pensa, s'instruisit de lui-même, et
quand, par hasard, et de loin en loin, il prit la plume, il la

mania de main de maître, avec une originalité, un relief
puissants. Sous sa rude écorce pourtant, il y avait un fond
de sensibilité vraie qui lui venait sans doute de la pauvre
mère phtisique qu'il eut le malheur de perdre tout enfant.
Tel est l'artiste supérieur que j'ai connu trop tard. Il sur-
vivra certainement à beaucoup de ces pseudo-grands
peintres qui en imposent aujourd'hui, à force de bruit, au
public ignorant et crédule. Bien des tableaux, que l'on
couvre d'or en ce moment, moisiront dans les arrière-
boutiques des marchands de bric à brac, tandis que *le
Réfectoire*, la petite perle du Musée du Luxembourg, brillera
au Louvre, de l'éternelle auréole des chefs-d'œuvre.

Mon Cher Montry, j'ai le regret de n'avoir point lu ce que Huysmans
écrit sur Villain; mais je viens de lire un extrait sur les mœurs artistiques
d'hier et d'aujourd'hui qui me remplit de sympathies pour l'écrire et
pour l'auteur. [Bien que je connais Villain, depuis l'enfance et
admirateur très-ardent de sa peinture, je n'ai guère vécu dans
son intimité et ne suis pas très au courant de son histoire. [Il a
toujours été peintre et peintre excellent; coloriste distingué et vrai, à la
Chardin — avant la mode des Chardins. Inquiet, ardent, fougueux,
honnête; sans tare ni ficelle dans son exécution, qui sont son XVIII
siècle à plein nez! Mais qu'on ne lui demande pas de composition
ni de logique pour l'agencement de ses tableaux: il en sait
moins que Th. Rousseau, qui n'en sait pourtant guère! Il est
de la bonne race des meilleurs peintres de morceaux. Entre nous
il n'y a que cela qui soit picturable et. si les professeurs d'
esthétique actuelle savaient ce qu'ils enseignent, ils déserteraient
là-dessus pour nous débarrasser un peu des Chavanneries qui
tiennent tant de place sur les murailles et dans la coterie des
snobs. [Il a traité tous les genres, hors celui qui ennuie —
Portrait, genre ~~████~~, paysage et nature-morte —
tout cela avec furie. Il est jaloux de tous les succès de Salon,
mais non envieux et méchant comme beaucoup d'autres. S'il
avait joué au paysan, comme le rusé Courbet, il serait décoré;
il y a longtemps qu'il le mérite, aussi ne l'est-il pas! Il est
illettré, comme l'étaient Van-Loo et d'autres fameux; mais il n'a
jamais songé à faire écrire des lettres par un Castagnary quelconque.
C'est un laborieux excessif. Il est un malade. Physiquement, il en
fort comme quatre bœufs. Il est sanguin. Je ne lui ai connu
qu'une seule femme en sa vie: il l'adore encore comme au

premier jour d'il y a 30 ans (que voulez-vous, cher ami, on n'est pas parfait !) Il en a eu une folle qu'il vient de perdre l'an passé après l'avoir mariée. De là, chagrin pour le reste de [illegible]. Il n'a pas de besoins ; je lui ai toujours connu 200 f. de loyer, à Vaugirard. Il est né rue de Sèvres, du bon côté de l'eau ; côté des Charlet, Raffet, Drolling, Muger du côté, enfin, où le choix n'a pas pris naissance. Vous savez que son oncle était le premier imprimeur lithographe et son père un des ouvriers, ce qui a dû avoir une influence sur sa vocation, em-maillotté qu'il était dans des épreuves en guise de couches. Son médecin fut M. Claye, ancien imprimeur : il a la crème des Villains. [Vous feriez cent fois bien, cher ami, d'attirer l'attention de l'Administration sur ce vaillant, qui aurait dû passer avant Vollon, Ribot, Bergeret et tant d'autres, pour mérite et par ancienneté.

f. Bonvin
8 mai 1882

LES BORDS DE LA MEUSE

LES BORDS DE LA MEUSE

I.

Charles Nodier a écrit un livre charmant, « La Seine et
ses bords », d'autant plus recherché des bibliophiles que
sa rareté en double le prix à leurs yeux. Je n'ai pas l'ambition de donner un pendant au chef-d'œuvre de l'ingénieux écrivain, en prenant la Meuse à sa source, près de
Langres, au village qui lui donne son nom, pour la suivre
à travers les pays qu'elle fertilise, les villes qu'elle arrose,
jusqu'aux basses terres de Hollande où, divisée en bras
multiples, elle se jette dans la mer du Nord, non sans
s'être auparavant compromise un peu avec son compère le
Rhin. Je ne veux essayer qu'un chapitre seulement du
livre que je laisse à faire aux Nodier de l'avenir. Je me
bornerai à une petite « section », comme disent les ingénieurs, du cours de ce fleuve gracieux, celle que j'ai par-

courue maintes fois, l'album ou la boîte à couleurs à la main, qui m'est familière, où je me suis fait des amis véritables, et même des clients, si bien que j'ai le cœur et les yeux tout pleins des souvenirs de ce doux pays.

Le voyage ne sera pas long. Charleville et Givet en sont les points extrêmes. Si vous voulez bien le faire en ma compagnie, vous reconnaîtrez bientôt qu'il est difficile de trouver réunis, en un si court trajet, plus de sites pittoresques et des tableaux plus variés.

Ce coin privilégié est depuis longtemps sans doute apprécié à sa valeur dans le département des Ardennes et dans les départements limitrophes. C'est pour les populations environnantes, l'excursion classique des vacances. Elle est, pour elles, aussi agréable que peu coûteuse et offre mille prétextes de bourrer les lycéens de leçons de choses, selon la mode du jour, à propos de géologie, de minéralogie, de métallurgie etc. La compagnie du chemin de fer de l'Est a même eu l'attention de mettre cette promenade à la portée des bourses modestes en organisant des trains à prix réduits au départ de Reims et d'Epernay, avec arrêts facultatifs et trois jours de séjour.

Mais cette réputation ne devrait pas rester circonscrite dans des limites aussi étroites, et en attendant que la mode s'en mêle, nous tenons pour bien avisés les visiteurs des grottes de Han et les voyageurs à billets circulaires pour la Belgique qui réserveront un peu de leur temps à cette contrée si favorisée. Ils ne regretteront pas d'avoir fait escale à Monthermé, à Laifour, à Revin, à Fumay, localités qui ne le cèdent en rien aux stations les plus vantées.

Au temps où la promenade des bords du Rhin était en faveur, il n'y avait pas de meilleur chemin que la vallée de la Meuse pour gagner le grand fleuve allemand, enjeu de tant de guerres et qui subit des fortunes si diverses. C'est le chemin qu'a pris Victor Hugo. Dans la sixième de ses « Lettres des bords du Rhin » on lit : « Les bords du la Meuse sont beaux et jolis ; il est étrange qu'on en parle si peu. » Il n'est pas précisément nécessaire d'être Victor

Hugo pour dire cela ; mais ce qui ne serait dans notre bouche qu'une affirmation sans autorité devient, sous la plume du grand poéte, le plus péremptoire des certificats.

L'idéal pour un excursionniste fervent serait de descendre le fleuve en bateau comme l'a fait en 1867 Théophile Gautier, ou de suivre sac au dos ses rives sinueuses ; mais je reconnais que le chemin de fer est encore le moyen de locomotion le plus commode, encore qu'un peu prosaïque ; nous n'y perdrons rien d'ailleurs, car à part les endroits où le train disparaît un moment dans les flancs de la montagne, la voie côtoie toujours le fleuve et ne sacrifie aucun des plus jolis aspects du paysage.

Avant de monter en wagon, faisons un tour dans Charleville. C'est une belle cité claire, coquette, vivante, prospère, bien percée de rues régulières, comme il arrive pour les villes créées tout d'une pièce, à une époque relativement récente. Charleville a été fondée en 1609, aux lieux ou s'élevait auparavant le bourg d'Arches, (Arcœ Remorum) par Charles de Gonzague, duc de Nevers et de Rethel. Aussi les monuments les plus anciens qu'on y trouve datent du règne de Louis XIII. Tels sont le pavillon du moulin bâti, sur la Meuse, dans l'axe de la l'artère principale, le bâtiment qui fait l'angle ouest de cette rue et du quai, et la grande place ducale à maisons de briques, avec arcades surbaissées, qui offre beaucoup d'analogie avec la place Royale de Paris. L'église, toute moderne, a été terminée en 1863.

A propos de l'église, je me remémore un souvenir que les pères de famille me pardonneront de consigner ici. J'avais avec moi un gros bambin qui, me voyant toujours le crayon à la main, voulut, lui aussi, prendre des notes, pour faire « Comme papa ». Sa bonne mère profitant habilement de ces excellentes dispositions, sut faire tourner ce caprice d'enfant en un véritable devoir de vacances. J'ai là, sous les yeux, après vingt-cinq ans écoulés, ce manuscrit naïf — les parents ont toujours la faiblesse de garder ces choses-là — et j'y cueille la phrase que voici : « L'église

« de Charleville est toute jaune à cause que les pierres le
« sont. » Rien n'est plus exact en effet. Heureusement les
gens ne sont pas de la couleur des pierres, — les femmes
surtout. On ne tarde pas au contraire à remarquer la fraîcheur rosée de leur teint de blondes, l'éclat de leurs carnations qui sentent déjà les Flandres et font penser à
Jordaens et à Rubens.

Le Pavillon du moulin, encadré dans la verdure du mont
Olympe, forme une perspective des plus heureuses à la
grande rue qui traverse Charleville de part en part, et
aboutit à son autre extrémité à la ville de Mézières où elle
rencontre de nouveau la Meuse. Cette gracieuse rivière
semble multiplier ses courbes et ses anneaux pour caresser
l'une après l'autre les deux villes et ne point faire de jalouse.
Sans le pont jeté sur une dépression de la prairie qui sert
de dérivation aux eaux du fleuve dans les grandes crues,
Mézières et Charleville se toucheraient, maintenant surtout que la place de guerre est déclassée et débarrassée des
remparts qui l'emprisonnaient.

La Meuse offre déjà, dès Charleville, un aspect des plus
riants. De beaux quais bien plantés et de gracieux coteaux
piqués de blanches villas animent sa rive gauche, tandis
qu'elle baigne, à droite, le pied du Mont Olympe, promenade
favorite des habitants. Après avoir contourné ce monticule,
le fleuve coule au bas de Montcy-Saint-Pierre qu'il laisse à
sa droite et de Montcy-Notre-Dame bâti en amphithéâtre
sur sa rive gauche. Les maisons à toit plat et l'église sur-
montée de son léger campanile dessinent, au sommet du
coteau, une silhouette d'un caractère tout italien. C'est à
Montcy-notre-Dame, pays de blanchisseuses, que se lessive,
se lave, s'essore et se repasse le linge de Charleville. Les
échos de la rivière, qui en entendent de belles, répercutent
incessamment les grands coups de battoirs, les propos des
laveuses et leurs rires sonores, mais pour moi qui cherche
spécialement le régal de mes yeux, j'étais surtout sensible
aux vives couleurs des fichus rouges et des madras orange
qui mettaient leur gaîté dans la tonalité générale du

paysage ; car le coteau, déjà noyé d'ombre, s'enlevait en
vigueur sur les clartés du ciel. C'est un charmant tableau
que j'ai admiré vingt fois de la portière du wagon et que je
signale à l'attention du voyageur. Le train rase ensuite des
coteaux boisés et longe, à gauche, des paturages dont la
Meuse avive la fraîche verdure. Bientôt nous nous arrêtons
à Nouzon, un pays noir qui sent la houille, qui retentit
continuellement du bruit des marteaux, où flamboyent, au
fond des ateliers, les reflets rouges des métaux en fusion
et des fournaux incandescents ; tout cela hérissé de hautes
cheminées qui obscurcissent l'atmosphère de leurs lourds
panaches de fumée rousse. Ces enfers de l'industrie vous
laissent sous un impression si pénible qu'on a hâte d'y
échapper en cherchant, en dehors de ce cercle inconnu au
Dante, des tableaux plus consolants. Un petit cours d'eau,
salie par les usines qui l'utilisent au passage, attira bien
vite mon attention. Il faut vous dire qu'à peine ai-je mis
le pied dans un pays, la première chose que je cherche,
c'est la rivière. Celle-ci s'appelle, nous dit-on, la Goutelle.
Nous remontâmes le ravin au fond duquel elle coule jusqu'à
l'endroit où finit l'escarpement. Là, nous nous trouvâmes
devant une clouterie d'un aspect assez bizarre. Par la porte
grande ouverte, j'aperçois une pièce d'eau où se miraient
de vieilles masures délabrées, avec, à l'arrière plan, des
pentes couvertes de maigres végétations d'où descendaient,
les ruisseaux qui alimentaient l'étang. Il n'en fallait pas
plus pour que je restasse cloué sur le seuil, suivant d'un œil
intéressé les moindres caprices dont le vent et la lumière
moiraient la surface de l'eau.

Ma contemplation prolongée inquiéta sans doute la
concierge de l'établissement, car elle vint, charitablement,
me montrer un écriteau auquel je n'avais pas fait attention :
« Entrée interdite au public ». On craignait, nous dit-elle,
que les visiteurs ne surprissent les secrets de la fabrication.
Pauvres patrons ! Ce n'est pas moi qui aurais jamais trahi les
secrets de leur fabrication, par l'excellente raison que je
suis totalement incapable de les comprendre. Pendant qu'on

me les expliquerait, — à supposer qu'on se donnât cette peine — mes yeux, invinciblement attirés sur la pièce d'eau, en analyseraient les nuances les plus tenues et je resterais absolument sourd à la démonstration.

Cette promenade nous avait mis en appétit. De retour à Nouzon, nous entrâmes dans la première auberge que nous rencontrâmes décidés à tout dévorer.

— Je n'ai que des grenouilles, nous dit la ménagère.

— Diable ! Ce n'est guère réconfortant ; mais en en mettant beaucoup.....

Elle nous en servit un grand saladier plein à ras bord, et l'on a pu compter, ce jour-là, ce qu'il faut de ces petits batraciens pour nourrir deux touristes et demi, creusés par le voyage.

On me pardonnera de noter ce détail culinaire. Je ne fais que suivre en cela l'exemple des écrivains-voyageurs qui ne manquent jamais d'assaisonner leurs narrations de ces ingrédients gastronomiques, et de nous initier aux divers incidents de leur réfection quotidienne. C'est qu'en voyage, les menus se suivent et ne se ressemblent pas. Le repas devient une affaire grosse d'aléas. C'est l'inconnue à dégager ; c'est, chaque jour, un nouveau problème à résoudre. Après un jeûne forcé, on trouve une saveur exquise à des mets auxquels, chez soi, on toucherait à peine du bout des lèvres, et il n'est pas étonnant que, rentré au logis, les pieds dans ses pantoufles, le voyageur ne se complaise à ces souvenirs et n'en abuse un peu. Il m'est arrivé quelques fois d'assister, dans l'hémicycle de la Société de Géographie, à des séances du Club Alpin. J'ai remarqué que ces jeunes excursionnistes ne perdaient pas une occasion de nous dire comment et à quel prix ils s'étaient sustentés, et jamais ils ne trouvaient d'accents plus pénétrés que pour nous parler de l'omelette qu'ils avaient mangée à je ne sais quelle altitude au-dessus du niveau de la mer.

Passé Nouzon, le rail-way rencontre la halte de Joigny, les stations de Braux et de Levrézy, centres industriels populeux qui n'offrent rien de particulier au voyageur

curieux du pittoresque. Mais aussitôt que vous aurez laissé
Levrézy derrière vous, tenez-vous attentif au vasistas de
gauche. Vous allez voir chatoyer, au fond d'une gorge
sévère, dans la fumée grise des usines, les toits d'ardoises
de Château-Regnault et Bogny groupés sur les deux rives
de la Meuse pailletée d'argent. Mais la vision passe comme
un éclair, car nous voici déjà plongés dans la nuit d'un
tunnel dont nous ne sortons que pour stopper au cri de :
« Monthermé ! Château-Regnault ! »

Les promeneurs qui ont du loisir feront bien de s'arrêter
ici ; car nous entrons dans la partie vraiment remarquable
de notre parcours. A peine avons-nous mis pied à terre que
nous sommes charmés ; et sans aller plus loin, la gare
elle-même avec sa cour et ses quais ombragés de tilleuls, son
jardinet clos de haies vives, la Meuse à ses pieds, la montagne des « Quatre fils Aymon » sur la tête, compose un
site si agréable qu'on se prend à envier le sort du modeste
fonctionnaire qui vit là entre ses tickets, son appareil Morse,
sa femme et son équipe.

A deux pas de la gare, s'élève une auberge de bonne
apparence plantée, comme la station elle-même, au milieu
d'un décor disposé à souhait pour charmer le regard.
Construite sur des jardins en terrasse adossés à la montagne,
on y accède par un élégant perron surmonté d'une lanterne
d'un bon style.

Plusieurs fois j'avais passé avec des regrets devant cette
séduisante auberge qui réalisait dans la perfection le rêve du
paysagiste en quête d'un abri. Mais à peine avais-je le
temps de courir jusqu'à Château-Regnault qu'il me fallait
reprendre le train pour gagner Revin où m'attendaient des
amis que j'étais impatient de revoir. Enfin je réussis à y
loger. — Je ne jurerais point que je n'ai pas fait le voyage
tout exprès pour cela — Eh ! bien, je le déclare ; le confort
intérieur répond de tout point aux promesses de l'extérieur.
Quelle aubaine ! Figurez-vous une réduction du grand hôtel
transplantée en pleine solitude, dans l'air pur des montagnes ! Avis aux jeunes mariés qui désirent aller cacher leur

bonheur dans quelque coin plus discret et moins spécial que Fontainebleau. Le bon goût de l'aménagement, les belles glaces des fenêtres, dignes du boulevard Malesherbes, me causèrent une surprise que je ne pris pas la peine de dissimuler à mon hôtelier :

— Ce n'est pas étonnant me répondit-il naïvement ; la maison n'était pas destinée à usage d'auberge. Le propriétaire, qui l'a bâtie pour l'habiter, s'est trouvé obligé de la vendre à peine achevée.

Le fait est que sans les quatre inévitables chromos, seuls objets qui rappelassent la destination actuelle de l'immeuble, on se fut cru dans une bonne maison bourgeoise, et la cuisine — une excellente cuisine de famille — n'eut certes pas détruit cette illusion. Mais je m'arrête ; car on va crier à la réclame et je prie le lecteur de croire que je ne veux pas le moins du monde faire concurrence à M. Conty, le guide officieux, le cicerone écouté des Perrichons en tournées circulaires.

De la gare, un tramway à traction de chevaux vous conduira à Monthermé, ou plutôt à Laval-Dieu posé au confluent de la Meuse et de la Semoy. La Semoy est une des plus pittoresques rivières que je connaisse. Née dans le luxembourg belge, elle arrose Bouillon, Corbion, Membre et entre en terre française aux Hautes-Rivières. Elle coule entre des rochers escarpés et roule sur les galets son flot de cristal. Elle n'est pas moins réputée pour ses truites saumonées que pour ses sites ravissants. C'est un nid merveilleux de « motifs » pour le peintre et le touriste ; mais cette excursion demande du jarret, car les falaises, en certains endroits se resserrent au point de barrer complètement le passage au promeneur qui doit alors se frayer un chemin, comme les chèvres, à travers bois et rochers. A Laval-Dieu, la rivière se dégage des montagnes, et baigne le pied de masures truculentes et d'arbres d'un beau jet.

Ce petit pays tire son nom d'une abbaye de Prémontrés qui se fonda dans ce lieu au commencement du XIIᵉ siècle. Il n'en reste aujourd'hui que l'église, un corps de bâtiment devenu propriété particulière et le souvenir de Mehul qui, entré à l'âge de douze ans, chez les religieux, à titre d'organiste-adjoint, y reçut, les premières leçons de composition musicale de l'organiste Guillaume Hanzer. On sait que l'auteur de Joseph est né à Givet, en 1763.

Le gros œuvre de l'église remonte à l'époque romane de transition, comme l'atteste le cordon de billettes que l'on voit encore sur le mur extérieur du chevet. Sur le chœur s'élève une tour massive de caractère roman coiffée, à une date postérieure, d'un lourd comble en ardoise. Une façade brique et pierre d'assez mauvais gout, avec fronton à consoles renversées et pots à feu, a été plaquée au XVIIe siècle sur le vieil édifice. A gauche, une petite tourelle carrée hors œuvre, contient l'escalier de la tribune de l'orgue.

Ce que l'église de Laval-Dieu offre de plus remarquable, ce sont de belles boiseries sculptées au mérite artistique desquelles le temps a ajouté sa merveilleuse patine. Ces boiseries sont du XVIIIe siècle. Elles règnent tout autour l'unique nef de l'église et servent de dossier à quatorze stalles aux miséricordes ornées de fleurs de lys. Dans le chœur, statuettes en bois peint et doré représentant, avec une naïveté originale, St-Eloi, la Ste-Vierge, Ste-Geneviève avec sa houlette et coiffée d'un chapeau de paille ; Ste-Barbe, St-Remy, et St-Nicolas. Pierres tombales de Nicolas Oudet, abbé de Laval-Dieu mort en 1765 et de Remacle-Lissoir dernier abbé, mort à Paris, aumônier des invalides en 1806.

La première fois que je vis Laval-Dieu ; — il y a quelque vingt-cinq ans, — il formait encore un groupe distinct de Monthermé. Aujourd'hui les deux pays se sont rejoints et n'en font plus qu'un seul. Il y a un joli ruban de queue à dévider, je vous assure, pour gagner le pont suspendu qui met le Monthermé moderne, celui de la rive droite, en communication avec le vieux Monthermé situé sur la rive gauche. Naturellement, c'est là, au point d'origine, au berceau même du pays, que s'élève l'église. Elle est du XVe siècle et je ne vois à y signaler qu'une cuve baptismale qu'on croit du XIIe siècle et qui provient, dit-on, de l'église de Laval-Dieu.

A moins d'un kilomètre, à gauche de la station pour le voyageur qui descend du train venant de Charleville, se trouvent Château-Regnault (ou Renaud) et Bogny, localités séparées l'une de l'autre par la Meuse et reliées par un pont en fer qui a coûté assez gros pour être solide, mais dont l'effet, est des plus disgracieux. La tour et le porche de l'église de Château-Regnault, avec leur caractère architectural du XVIIIe siècle arrangé au gout Flamand, donnent de l'originalité au motif. Non loin de l'église, on remarque une maison, de même époque, d'un bon style. Son perron à double escalier, ses combles élevés, percés de lucarnes en œil de bœuf, les proportions des fenêtres légèrement cintrées, encadrées de pierres en bossage, et son élégant petit fronton central font de cette construction un modèle d'harmonieuses proportions. Cette maison est devenue aujourd'hui propriété privée ; mais à l'origine elle a dû être affectée à un service public où à l'habitation de quelque famille tenant plus ou moins à la noblesse. On souhaiterait voir flotter le drapeau communal au fronton de ce petit bijou architectonique.

Ce n'est pas que l'hôtel de ville de Château-Regnault ne soit fort curieux dans son genre avec ses murailles frustes, son aspect misérable et la vieille halle à toits moussus, à piliers branlants, qui s'appuie contre l'édifice municipal. Mais ce sont là des avantages pittoresques que les édiles du crû apprécient peu, et ils voudraient bien, j'en suis sûr, substituer à cette masure informe une de ces constructions à la fois banales et prétentieuses qui, depuis quinze ans, ont poussé partout comme des champignons. Malheureusement la commune s'est obérée, selon la mode actuelle, avec les écoles-casernes qu'elle a édifiées à grands frais sur les bords de la Meuse, et maintenant, il faut attendre. . . .

N'était le cadre de bois où dorment, derrière un grillage, les actes et arrêtés municipaux soumis à l'obligation de la publicité légale, rien ne signale extérieurement la destination officielle de ce bâtiment. On y accède par un mauvais escalier en pierres grossièrement appareillées et verdies d'humidité. Sous la large dalle qui sert de palier à la porte d'entrée, une baie noire s'ouvre. Poussé par cet impérieux besoin de voir qui est, pour le peintre, une nécessité professionnelle, je m'engageai dans ces ténèbres, et après avoir descendu deux ou trois marches, je me trouvai dans un vaste sous-sol qui tire une lumière avare de soupiraux pratiqués dans l'épaisse muraille en pierres de lave plates et d'un gris bleuté. Le milieu de la pièce est occupé par un bassin, en forme de parallélogramme, bordé de planches inclinées devenues, sous le savon, polies et luisantes. C'était le lavoir public. Des femmes accroupies sur leur linge, manches retroussées, prenaient dans cette pénombre mystérieuse des allures de sorcières. Une entre autres, debout, qui tordait son linge d'un mouvement vigoureux de ses bras nus, me semblait démesurément grande et sybilline. Mon apparition subite leur coupa instantanément la parole. Ce fut bien pis encore lorsqu'elles me virent prendre mon album et crayonner. Elles tapaient furieusement leurs hardes en me jetant obliquement des regards effarés et méfiants. Peu s'en fallut qu'elles ne me fissent un mauvais parti ; car depuis nos malheurs, tout homme qui « tire des plans » est nécessairement un Prussien.

Assez gêné moi-même par cette sourde hostilité, je pris à peine le temps de noter à la diable quelques traits sommaires ; mais j'avais entrevu un tableau étrange et rare digne du fusain prestigieux de Lhermitte. Pourquoi mon ami n'était-il pas là ! a-t-il jamais rencontré sujet plus original ? Comme il eut saisi l'aspect fantastique de ces lavandières de sabbat grandies par les demi-ténèbres où elles s'agitaient !

Pour moi, je me contentai de songer, en regagnant l'auberge, aux naïves promiscuités de l'administration locale, dans cet hôtel de ville des temps primitifs. Tandis qu'en haut délibèrent gravement les édiles campagnards, au-dessous d'eux, leurs « bourgeoises » caquettent à qui mieux mieux. Les quels de ceux-là ou de celles-ci font le plus de bruit et la meilleure besogne ? Tous lavent leur linge sale en famille. Ce n'est peut-être pas toujours au premier étage que se discutent le plus judicieusement les intérêts

du pays, et dans certaines des décisions consignées au
procès-verbal de la séance, on pourrait appliquer le fameux
adage : « Cherchez la lessiveuse... »

Ne quittez pas Monthermé avant d'avoir exploré la
montagne des quatre fils Aymon. On appelle ainsi quatre
rochers de forme à peu près semblable juchés, à la suite
l'un de l'autre, sur la crête de la montagne. Ils figure-
raient — approximativement — les quatre preux chevaliers tels qu'on les représente, montés à la file, à la queue-
leuleu, sur l'unique cheval qu'ils possédaient en commun
et que la légende a immortalisé sous le nom de Bayard. Ce
coin de l'antique et immense forêt des Ardennes aurait été
le théâtre des exploits des quatre héros popularisés par
l'imagerie d'Epinal : Renaud, Alart, Guichard et Richard.
On montrait encore, il y a quelque vingt ans, les vestiges
du chateau qui aurait appartenu à Renaud, — d'où le
pays a tiré son nom. C'est ce Renaud que l'Arioste a pris,
dit on, pour héros de son poëme « Roland Furieux ».

Un peu plus bas, dans la montagne, on voyait une
énorme pierre posée, comme une table, sur plusieurs autres
pierres debout. C'était la table Maugis, du nom de Maugis
d'Aigremont, le traitre et méchant cousin des fils d'Aymon
de Dodonne. Mais cette pierre curieuse — le seul monument mégalithique que l'on citât dans la contrée —

n'existe plus. Elle a été exploitée, débitée, et employée à
l'empierrement des routes. Rien n'est sacré pour un entre-
preneur... Il faut espérer que l'on ne fera pas, un jour
aussi, du macadam avec les quatre fils Aymon. C'est une
insigne maladresse de traiter avec si peu de respect ces
rochers légendaires dont les noms empruntés aux récits
fabuleux du cycle carlovingien nous reportent aux temps
de la chevalerie. Ces souvenirs du passé ajoutent leur grâce
et leur poésie aux beautés naturelles du pays. Les détruire,
en effacer la trace, c'est diminuer les attractions du voyage
— autrement dire : c'est tuer la poule aux œufs d'or.

II.

Entrés par un tunnel dans l'étroit vallon où s'élève la gare de Monthermé, c'est par un tunnel encore que nous en sortons. Nous n'avons plus maintenant qu'à admirer et à jouir. A mesure que nous avançons, le paysage se fait de plus en plus grandiose. C'est un *Crescendo* merveilleux qui atteint son point culminant à Revin. A force de travaux d'art, le chemin de fer s'est frayé sa route à travers ces pays accidentés. Des courbes nombreuses et d'un petit rayon interdisent les grandes vitesses à la locomotive, et les trains semblent modérer tout exprès leur course pour permettre au voyageur charmé de jouir des tableaux ravissants qui se succèdent sous ses yeux.

Tantôt la Meuse serpente doucement dans sa verte bordure de prés ; tantôt elle coule encaissée dans un double escarpement de rochers. Partout où un ravin entrecoupe la montagne, se blottit une forge, une usine. Les bateaux effilés descendent paisiblement le fleuve, chargés de perches à houblon ou d'écorces pour l'approvisionnement des tanneries. Les montagnes boisées à leur sommet, laissent voir, à leur base éventrée, les carrières grises ou rougeâtres de schistes et de grauwackes. De distance en distance de blanches colonnes de fumée s'élèvent du flanc de la montagne : ce sont des herbes ou des bruyères qu'on brûle, par manière d'engrais, aux places où l'on a coupé le bois taillis. C'est le seul mode de fumure praticable sur ces pentes abruptes. La terre ainsi purifiée donne une récolte de seigle, en attendant que les souches du bois repoussent.

La première station après Monthermé, c'est Deville où l'on travaille le fer et où l'on exploite aussi des terrains ardoisiers. Avant que la Compagnie des chemins de fer de l'Est n'eût établi une halte à Laifour, c'est à Deville que le touriste devait s'arrêter pour aller visiter, à quatre kilomètres de là, les « Dames de Meuse » qui sont le point, sinon le plus remarquable, du moins le plus réputé de la chaîne des Ardennes. C'est la promenade consacrée des familles du département en rupture de pot-au-feu. On y afflue, en temps de vacances, par bandes joyeuses, de tous les pays circonvoisins.

Les « Dames de Meuse », en dépit de leur singulière dénomination, sont de vastes rochers, fiers et sauvages, taillés à pic et dont le pied baigne dans le fleuve. Leurs flancs sont revêtus de maigres taillis que le bucheron exploite en se suspendant à des cordes. On aperçoit les « Dames de Meuse » sur sa gauche, quand on traverse en wagon le pont de Laifour. Leur nom bizarre que ne justifie nullement une configuration particulière présentant le moindre rapport avec la plus belle moitié du genre humain, exercera longtemps la sagacité du touriste. Mais sans m'attacher à des interprétations plus ou moins ingénieuses, et faute d'avoir pu recueillir dans la localité aucun renseignement précis, j'ai consulté la carte du dépôt de la guerre où ces rochers figurent sous la désignation de « Notre-Dame de Meuse ». Ce mot en écartant de la question l'élément mystérieux et légendaire, coupe court aux conjectures. Il devient évident que la foi des mariniers aura placé jadis sous l'invocation de la Sainte-Vierge, le plus élevé de ces pics, haut d'environ quatre cent mètres. Cette explication est d'autant plus vraisemblable que la navigation offrait en cet endroit, de grandes difficultés attestées sans doute par plus d'un accident. On a dû remédier de nos jours à ce dangereux état de choses, par l'établissement d'un canal dont les lignes froides et symétriques ne laissent pas de nuire à l'expression du paysage.

Il était d'usage autrefois de se faire conduire en bateau de Deville aux « Dames de Meuse », ou bien l'on suivait à pied la route qui longe le fleuve. On apercevait sur la rive gauche la fonderie Mairu ; l'on passait devant les forges de la grande commune appartenant à M. Jacob, et de la petite commune à MM. Faure de Revin et l'on arrivait à Laifour avec un appétit qui heureusement trouvait toujours largement à se satisfaire chez Mme Rousseau, dont l'auberge est située sur la rive droite de la Meuse, en face du pays groupé sur l'autre bord. La fête n'eut pas été complète en effet si l'on n'avait mangé une excellente matelotte dans cette maison avenante et proprette où les sociétés en partie fine étaient toujours sûres de trouver bon accueil, linge blanc, et bouteilles cachetées. Je ne sais si Mme Rousseau préside encore à la direction de ses fourneaux ; mais il est à croire, en tout cas, que les bonnes traditions de la maison se sont fidèlement conservées.

Tout près de l'auberge, dans la montagne même à laquelle elle est adossée, on voit sourdre une abondante source d'eau ferrugineuse à laquelle on arrive facilement, grâce au chemin pratiqué, à travers la roche et les broussailles, par les soins de l'administration forestière.

Ces eaux ont quelqu'analogie avec celles de Spa ; mais la déperdition qu'elles subiraient en bouteille et par le voyage a jusqu'ici empêché qu'on les exploitât. Je ne sais si leurs vertus curatives sont de nature à tenter un jour quelque hardi spéculateur ; mais ce ne sont pas les séductions du pays qui manquent, et peu de stations thermales sont plus avantagées sous ce rapport.

Dix minutes de vapeur et nous voici à Revin. Le train nous dépose en plein quartier industriel, un quartier neuf encore, quoique tout noir, dont la proximité de la gare explique le rapide développement. Toute la vie commerciale s'est concentrée là, et il s'y est formé comme un pays nouveau qui a son nom particulier « la Bouverie ». Quand le voyageur, assourdi par le bruit des machines, a traversé le Revin industriel, il passe un pont suspendu d'un jet hardi et arrive au vieux Revin par une rampe d'où l'on jouit d'un spectacle inoubliable. Cette rampe aboutit au point d'intersection des deux rues principales de Revin,

l'une, la rue haute, qui longe le sommet du coteau parallèlement au cours de la Meuse, l'autre qui coupe transver-
salement la ville et descend jusqu'au pont du bas-Revin,
rencontrant, à mi-côte, la mairie et les deux ou trois grosses
maisons des plus anciennes et plus importantes familles du
pays. Par cette artère a lieu le transit, bien minime aujourd'hui, que le chemin de fer a laissé au roulage à destination de Fumay et au-delà. Revin n'a donc d'accès et
d'issue que par ses deux ponts, et figure une presqu'île
dont la forme est exactement celle d'un jambon. Cette
petite ville compte 3000 habitants. Elle dépend de l'arrondissement de Rocroy, — ce qu'elle admet sans conteste,
— et du canton de Fumay — ce à quoi elle se résigne
moins volontiers ; car il existe entre les deux pays une
rivalité qu'explique le chiffre à peu près égal de leur population. Il y a encore entre eux un autre motif de jalousie :
c'est que Fumay doit à l'exploitation de plus en plus active
de ses ardoisières une prospérité croissante, tandis que
Revin, dont le port a eu autrefois de beaux jours, a perdu
toute son importance. Voici la raison de cette déchéance.

La Meuse, après avoir enroulé la ville de son clair ruban,
revient toucher presque son point de départ, au pied de la
montagne de Malgré-tout, de la Faligeotte, une des plus
élevées et des plus imposantes de cette chaîne qui nait à
Charleville pour s'infléchir à Vireux et mourir à Givet. Au
moyen d'un canal souterrain, long de 550 mètres, qui
coupe cette étroite langue de terre, on évite à la batellerie
le circuit énorme (cinq kilomètres) qu'elle était obligée de
faire pour doubler la presqu'île de Revin ; mais en même
temps on a fait de Revin une île véritable isolée du mouvement de la marine, et l'on a ruiné son port devenu le
refuge des bateaux au radoub. Le bas Revin n'a plus cette
animation que lui donnait autrefois la mouvante flottille
amarrée à ses quais. Heureusement les bienfaits de la voie
ferrée ont compensé en partie ces mécomptes en appe-
lant sur un autre point la vie industrielle du pays. Les
forges, les chantiers de la Bouverie sont venues employer

aux travaux métallurgiques tous les bras inoccupés. Les rivages du bas-Revin, solitaires et silencieux désormais, n'ont plus de charme que pour les amoureux et les rêveurs. La Meuse y coule, dans sa limpidité fraîche, avec une paresse lente qui berce voluptueusement le regard et la pensée.

Les origines de Revin sont des plus anciennes, une charte de Pépin-le-Bref, datée du 13 août 763, constate son existence à cette époque : « Nous confirmons à l'abbaye de Prum, dit le Roi dans le corps de l'acte, la possession et jouissance d'une troisième *Celle* (chapelle, prieuré) avec tous ses revenus et dépendances, laquelle se nomme Ruvinio et a été construite en l'honneur de Sainte Marie » (1).

Comment se fait-il que ce petit coin du pays de Lomence, caché au fond d'un amphithéâtre de montagnes, ait occupé ainsi les pensées du Roi des Francs ? Ici, la légende reparaît, et voici ce que M. l'abbé Dunaime, ancien curé de Revin, actuellement archiprêtre de Sedan, a raconté d'après la tradition conservée dans le pays (2).

Un fils naturel de Pepin serait venu passer ses jours à

(1) Confirmamus igitur et tertiam Cellam ad ipsum sanctissimum locum, quæ dicitur Ruvinio, in pago Lomense, super fluvium Mosœ, quæ est constructa in honore sanctæ mariæ, Cum omni merito et appendiciis suis.

(2) REVIN ET LE PÈRE BILLUART, par l'abbé S. Dunaime, curé de Revin. Paris, Périsse frères, 1858.

Revin dans la solitude et la prière, sous le nom de Prince
Colimé. Il habitait un château, situé au bas du versant
septentrional de la colline, le château de la Close où le
prince avait dérobé le mystère de son origine. Ardemment
pieux, il avait fait construire une route qui conduisait en
droite ligne au prieuré de Notre-Dame où il aimait à aller
prier. Cette route existe encore, mais à l'état de sentier fort
étroit, *la ruelle Colimé*.

A quel endroit précis se trouvait cette antique chapelle
de Notre-Dame ? il est facile de l'établir, car la ruelle
Colimé aboutit directement à l'ancienne église paroissiale
dont la sacristie seule subsiste encore, au milieu du cimetière. C'est donc sur l'emplacement de cette église qu'était
la *Celle* de Ruvinio. L'on s'explique alors pourquoi, malgré
la difficulté de son accès, les habitants, par un respect pieux
pour le berceau du pays, ont maintenu là l'église paroissiale jusqu'en 1791, année où la commune prit possession
de l'église du couvent des Dominicains expulsés par le
décret de l'Assemblée Constituante, et pourquoi, aujour-
d'hui encore, malgré une montée assez rapide et une distance de cinq cents mètres, on y conduit, comme autrefois,
les dépouilles des morts.

Revin comme Fumay, dont il a toujours suivi les desti-
nées, a successivement appartenu aux comtes de Hainaut,
au duc de Bourgogne, Philippe-le-Bon (1433), au comte
de Porcien, aux ducs d'Arschot, au prince de Chimay
(1600). Ce fut en 1675 que Louis XIV s'en empara lorsqu'il conquit Dinant, Huy et Limbourg.

Le prince de Chimay fonda à Revin, en 1649, aux lieux
où s'élevait jadis la résidence du prince Colimé, un couvent
de Dominicains qui fut supprimé en 1790. Les bâtiments
conventuels servaient encore il y a quelques années, de
maison d'école et de presbytère. L'église abbatiale est
devenue paroisse de la ville après l'expulsion des religieux.
La décoration intérieure consiste en boiseries sculptées
d'un beau travail ; la chaire est assez remarquable. On voit
au maître-autel une peinture qui n'est pas sans mérite.

Elle représente le martyre de saint Pierre de Vérone et est
signée : « André Prœd. (prœdicatorum, Frères prêcheurs)
pinxit 1714 ». On a placé, à l'entrée du chœur, la statue
en marbre du R. P. René Billuart, théologien fameux né
à Revin, qui passa la plus grande partie de sa vie au couvent des Dominicains et y mourut le 20 janvier 1757,
ainsi que l'indique une pierre tumulaire au pied du grand
autel. La statue agenouillée du religieux a été inaugurée
en 1858. La famille du célèbre Dominicain n'est pas éteinte
dans le pays. Les Revinois qui portent encore son nom
continuent à l'honorer par leurs sentiments et leurs vertus.
Un incendie causé par la foudre a dévoré en 1885 le vieux
couvent, les écoles, le presbytère, les voûtes de l'église et
le clocher qui n'est pas autrement à regretter, car il était
du plus pauvre style et du plus vilain effet. Les dégâts occa-
sionnés par le sinistre sont en partie réparés ; mais le bâtiment en bordure sur la Meuse est resté à l'état de ruine, et
le superbe tableau qu'offrait Revin, vu du chemin de
Falière, y a beaucoup perdu.

Il y a peu de misère à Revin, relativement à sa population. C'est la commune la plus riche de France. Elle
possède 3433 hectares de bois ; on vend tous les ans des
coupes bien aménagées pour environ 90,000 francs. Longtemps les habitants n'ont subi d'autres impositions que les
centimes ordinaires qui pèsent sur toutes les communes de
France. Il a fallu le gouvernement à bon marché pour
qu'ils fissent connaissance avec les centimes additionnels.
On y jouissait de l'instruction gratuite bien avant le vote
de la loi de 1882. C'est aux dons de ses anciens seigneurs
que Revin devait tous ces avantages. La commune con-
sacre tous les ans de vingt à trente mille francs de bois
pour affouage aux habitants ; ce qui fait environ vingt-cinq
francs par tête (Il y a environ mille participants), n'est-ce
pas un véritable pays de Cocagne ?

Fort attachés à leurs coutumes locales, les habitants de
Revin fêtent annuellement le patron du pays par une
intempérance de danses et de ripailles dont je n'ai pas été

seulement le témoin oculaire. Toutes les classes de la population se confondent ces jours-là dans la solidarité du plaisir. Est-ce l'effet du voisinage du pays des kermesses ? Est-ce le résultat de l'éloignement de tout centre important qui condamne les populations riveraines de la Meuse, entre Charleville et Givet, à n'avoir d'autres distractions que celles qu'elles savent se créer sur place ? Toujours est-il que Revin se distingue, entre tous les pays voisins, par la durée et l'animation qu'il donne à ce joyeux et bruyant chômage. La Fête de Revin — la *Ducasse*, comme on dit dans le Nord, la *Dicause*, comme on prononce en patois, — garde une physionomie aussi originale que piquante.

Les danses, fanfares, banquets, sans parler des chevaux de bois, spectacles forains et jeux divers, se prolongent toute la semaine avec un ordre et un accord que garantit d'ailleurs la bonne organisation de la fête. Deux commissaires choisis par le Maire, parmi les jeunes gens d'une bonne conduite notoire, recueillent les souscriptions de leurs camarades. La cotisation est fixée à cinq francs. Moyennant ce modeste déboursé, la jeunesse des deux sexes est défrayée de musique et de bals jusqu'à épuisement de toute énergie chorégraphique. On danse dès l'après-midi ; on redanse le soir ; et quatre fois dans la journée, une musique enragée, louée *ad hoc* et qui vous en donne pour votre argent, parcourt les rues. Aux sons du piston, garçons et filles sortent des maisons et suivent la longue farandole. Les danses finies, ou pour parler plus exactement, à chaque suspension du bal, les musiciens, toujours soufflant, toujours raclant, ramènent la bande joyeuse qui se désagrège lentement devant les logis où les mamans chargées du service de la cuisine, attendent, sur les portes, le moment de poser la soupière sur la table ; car les jambes ne s'arrêtent qu'à l'heure où les estomacs fonctionnent et ceux-ci ne sont pas moins surmenés que les jarrets. Ce qu'il se consomme de tartes et de brioches, sans compter les morceaux plus résistants, pendant ces formidables noces de Gamaches est chose inimaginable. Il n'est pas d'enfant du pays, si éloigné soit-il, qui en cette circonstance ne rejoigne le foyer paternel, et les familles sont au grand complet. Plus d'un mariage se noue pendant ces jours de liesse ; les jeunes filles arborent des toilettes toutes fraîches et flambantes ; les grands parents rajeunissent un peu dans l'entrain de la joie générale, et les maisons elles-mêmes se remettent à neuf et s'égayent extérieurement au moyen d'un éblouissant badigeon.

Chaque jour de fête — détail caractéristique par le temps qui court — commence par une messe ; car ces honnêtes populations n'ont pas encore prêté l'oreille aux sarcasmes des commis-voyageurs en propagande radicale qui trouvent ces pratiques arriérées. Le dimanche d'après la Nativité, une messe solennelle ouvre la fête. Le lundi, c'est la fête dite « de la jeunesse ». Le mardi, on dit une messe pour la confrérie de Saint-Nicolas ; le mercredi c'est le tour de la confrérie de Saint-Éloi. Le Vendredi les jeunes filles pour remercier la jeunesse masculine qui a fait les frais de la « dicause », rendent en quelque sorte la politesse aux garçons et ce sont elles ce jour-là qui les invitent. Les danses ont lieu chaque jour dans un endroit différent de la ville, afin que chaque quartier participe aux profits de la fête. Le mercredi, le bal a lieu en contre-bas de la route de Fumay dans la prairie, quand elle n'est point trop mouillée. Le samedi et le dimanche, adieu la galanterie. C'est fini de sauter. Les jeunes gens se livrent à corps perdu aux jeux de boules qui se prolongent sur la place fort avant dans la nuit, à la lueur des feux de paille ou de torches de résine. C'est d'un effet singulier. Les gagnants reçoivent des oies qu'ils promènent triomphalement par les rues, musique en tête, avant de les déposer dans les auberges où tout finira par des banquets et des chansons. Ces jeux de boule se renouvellent, de dimanche en dimanche, jusqu'au grand Rosaire (premier dimanche d'octobre) où une messe et des repas pantagruéliques clôturent définitivement la fête jusqu'à l'année suivante.

La charge des deux commissaires appelés « Capitaines

de la Jeunesse », parés du chapeau à cornes panaché de plumes, de l'épée et autres insignes, n'est pas une sinécure ; car c'est à eux qu'incombe la liquidation des comptes de la fête qui, en cas de déficit, se règlent parfois à leurs dépens.

III

J'ai dit quel merveilleux tableau saisit le voyageur qui,
après avoir traversé la Bouverie, s'engage sur le pont de
Revin. Pour peu que le ciel ajoute à la beauté sévère du
motif, les enchantements accidentels de l'effet, c'est un
éblouissement. De vieilles maisons en pierres frustes, à toits
d'ardoises, s'échelonnent, s'accrochent comme elles peuvent
sur le coteau, dont les pentes rocailleuses, noircies de
poussière de mine, coupées de jardinets en terrasses, descendent jusqu'à la rivière. Au milieu de ces habitations
bizarrement enchevêtrées, et les dominant toutes, se dresse
une maison qui présente une certaine allure dans son délabrement fier. Trouée, lézardée comme le pourpoint de don
César de Bazan, elle montre encore, parmi ses pans de bois
et ses murailles en torchis, des vestiges d'une construction
plus noble. Les grès du soubassement, une porte cintrée,

une haute fenêtre à meneaux encadrée de pierres taillées attestent une splendeur déchue. Les gens du pays y ont connu une clouterie. Elle est tellement ouverte à tous les vents que les loustics de la rue l'appellent par dérision « le château des hirondelles ». Je l'ai aussi entendu nommer « la maison des Espagnols ». Cela indiquerait qu'elle a servi jadis d'habitation à quelque sbire du duc d'Albe, au temps où les Flandres étaient sous la domination de Philippe II. On sent qu'elle a un passé, une histoire, et l'imagination est toute prête à lui créer une sombre et mystérieuse légende. Rien de pittoresque, de coloré, de truculent comme cette carcasse romantique. En ai-je été féru, de cette cambuse ! Pour elle, j'ai refait le voyage de Revin, et toujours j'étais là sur le rivage, tournant le dos au fleuve, dessinant, peignant, repeignant la maison des Espagnols, m'en emplissant les yeux et la mémoire, observant encore le soir, au soleil couché, les modifications successives des tons et des valeurs jusqu'au moment où elle entrait définitivement dans le grand mystère de la nuit.

Des filets de pêcheurs qui séchaient au vent précisaient le caractère semi-maritime du motif, et des commères qui remontaient péniblement aux maisons, de lourdes cruches à la main, des chevaux qui allaient s'abreuver, des troupes d'oies et de canards qui s'ébrouaient, disaient assez le voisinage de l'eau. Au fond, les murs de soutènement de la rampe qui conduit à Revin semblaient les formidables remparts de quelque ville biblique. C'était grand, large et sévère.

En aval du pont, c'est un tableau tout différent, plein de grâce et d'une verdure énamourée. A peine dégagée du rocher à pic sur lequel s'élève le pavillon carré à grands combles, débris de l'ancienne paroisse du pays, qui sert aujourd'hui d'oratoire au cimetière, la Meuse s'attarde, avec des paresses de lac, dans la prairie d'émeraude. Elle va chercher l'ombre et la fraîcheur au pied d'un massif de saules emportés qui projettent leurs branches, sur les eaux endormies, comme un bouquet d'artifice. A droite,

quelques aulnes sveltes, à demi dépouillés, montent droit
dans le ciel, opposant leur fine structure aux épaisses
frondaisons qu'ils équilibrent. On rêve aux Tempés antiques
devant ce paysage élyséen où la Meuse et la montagne de
Faux prennent des allures de Pinde et de Penée.

Le fleuve passe ensuite devant les forges et fonderies de
Saint-Nicolas, un des établissements les plus importants de
la contrée, appartenant à M. Henri Morel. Là il reçoit
le ruisseau de Faux qui alimente l'usine et le laminoir ;
puis il s'annexe le rû de Falière où l'on voit un pittoresque moulin en ruine, va battre de son flot clair le
vieux couvent des Dominicains, longe les quais du bas-
Revin et passe sous le pont suspendu qui débouche sur la
route de Fumay. Il y a encore de ce côté, pour le touriste
placé rive gauche, sur le chemin de Falière, un tableau des
plus enchanteurs. A droite, c'est la masse sombre de l'ancien couvent aujourd'hui découronné de ses combles imposants; à gauche de belles roches, aux tons riches et variés,
soutiennent et balancent la composition ; au milieu, le
fleuve, paisible et lent, reflète dans son miroir de cristal la
montagne du Mintch aux lignes si pures et si belles. Quel
site ravissant avaient choisi les bons religieux ! Quel séjour
enchanteur pour ces hommes de paix et d'étude, et comme
la prière devait avoir de beaux élans et de douces effusions
dans ce coin paisible !

On a pu voir par ce que j'ai dit plus haut, à propos de la
fête patronale de Revin, que le sentiment religieux est
encore vivace dans ces populations d'origine wallonne.
Quelquefois, dans de petites niches grillagées, creusées
dans le flanc des rochers, au bord des routes, un saint
Roch, un saint Nicolas, un saint Hubert ou une bonne
vierge grossièrement enluminés s'offrent au respect du
passant. Il n'est pas rare de rencontrer quelque chapelle,
poussée en plein champ comme une fleur humble et suave.
J'ai vu de ces monuments de la foi des ancêtres à Fumay,
à Hierges, à Revin, où la chapelle du Han située à la lisière d'un bois, à un kilomètre à peine du pays est, de la

part des habitants, l'objet d'une vénération particulière (1).
C'est, pour beaucoup, le but d'une pieuse promenade. Quelques dévots à la Vierge y vont faire leur prière chaque
matin, avant de se mettre à l'ouvrage, pour sanctifier la
journée. C'est la première grande joie des convalescents
quand, après de longues heures de souffrances, ils peuvent
se traîner jusque-là, en manière d'actions de grâces. On
prie sous le porche, les yeux fixés sur l'autel que l'on voit à
travers deux petites ouvertures à verre dormant ; car la
porte est fermée et la clé confiée à une sorte de sacristaine
qui l'ouvre seulement à certains jours déterminés.

(1) La chapelle du Han a été bâtie en 1704 par Jean Billuart, curé de Revin
qui en faisait volontiers le but de sa promenade. L'église de Revin était située

De pauvres vieilles se tiennent en permanence sous le porche, un gros livre à la main, toutes prêtes à dire des « pater » et des « ave » pour le compte du prochain, moyennant une minime rétribution laissée à la générosité des personnes. Elles se mettent alors en oraison à l'intention des gens qui leur ont donné procuration pour cela. Parfois des amoureux se font réciter des chapelets pendant qu'ils s'en reviennent, par le bois, la main à la taille. Je n'affirme pas que ce soit aussi efficace ; mais c'est encore prier que de charger quelqu'un de le faire pour nous, et je ne sache pas que le bon Dieu ait encore supprimé le remplacement comme l'ont fait nos législateurs militaires. Cela mettrait les pauvres femmes en retrait d'emploi et ce serait dommage.

Tout en peignant la chapelle encadrée dans la montagne de Faux, avec son porche-abri et son clocheton branlant, je m'intéressais à ces diseuses de patenôtres, et gagné sans doute par l'exemple de leur foi naïve, par la sérénité du lieu, je demandai à l'une d'elles, nonagénaire pour le moins, de prier pour les êtres chers restés là-bas à la maison. Je le fis en toute simplicité de cœur et sans le moindre ferment d'irrespect. C'était en même temps une façon de dire à la bonne vieille : « Ne bougeons plus » et de lui payer sa pose ; car, pendant qu'elle marmottait son pieux grimoire, j'esquissais sur ma toile sa dévote silhouette, avec sa coiffe rébarbative et le gros livre à tranches rouges ouvert sur ses genoux. Je trouvai ce jour-là une douceur singulière à peindre ainsi dans la paix et le silence, sous un tiède ciel bleu de septembre, dans le léger frisson du bois, pendant que mon modèle appelait sur « les miens » les grâces d'en haut.

L'ascension de la montagne de Mintch (dite aussi Malgré-tout), la sauvage rivale des Dames de Meuse (1),

alors, comme nous l'avons dit, au milieu de l'emplacement du cimetière actuel, et le presbytère était un peu plus bas, à la première maison de la *Vaux là-haut*, en descendant de l'église.

(1) Le Mintch a 430 mètres au-dessus du niveau de la mer et les Dames de

s'impose au touriste qui veut se faire une idée exacte de la topographie du pays. On gravit cette montagne aux flancs accidentés par une belle route à lacets d'où l'on plane sur une vaste étendue de la région ardennaise : forêt, pics, plateaux, vallons, depuis les Mazures jusqu'à Fumay, depuis Monthermé jusqu'à Rocroy.

Rocroy mérite qu'on s'y fasse conduire. D'abord le trajet est fort joli. La route longe le ruisseau de Faux et la vallée de Misère qui nous a paru mériter un nom moins lugubre. Puis, comme type de ville morte, Rocroy est curieux à visiter. Nous engageons surtout les personnes qui ne sont jamais contentes du pays où la destinée les a attachées à y aller passer quarante-huit heures. Quand elles connaitront ce chef-lieu d'arrondissement où de la place centrale on voit les deux portes de la ville, au bout de l'unique rue où circulent quatre chats dont deux fonctionnaires, je vous jure qu'en comparaison de cette ville caserne, — à moins qu'ils n'aiment beaucoup les militaires — les gens les plus portés au changement trouveront du charme à leur résidence et seront à jamais réconciliés avec elle.

Rocroy (1), situé sur un des plateaux les plus élevés de France, passe pour très froid. Il n'a pas volé sa réputation. J'en ai fait personnellement l'épreuve. Le soir d'octobre où j'y couchai, je grelottais effroyablement dans mon lit. J'eus beau entasser sur la couverture mon paletot, mon pantalon, mon gilet, ma cravate, la descente de lit, et jusqu'à mes bottes ; j'eus beau enfiler mes chaussettes, mon caleçon, mon tricot, impossible de rappeler le degré de calorique nécessaire au fonctionnement régulier de notre

Meuse 402, mais celles-ci sont plus verticales et baignent leur pied dans la rivière qu'elles dominent de 270 mètres.

(1) Rocroy (sous la république Roc libre) ; fortifications de Vauban percées de deux portes ; 800 habitants dans l'enceinte (2,900 avec les écarts) ; 1,200 hommes de troupes La ville se compose d'une grande et unique rue qui va d'une porte à l'autre, avec une vaste place au milieu, autour de laquelle se trouvent les monuments publics : église, tribunal, prison, mairie, etc. L'église assez richement ornée a un autel à baldaquin dans le goût un peu lourd du XVII siècle.

pauvre machine. J'étais glacé comme un poisson. Le sommeil, ami d'une douce chaleur, me fuyait obstinément.
Aussi saluai-je comme une délivrance les premières lueurs
de l'aube. Je sautai du lit avec un soupir de soulagement et
courus, selon mon habitude, tirer les rideaux de la fenêtre
pour jouir au plus vite des surprises du paysage. Mais je
n'eus d'autre surprise que de trouver la croisée ouverte
derrière la draperie qu'une cameriste, bien intentionnée,
mais distraite, avait soigneusement déployée pour me pré-
server des courants d'air. Je ne m'étonne plus maintenant
s'il fait si froid à Rocroy.

Sous certains rapports, Fumay ne le cède en rien à
Revin. La Meuse leur fait à tous deux une ceinture
moirée et ce doit être une charmante promenade de
suivre la rive du fleuve à l'entour de Fumay. Je m'é-
tais toujours promis ce régal ; mais j'ai tant de peine à
quitter mes bons amis de Revin qu'il me reste tout au plus
le temps de noter, sur les feuillets de l'album, quelques
rapides souvenirs de ce pays si pittoresque. Fumay, c'est
comme un livre affriolant dont j'ai parcouru le sommaire à
la hâte et que je n'ai jamais eu le loisir de savourer page à
page.

Vous vous rappelez ces féeries du théâtre du Châtelet où
l'on transporte successivement le spectateur dans le

royaume des poissons, dans le royaume des pierres pré-
cieuses et autres empires de fantaisie. A Fumay, nous
sommes dans le royaume de l'ardoise. C'est en effet une
ville bâtie en ardoise, pavée en ardoise, avec des montagnes
d'ardoises sur la tête, des carrières d'ardoise sous les pieds.
Jusque dans l'air qu'on y respire, il y a de la poussière
d'ardoise. Quelques maisons et l'église sont construites en
moellons de couleur jaunâtre tirés aussi des carrières du
pays ; mais tout cela se fond dans une symphonie lilas
tendre d'une finesse incomparable. Fumay apparaît au
voyageur, comme un décor grandiose d'une coloration
bien particulière et d'une étrangeté saisissante autant
qu'inattendue.

En face de l'auberge du Cheval-Blanc où j'avais pris gîte,
règne une allée de tilleuls séculaires, appelée le pâtis, con-
duisant à une petite chapelle dédiée à saint Roch. On dit
que le bon saint envoie des maris aux jeunes filles qui le
prient avec ferveur. Ne nous étonnons donc pas si l'humble
chapelle est l'objet d'un culte empressé. Cent mètres plus
loin, vous n'avez qu'à franchir un petit ruisselet pour vous
trouver en Belgique. Là s'est établie une cantine ou espèce
de bazar où l'on vend non-seulement des liqueurs et du
tabac, mais toutes sortes d'articles plus ou moins soumis
aux droits. Les ouvriers des ardoisières voisines trouvent

une légère économie à venir y boire et y manger ; et pas
un touriste ne manque d'en rapporter quelques cigares ou
autres objets de contrebande. Mais ce dont je ne me lassais
pas, c'était de contempler le panorama merveilleux dont on
jouit de l'allée en terrasse dont je viens de parler.

Sur la droite, la ville émerge d'un nuage de vapeurs
bleuâtres où étincellent des points lumineux ; un cirque de
montagnes schisteuses la domine de tous côtés et l'on a
devant soi les chantiers des ardoisières où manœuvrent
tout un monde d'ouvriers occupés à la taille des ardoises,
au cubage, à la livraison, au chargement des bateaux pendant que leurs camarades extraient la matière brute au
fond des puits et des galeries souterraines. De place en
place, scintille la Meuse qui dessine coquettement, au milieu
de tout cela, ses gracieux méandres. J'avais sous la main
un tableau tout agencé, à proximité de l'auberge. Je m'étais
promis de l'aller peindre, et oncques n'ai plus reparu. En
ai-je fait de ces tableaux en Espagne qui jamais ne verront
le jour !

Au-delà de Fumay, le chemin de fer passe à Haybes
qui exploite des gisements ardoisiers. Ici, le paysage
change subitement de caractère. La chaîne de roches
aux stratifications bizarres plaquées de verdures s'abaisse ;
la vallée s'élargit et le rail-way court jusque près de Givet
dans un pays uniformément plat.

La Meuse — ce Rhin réduction Collas — a aussi ses
ruines et ses burgs. Entre Vireux et Givet, on aperçoit, à
gauche, pendant quelques secondes, les ruines imposantes
du château d'Hierges, propriété du duc d'Arenberg, prince
de Chimay, de la famille des comtes de la Marck. Les
tours et courtines de ce château gothique ont été percées
à la fin du XVe siècle de hautes fenêtres à meneaux et
croisillons. La brique employée à ces travaux postérieurs
produit, mêlée à la pierre grise de la construction primitive,
un effet très pittoresque.

La carcasse de l'édifice a seule résisté aux ravages de
l'incendie qui le dévora en 1793. Si vous voulez le visiter,

il faut descendre à Vireux et vous y faire conduire en voiture, à moins qu'une double étape de trois kilomètres (six kilomètres aller et retour) ne vous fasse pas peur.

Givet, chef-lieu de canton de l'arrondissement de Rocroy, compte environ 4,500 habitants et se compose de deux groupes principaux que sépare la Meuse. Le plus considérable, situé sur la rive gauche, forme Givet-Saint-Hilaire. C'est la ville officielle. Elle est adossée à d'imposantes roches calcaires que couronne la forteresse de Charlemont. L'agglomération, établie sur la rive droite, nommée Givet-Notre-Dame, constitue la ville industrielle dont les usines utilisent la rivière d'Houille. Les étymologistes prétendent que le nom de Givet vient des *givées* ou radeaux que les habitants construisaient avec les bois flottés que l'Houille amenait dans la Meuse. Nous ne contredirons pas les étymologistes.

La forteresse enserre la ville dans un réseau compliqué de bastions, de fortins, de poternes et autres maussades inventions du génie militaire. Des cordons de murailles descendent de la montagne et se rattachent aux ouvrages qui bordent la Meuse. Sur la rive du fleuve s'élèvent encore quelques tours surmontées de leur toit pointu. Ce fut vers 1550 que Charles-Quint décida la construction sur ce point stratégique d'un fort qui s'appela Charlemont, du nom de son fondateur.

Louis XIV obtint la cession de cette place par le traité de Nimègue (1678), et chargea Vauban de compléter les fortifications de Charlemont conformément aux exigences nouvelles de l'art militaire ; mais Vauban lui-même est vieux jeu aujourd'hui et il est à croire que l'on a mis Charlemont à la hauteur des progrès contemporains. — Est-ce bien progrès qu'il faut dire ?

Givet est à deux kilomètres de la Belgique. Il suffit d'ailleurs de regarder le clocher d'un goût flamand très-caractérisé pour s'apercevoir que nous touchons à la terre étrangère. Dans ses « Lettres sur les bords du Rhin » Victor Hugo s'égaie aux dépens de ce singulier morceau d'architecture. Il le compare à un bonnet d'avocat surmonté d'un saladier renversé sur lequel on aurait posé un sucrier supportant une bouteille... Sur la bouteille, un soleil emmanché dans le goulot par le rayon inférieur vertical et enfin, sur le soleil, un coq embroché dans le rayon vertical supérieur... On se demande en effet si c'est un architecte ou un équilibriste qui a échafaudé ce grotesque édifice. Disons toutefois que l'église rachète par de remarquables verrieres et de belles boiseries les malsaines excroissances et les étranges renflements de son clocher.

Quant à la ville, avec ses rues bien percées, son pont de pierre dû à Napoléon Ier, sa promenade de la place verte ornée de beaux platanes et d'une gracieuse fontaine, elle n'a guère de monumental que ses vastes casernes. Givet peut se prévaloir d'une certaine importance industrielle. C'est le centre le plus actif de la fabrication des cuirs. Je connais beaucoup de gens qui n'ont pas besoin d'aller s'approvisionner si loin. La production annuelle des tanneries de Givet est considérable. A la tannerie, dont elle utilise les débris, se rattache la fabrication de la colle forte qui donne lieu à un chiffre important d'affaires.

Enfin Givet est la providence des dessinateurs sous la forme du crayon Gilbert, sorte de plombagine artificielle dont le moelleux et les qualités ne sont pas inférieurs aux graphites naturels du Cumberland. Les culotteurs de pipes ne doivent pas moins de reconnaissance que les artistes à cette petite ville industrieuse qui travaille activement à leurs jouissances ; car la fabrication des pipes occupe, à Givet, un grand nombre d'ouvriers. L'argile employé vient des environs d'Andenne en Belgique.

Givet exploite en outre des carrières de pierre calcaire connue sous le nom de *Pierre de Givet*. C'est une espèce de marbre commun susceptible de recevoir quelque poli et qui forme, en couches épaisses et inclinées, à peu près toute la masse des montagnes voisines de Givet. Nous ne citerons que pour mémoire les usines de cuivre dont la prospérité va toujours grandissant, pour signaler un avantage qui sera, croyons-nous, bien autrement apprécié du touriste. Givet est renommé pour la beauté de ses femmes, et afin d'établir formellement que je ne parle pas à la légère et sous l'impression de quelque galant souvenir, j'appuie mon assertion sur la grave autorité de Malte-Brun. L'auteur du « Voyage dans les départements Français » s'exprime ainsi : « La seule chose dont les yeux sont frappés à Givet, c'est la beauté du sang. Il est aussi rare d'y rencontrer une femme laide qu'il est souvent difficile ailleurs d'en trouver une jolie... ». Comme à Charleville, en effet, elles ont les fraîches carnations des Flandres avec un type plus fin ; et elles joignent à cela généralement un réjouissant embonpoint qui faisait dire devant moi à un commis-voyageur : « Givet est remarquable par sa colle et ses femmes fortes ». Toujours loustics, ces rois de table d'hôte !

Givet n'est pas moins fier des hommes éminents auxquels il a donné naissance que de ses belles femmes. Le plus célèbre de tous est Méhul qui naquit en 1763 et mourut à Paris en 1817. Doué, comme cela arrive fréquemment chez les musiciens, d'une étonnante précocité, il tenait déjà, à dix ans, l'orgue du couvent des Récollets de Charlemont, et à douze ans, il fut nommé organiste-adjoint de la riche abbaye de Laval-Dieu. Un modeste buste consacrait, sur une des places de Givet, la mémoire de l'auteur de

Phrosine et Melidor, du *Jeune Henri,* de *Joseph,* son chef-d'œuvre ; mais on a jugé le buste insuffisant pour ce compositeur qui élargit le champ de l'école française et que Wagner, dans sa correspondance, reconnaît pour un de ses maîtres. Une souscription nationale a réuni les fonds nécessaires à l'érection d'une statue. L'œuvre de M. Croisy (né à Fagnon, Ardennes) a été exposée au salon de 1890 et n'attend plus, pour être inaugurée, que les beaux jours et les convenances des discoureurs officiels chargés de solenniser ces sortes de cérémonies.

Givet compte encore parmi ses enfants un graveur de talent, Joseph de Longeuil (né en 1733, mort à Paris en 1792). Il est surtout connu par les charmantes vignettes qu'il a composées pour les métamorphoses d'Ovide, les œuvres de Voltaire, de Dorat, et pour les contes de La Fontaine, édition des fermiers généraux.

Nous aurions voulu poursuivre notre route au moins jusqu'à Dinant, où l'on recueille un dernier écho de la légende des quatre fils Aymon dont Monthermé et Châteu-Regnault ont évoqué le souvenir. On voit en effet, près de cette ville, une roche qui s'élance vers le ciel, haute et svelte comme une aiguille. On l'appelle « La roche à Bayard » (en patois « Roc à Bayau »). Elle est ainsi nommée en mémoire du cheval des quatre fils Aymon, qui, portés par leur fidèle coursier, vinrent chercher là, dans une caverne impénétrable, un refuge contre les troupes de Charlemagne lancées à leur poursuite. Il ne faut donc pas confondre le cheval de la légende avec le chevalier sans peur et sans reproche. La mémoire de ce héros est d'ailleurs toujours vivante dans les Ardennes où l'on ne saurait oublier que Bayard sauva Mézières en 1521, en forçant l'armée de Charles-Quint à lever le siège de la ville.

Nous voici au terme de notre voyage ; et pourtant n'est-il pas fâcheux de s'arrêter en si beau chemin, quand les grottes de Han nous attirent avec leur mystère inquié-tant et leurs merveilleuses architectures de stalactites,

quand la cloche du bateau à vapeur, amarré au quai de
Dinant, nous appelle pour nous conduire à Namur, à
Huy, à Liège, à travers les paysages les plus gracieux ou
les plus sévères ? Poursuivez donc votre route, vous tous
qui avez du loisir. Moi, je retourne à Revin où, dans un
coin de verdure, un ruisseau pierreux et moussu m'a
donné rendez-vous. Le peintre n'est-il pas irrésistiblement
ramené aux lieux où il a déjà goûté les douces accoin-
tances du travail ! Il est de ceux qui aiment mieux encore
revoir que voir, comme certains esprits délicats trouvent
plus de charme à relire qu'à lire.

TABLE

DES CROQUIS CONTENUS DANS CE VOLUME.

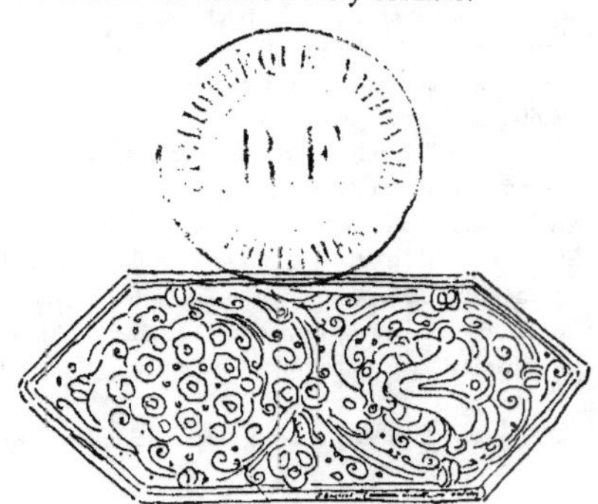

TABLE

DES MATIÈRES CONTENUES DANS CE VOLUME.